PREFACE 前言

随着互联网技术的不断发展，当今社会已进入移动互联网“内容为王”时代。如何写出有用、有趣、有品位的内容？如何撰写优美的文案以直击读者心扉并让其产生共鸣？如何运用独特的视角讲述品牌故事？如何利用不同传播渠道发布文案内容？如何通过内容营销推动产品销售和品牌塑造？这些问题成了每一位游弋在互联网汪洋之中的文案写手思考的问题。

我们想为广告传播插上翅膀，让产品信息更清晰、有序，让营销文案更精准、丰富，让互联网文案更精彩、唯美。传统文案的撰写方法面临改革，总结互联网新媒体文案的特征和撰写方法势在必行。鉴于这些情况，为了更好地帮助读者学习互联网文案的写作，我们编写了本书。

本书以互联网文案为基线，从互联网文案写作的基础知识入手，分别介绍了产品文案写作、品牌文案写作、社会化媒体文案写作和推广活动文案写作。本书结合编者多年的实际文案写作及教学经验，全面、系统地介绍了互联网文案写作的方方面面，帮助读者建立对互联网文案写作的立体认知。

需要指出的是，广告文案撰写是一项职业传播活动，要在具体的实践中学习，“在游泳中学习游泳”。本书不仅提供帮助游泳的“游泳圈”之“技”，更意在引领读者掌握提高文案写作能力之“术”。毕竟营销传播手段层出不穷，如数字营销、大数据、VR/AR、人工智能……希望读者持续努力，不断探索、学习，掌握更高的文案写作能力，创作出更多优秀的文案作品。

本书的内容结构及学习目标

本书分为9章，从互联网文案概念初识到互联网文案的创作思路，再到互联网文案的创意技巧、互动传播及内容与形式的统一，为读者介绍互联网文案的基础理论知识；通过梳理产品文案、品牌文案、社会化媒体文案、推广活动文案的写作技巧与方法，紧抓互联网文案的发展趋势，结合丰富的案例进行剖析，帮助读者培养互联网文案写作全方位的技能。

各章的具体内容和学习目标如下。

章	主要学习内容	学习目标
第1章 初识互联网文案	1. 互联网文案的相关知识 2. 互联网文案的创新思维	明确互联网文案的含义，掌握互联网文案的创新思维
第2章 互联网文案的创作思路	1. 互联网文案的创作步骤 2. 互联网文案的写作准备 3. 互联网文案的创作构思 4. 互联网文案的创意思维方法及创意输出方法	掌握互联网文案的创作步骤，在文案撰写前完成目标人群分析、竞争对手剖析、产品卖点挖掘，学会创意思维方法及创意输出方法
第3章 互联网文案的创意技巧和互动传播	1. 互联网文案的创意技巧 2. 互联网文案的互动传播	学会互联网文案写作的创意技巧，并掌握互动传播的方法等
第4章 相得益彰的互联网文案内容与形式	1. 互联网文案的内容结构 2. 互联网文案的形式设计	掌握互联网文案标题、开头、正文和结尾的写作方法与技巧，学会利用形式设计辅助文案内容的表达
第5章 产品文案写作	1. 产品核心卖点的提炼 2. 产品详情页文案的写作 3. 产品评价及咨询回复文案的写作 4. 产品包装文案的写作	学会从产品特征、产品利益、产品服务等角度提炼产品的核心卖点，掌握撰写产品详情页、产品评价及咨询回复、产品包装文案的写作方法与技巧
第6章 品牌文案写作	1. 创意品牌名称的设计 2. 品牌标语文案的写作 3. 品牌故事文案的写作	掌握创意品牌名称的命名原则、品牌标语提出的思路和品牌故事文案的撰写方法，提高撰写品牌文案的写作能力
第7章 社会化媒体文案写作	1. 微博和微信平台文案的写作 2. 社区社群类社会化媒体文案的写作 3. 视频类社会化媒体文案的写作 4. 音频类社会化媒体文案的写作	掌握不同社会化营销媒体平台的文案写作与推广方法，以吸引更多的潜在消费者关注产品和品牌
第8章 H5及App文案写作	1. H5页面文案的写作 2. App文案的写作	了解H5和App文案写作的相关知识，并掌握H5页面和App/客户端文案的设计与写作方法，从而更好地推广产品
第9章 互联网推广活动文案写作	1. 互联网活动策划文案的写作 2. 互联网活动海报文案的写作	掌握互联网推广活动策划书及海报文案的撰写方法

本书特色

本书以广告学、传播学、营销学等专业理论为基础，以应用为中心，以实用为落脚点，具有系统性、实用性、新颖性、实战性、操作性等特点。本书系统地归纳了互联网文案写作的理论知识，直击行业热点，精选新鲜案例，用通俗易懂的语言、图文并茂的形式，精确、简洁地讲解了互联网文案的主要知识点。编者紧跟互联网最新趋势，系统讲解了互联网文案写作的内容架构、创意方法、撰写技巧等，做到既有基础理论知识，又有精选案例讲解；在每章的最后还附有实际操作练习题，启发读者思考，从而真正让知识转化为自我技能。

本书提供课程、实战实训及测验等资源，可通过微信扫描右侧二维码加入本书特别班级获取。二维码扫描成功后，输入班级邀请码（邀请码：AT3316），便可在班级内观看课程并完成本书配套实训及测验。

本书主编为安佳，现执教于石家庄学院文学与传媒学院。面对业界的迅速发展变化，课堂教学也亟待进行数字化转型，编写此书的灵感和动力源自课堂教学的需要及实践经验的积累。本书在编写过程中，得到了广告行业前辈、同仁以及家人的支持和帮助，他们是刘亚男、刘寒春、崔慧勇、林海、田建恩、马韶培、黄卓民、辛志英、曹锦锦、姜茜、安怀魁、谢领轩、郭玉华、陈桂兰、郭城，在此向他们深表谢意。同时，还要感谢书中案例的原创者们提供了优秀的文案创意，是这些优秀作品的创作者与编者共同创作并完成了本书。

由于时间仓促以及编者水平有限，书中难免存在不足之处，欢迎广大读者批评指正。

编者

2018年1月

CONTENTS
目录

第3章 互联网文案的创意技巧和互动传播

第4章 相得益彰的互联网文案内容与形式

第5章 产品文案写作

第6章 品牌文案写作

第7章 社会化媒体文案写作

第8章 H5及App文案写作

第9章 互联网活动文案写作

第1章 初识互联网文案

【学习目标】

- 了解互联网文案的发展趋势。
- 理解互联网文案的基础知识。
- 掌握互联网文案的创新思维。
- 学会用互联网文案的创新思维进行文案写作。

现代社会，各类广告铺天盖地涌入人们的视野。如何从众多的广告作品中脱颖而出，抓住受众的眼球？广告中的文案内容发挥着至关重要的作用，互联网时代的广告亦是如此，文字信息内容承载了广告从业者独特的创意和智慧。当越来越多的品牌主选择互联网媒体作为品牌的传播渠道，当“10万+”成为广告公司考核文案的新指标，当广告圈创意热店不断兴起，当消费者越来越习惯边阅读边购买的消费模式时，我们知道互联网文案的黄金时代已经到来。本章将引领读者一起认识互联网文案，了解其发展趋势，并通过案例理解互联网文案的创新思维。

1.1　内容电商时代的到来

“内容电商”这个词充斥在互联网行业的空气中，是近年电商行业最火的热词之一，已然成为新的行业趋势。简单地说，内容电商就是以内容为基础，通过内容营销来增加电商购买的转化率、提高交易效率、降低交易成本的一种电子商务方式。

所谓“内容”，就是企业自主创作的任何形式的能体现品牌信息的作品，包括文本、图像、音频、视频及其他素材。通过这些内容的创作和传播，企业可以达到塑造品牌形象的目的。内容营销的关键在于“讲什么故事”及“如何讲故事”。在讲故事的过程中，品牌形象、品牌个性、品牌关系是需要重点塑造的内容。内容营销不仅是品牌信息和情感的输出，更是运用“讲故事”的手法进行真正的品牌对话，并不断创造新的内容生长点，这同时也是品牌的生长点。

当前，数字营销已成为大多数B2C和B2B企业的支柱，在内容营销成为此类企业首要任务的情况下，高质量内容创作上的开支将随着数字营销预算的提高而水涨船高。实际上，各企业的品牌计划将其营销预算中高达15%的部分都拨给了内容创作。

在这个碎片化的时代，“内容为王”再一次被人们重视。伴随移动互联网的发展，用户生成内容（User Generated Content，UGC）成为一种全民头脑风暴的过程，既为品牌的宣传造势，又促进了品牌与消费者的互动，提升了品牌的忠诚度。消费者高度卷入，自发进行内容的创作。一旦内容引起消费者的共鸣，就会形成一定的传播，即“口碑”，进而出现不断扩大传播的情形，从而形成一定的商业价值。

无论是“讲故事”的品牌内容，还是数字营销中的内容创作，抑或消费者自发完成的口碑内容，所有的这些都在宣告：内容电商时代已经到来。

1.1.1　消费者在看内容的过程中购买商品

传统电商模式下，购物行为（shopping）和购买行为（buying）基本上是同时发生的。在内容电商环境下，消费者的购物行为和购买行为出现了大规模的分离，也就是说，消费者在购买商品的时候，并没有处在“我要购物”“我要逛街”的心态和场景下，而是在悠闲地看美妆达人直播或自媒体“大V”的“10万+”文章。不难发现，越来越多的消费者在看直播、读自媒体文章、刷微博、浏览帖子的过程中购买商品。

内容创业时代，我们对优质内容的追求比以往任何时候都更为迫切。从“槽边往事”到“罗辑思维”，从“咪蒙”到“Papi酱”，从“HUGO”到“一条”“三感”，知识型关键意见领袖（Key Opinion Leader，KOL）成为当前人们获取信息内容的一种新途径。这些人的用户黏性相对较高，变现途径多元化，他们可以是一个独立的知识产权（Intellectual Property，IP），也可以生产出贴牌的商品，还可以去为品牌代言。

知名“网红”店“钱夫人家雪梨定制”，销售年轻时尚的女装，以大学生为主要消费群体，如图1-1所示。截至2016年8月31日，该店30天的销售额已经达到4000多万元，大部分都是定制生产，也就是说客户是在还没拿到货的情况下预先支付了货款。“网红”张大奕的网店“吾欢喜的衣橱”也有这样的势头，这两家网店在2017年“双11”当天开场不到半个小时，成交额就达到上亿元。

图1-1 | 知名网店“雪梨生活”和“钱夫人家雪梨定制”店主雪梨Cherie的微博

内容是载体的价值，必须具有交换价值，才能形成商业形态下的经济活动。用户选择产品的过程实际上是在与自己心中的价值观进行连接，因为用户买的并不是简单的产品或服务（这些同质化程度已经很高了），用户想买的是其想象中的自己，所以其需要与自己心中的价值观连接，而价值观的最佳载体恰恰就是内容。

不仅是自媒体，传统媒体、电商平台等也都加大了对内容营销环节的投入。例如，传统媒体平台《21世纪经济报道》也推出了电商导购项目——21优品。21优品通过《21世纪经济报道》内容导购的方式，推送介绍产品的内容，并提供产品的购买链接，点击购买链接就会跳转到“一条生活馆”进行交易，如图1-2所示。

内容电商时代最大的特点是，很多消费是在收看内容的时候完成的。消费者只是恰好看到了“网红”直播或是一个让其印象深刻的短视频，也可能只是一篇微信朋友圈中分享的文章。通过这些内容，消费者产生了“这个商品不错”“这个产品很有趣”“买一个试试吧”等念头，这使他们自愿为精彩内容阐述的故事埋单。在接收内容时，消费者往往处于单独评估状态，其不会再到其他平台上去找类似的商品进行比较，而是觉得产品不错，价格也不贵，就直接下单了，商品的转化率相当高。

图1-2｜21优品

1.1.2 传统电商纷纷加入“社交内容”元素

2011年2月，KPCB风险投资公司合伙人、北美创业投资教父John Doerr创造性地提出了SoLoMo的概念，即把“Social（社交）”“Local（本地化）”与“Mobile（移动）”三者的无缝整合看作未来互联网发展的趋势。

与此同时，传统电商平台的发展进入了一定的“瓶颈期”。首先，传统电商平台持续的品牌塑造及促销活动宣传，使市场营销费用居高不下，用户的获取和维系成本偏高。新客户的获得成本比较高，初期往往会使用非常的规促销手段，如打很大的折扣，靠产品的性价比吸引用户；老用户维系则需持续投入。其次，网站前台系统、物流系统等系统的构建和维护在前期要投入很大的成本，不少传统电商平台仍然处于亏损状态。最后，以3C数码为代表的部分商品，毛利率偏低，不利于传统电商的盈利发展。

因此，淘宝、京东、唯品会等传统电商平台纷纷开始强调“社交”对“电商”发展的价值，从数据、内容、场景、直播及AI人工智能等方面分别加大了对“社交内容”元素的投入。

淘宝网首次提出自品牌概念，加重电商社交化：手机淘宝尝试建立一套内容生态，除了淘宝头条、社区、爱逛街、有好货、达人淘、微淘等专注于商品推荐分享的用户生成内容和专家生成内容（Professional Generated Content，PGC）外，还与微博、优酷等第三方内容平台合作。

图1-3所示为淘宝头条、有好货、微淘、视频直播等栏目进行改版调整，以适应电商社交化的发展。总之，从淘宝头条、淘宝新势力周、淘宝造物节，再到淘宝二楼的《一千零一夜》《夜操场》，淘宝在打造内容化营销生态体系上做了不小的战略布局。

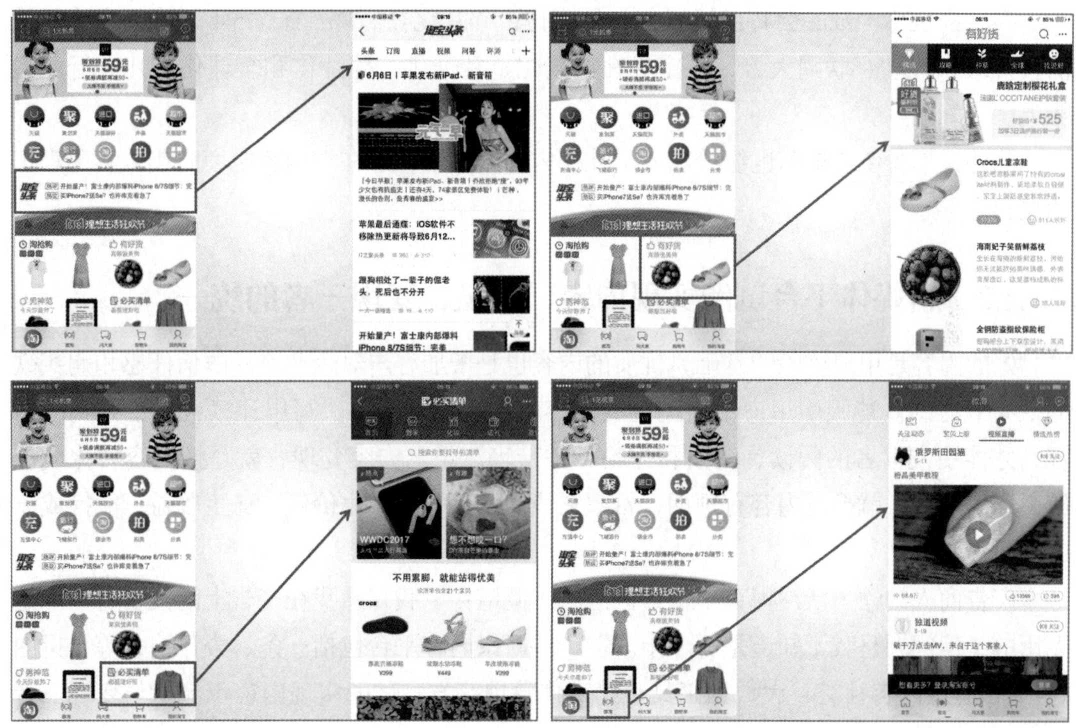

图1-3｜淘宝电商社交化改版调整

阿里巴巴的风格一贯是按效果收费，商家做内容营销比投硬广更划算，而且现在做好内容，还有机会获得阿里巴巴的流量红利。概括起来，淘宝电商有以下两方面的内容营销方式变化。

1. 主题栏目内容化，新营销深入站内

通过优质内容的形式，加强用户在站内的停留时间，同时让品牌商家通过优质内容的传达有更深的站内沉淀。而每一篇内容传达的也不再是硬广推荐，而是有故事、有生活场景、有趣味、有格调的文章。

2. 提升整体内容质量，实施“千咖”计划

淘宝将站外粉丝量较大、具有相当知名度的“大咖”、更优质的行业领袖，以及拥有优质资源的机构和服务商引入站内。这样的做法，意味着原本活跃在微博、微信及各种知名渠道的“大V”，开始逐步进入淘宝系内，为商家品牌进行内容推广。

京东与腾讯则选择联合发布基于“社交+电商”的新型营销服务，旨在将京东电商数据与腾讯社交数据打通，为品牌商家提供包括精准画像、多维场景、品质体验在内的创新数字营销解决方案。几年前，京东与网易合作，用户一旦在京东上浏览商品，浏览数据就会被共享到网易新闻中，就出现了“在网易新闻手机端看新闻，会出现我在京东看的商品的广告”现象，这就将用户的消费场景和阅读场景结合了起来。

唯品会宣称，唯品会将借场景化、社交化、碎片化登高峰：未来5年，唯品会将跟随消费升级和移动互联网大势，将宝押在场景化、社交化、碎片化和全球化这几大行业趋势上。

此外，不少传统电商也纷纷加入“社交内容”元素，想在“内容电商时代”实现真正的盈利发展。

1.1.3 新媒体平台试图实现内容、流量、变现三者的统一

好的内容是用户体验的基础，优质的内容也是增加客户对企业产品的信任感和购买欲的最有效方式。能吸引用户不断浏览的内容就变得异常重要。写出让读者产生共鸣的内容，才能引发读者的阅读、转发和讨论，并带来流量。内容变现，就是把内容转化成价值，通俗地讲，就是对内容有预期，希望它能像商品一样产生价值、产生收益，能换成流通的货币。

广告商人约翰·沃纳梅克早在19世纪就感慨道：“我知道我在广告上的投资有一半是无用的，但问题是我不知道是哪一半。”一些新兴内容平台包括一条、今日头条等（见图1-4），通过内容社交、大数据工具、精准化营销等方式试图实现内容、流量与变现三者的统一。

图1-4｜新兴内容平台

互联网的内容就是指网页上的文字、图片、视频、音频等，其实就是丰富的、容易被看到的信息，并且是受众感兴趣且能够方便存取的超文本组织结构。

今日头条起家于新闻聚合类平台，依靠算法技术，根据用户关注的内容分类进行推荐，再通过阅读文章的模式，包括阅读的停留时间等一系列信息数据进行计算，最终精准地推送读者喜欢的内容。今日头条在这几年改变为人工和算法结合的模式，从算法筛选出的大量相关文章中，再人工挑选出价值较高和时效性较强的文章推送给用户。目前，今日

头条旗下的产品包括今日头条App、西瓜视频、抖音短视频、火山小视频等多种产品形式。今日头条CEO张一鸣在不同的场合表达过要“把公司发展成一个产品”“做中国第一内容创作平台”。

“一条”凭借自身巨大的流量底盘，开始探索“生活物质美学”电商模式。早在2015年，该平台每月的销售额就已突破千万元。

罗辑思维通过开发“得到”App，走上了“知识变现”的道路。

1.2 互联网文案的发展趋势

无论是文章、图片还是短视频，文案是一切内容的基础和核心。在内容电商趋势下，产生的重要变化包括：在互联网上，从信息匮乏到信息过载几乎就是弹指一挥间的事情。面对信息过载，传播内容的中心也开始从生产转向消费。更优质的消费内容，其本质是要实现从“人找信息”到“信息找人”的转变。

立足于未来，互联网也将全面进入社会化信息时代。在这个时代，所有的价值信息都应该实现交互，从被动进入主动，最后再回归被动，这也是内容消费的过程。那么怎样才能更好地进行内容消费呢？如何实现被动即可获取所需的高质量的内容？从海量的信息中筛选出相关的部分内容，并将其推荐给用户，这是互联网下一个发展阶段能够实现的，而这一切也许会通过群体智慧来解决。

处在新形势下，创意的来源不再局限于传统的广告公司，而是最普通的群众。一些传统的4A广告公司正在经受着创意饭碗能不能端稳的考验，越来越多由创意总监带领的4～5人的小团队，结合“外部大脑”的优势，实现小、快、准、灵的服务目标，由此出现了越来越多的创意热店。创意热店将创意融入消费者的生活圈，在“共享经济”下共享信息内容。

此外，由于时间的碎片化，消费者的注意力和精力都变得稀缺，这就使传统的广告传播形式变得越来越艰难。与此同时，消费者也不再被动地接受，他们对自己真正关心和感兴趣的内容更加主动。人们利用智能终端设备快速、便捷地获取信息内容，也会顺手转发进行二次传播。自媒体时代的兴盛，使得全民皆写手。

互联网文案的语言形式也越来越多元化，以适应移动互联网时代的网络文化。下面将从四个方面阐述互联网文案的发展趋势，以全新的角度诠释互联网时代如何让“内容为王”。

1.2.1 从“你去找消费者”到“消费者来找你”

现在的营销早已从原来的以产品、品牌为中心的时代过渡到了以人为中心的时代。从企业的角度出发，站在企业的立场进行文案的创作，早已变为用户参与品牌文案创作。大量的用户生成内容往往是品牌宣传的重头戏，而互联网时代的品牌传播更具有消费者驱动力。最经典的案例当属可口可乐连续几年完成的可口可乐昵称瓶、歌词瓶、台词瓶、金牌点赞瓶、密语瓶……

消费者不再只是等待品牌满足自己的需求，他们主动与品牌商进行对话，渴望与品牌主沟通自己的想法和建议，甚至渴望参与产品的设计与制作过程。就如小米粉丝参与制造小米品牌那样。2013年4月9日的小米“米粉节”，小米公司特别发布了一部微电影——《100个梦想的赞助商》，以感谢100个“铁杆粉”。在8分钟左右的视频中，还把他们的名字一一投影到大屏幕上，以表达对他们的谢意，聚集了粉丝效应，如图1-5所示。

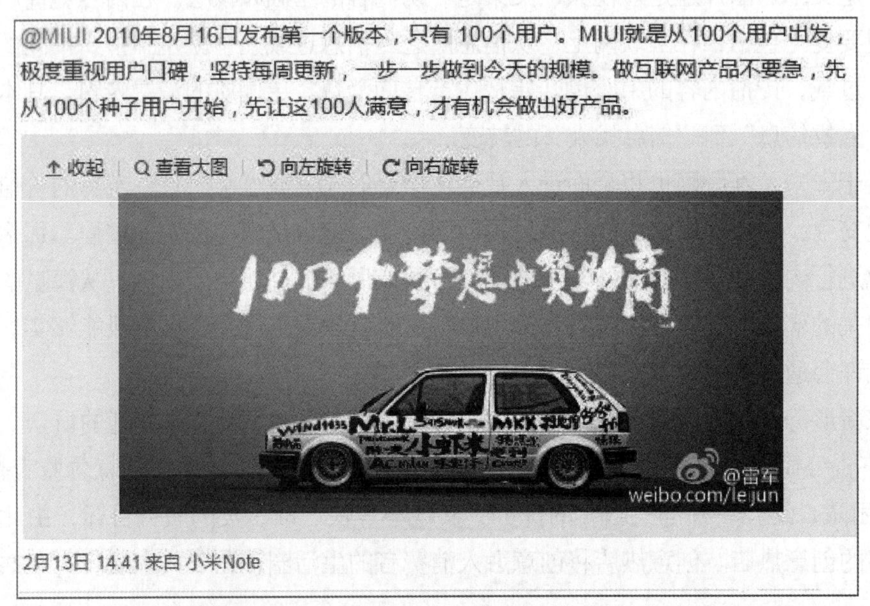

图1-5 | 小米微电影《100个梦想的赞助商》

1.2.2 从传统单向传播到融入消费者生活圈

365天、24小时、360°全方位营销，互联网内容营销要绑定消费者的生活，才能进入消费者的生活圈。品牌营销必须融入消费者习惯接触的新媒体社交方式。

“95后”“00后”被称为互联网“原住民”，互联网的普及让他们从小就深受互联网的影响。企业与品牌要赢得未来的市场，就要赢得他们的青睐和追捧。他们的生活高度依赖网络，过着一种随时随地“连接”的生活，互联网对他们来说已经不是一种传播交流的工具，而成了一种生活方式。伴随移动互联网的快速发展，越来越多的人离不开网络，甚至有人将“电源”和“Wi-Fi”视为生活最基础的需求。

好的广告要植入消费者的生活，让消费者从被动地接受变为主动地接受。好的广告应该具备新闻性、娱乐性，考虑如何与品牌结合。碎片化阅读时代，消费者不仅阅读文字，还阅读图画、音频、视频，形式越来越多样化，内容也变得更加精练、吸引眼球。互联网加速了大众市场的分化，数字化信息技术使个性化市场需求成为主流，企业主对品牌的传播已不再是传统的单向发声，而要融入消费者的生活圈中，满足消费者的真正需求。

1.2.3　从单一发声到人人自媒体

社会化媒体让信息接受者拥有了创造信息、制造声量的机会，原本由品牌方掌控的发声平台中开始出现消费者成群结队呐喊的声音。以前，好的内容就是那些经典的、由权威的行业专家发布的内容。随着时代的变化，多平台的出现，自媒体运营的发展，越来越多的人可以发表自己的观点，很多人成为“草根”权威，谁都可以发表自己的声音，进而让全世界听到。

消费者不再是倾听者、购买者，而是品牌的合作者，他们正逐渐占据主动权，成为品牌的参与者。如今的互联网时代，是一个人人皆可成为“生产者”“领导者”“网红”的时代，人们很容易拥有自己的粉丝。当企业或意见领袖在互联网社群中的粉丝数量积累到一定程度时，就会发生质变，就可以围绕粉丝互动功能搭建一个闭环营销运营系统。

在社会化媒体的帮助下，消费者的表达欲也愈加强烈。当我们看到有趣的信息时，会主动传播给自己社交圈的朋友。在社交化媒体时代，话语权被交给了个体，每个人在社交媒体平台都能发出自己的声音：就餐时点评，可以把自己的味蕾体验分享给他人；逛街时可以使用签到，让朋友知道自己在哪里；看到了哪些好玩的事物，直接拍摄下来发送分享。人们开始使用互联网进行人际交往了。例如，在大众点评，好友推荐成了消费者寻找商家信息的平台；以豆瓣为代表的分享社区平台使书评、影评不再是小众群体的爱好；人们已习惯将日常生活通过直播平台进行展示。可以说，多种平台都在争夺消费者的注意力。

1.2.4　从语言规范到时尚多元

准确、规范是文案的最基本要求，要实现对主题和创意的有效表现和对产品信息的有效传播，首先要求文案中的语言表达规范、完整，避免语法错误或表达残缺；其次，要求文案中所使用的语言准确无误，避免产生歧义或误解；最后，要求文案中的语言尽量通俗化、大众化，避免使用冷僻及过于专业的词语。

互联网的不断发展带来了网络文化的兴盛。互联网热词的使用也成为一种潮流趋势，从“友谊的小船说翻就翻”到“扎心了老铁”，从“你的良心不会痛吗”到“你有freestyle吗”，从“diss”（怼）到“打call”，从“尬聊”到“戏精”……在互联网文案的发展中，使用时尚多元的互联网语言已成为一种业界默认的行规，这些网络用语可以拉近文案与读者之间的关系，让他们对文案内容产生熟悉、亲密的感受。

从文案的标题到文案的正文，撰写者为了吸引读者，往往采用新颖的语言内容及形式，甚至京东微信公众号曾以“。。。。。。。。。。。。。。。。。。。。。。”为标题于2017年5月发布了一篇关于智能冰箱的软文，取得了不错的反馈效果，如图1-6所示。

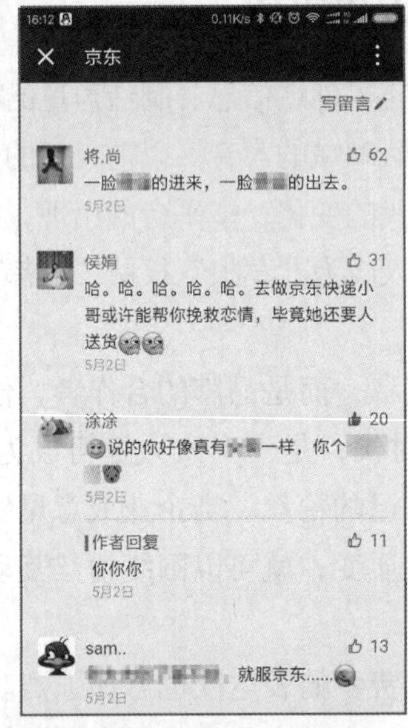

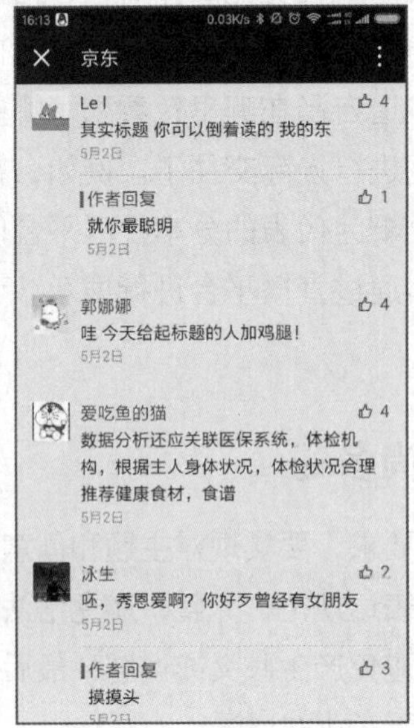

图1-6｜京东微信公众号的软文标题及反馈

1.3 到底什么是互联网文案

时至今日，移动互联网浪潮已经席卷而来，海量的资讯带来的问题是如何让产品、品牌等信息脱颖而出，如何在有限的几秒内让有效信息占领消费者的心智，如何让文案快速传播。在内容为王的时代，需要重视文案的力量。

2017年3月，网易云音乐打造乐评“地铁专列”，针对地铁场景下孤独的受众个体进行精准式扎心营销。

2017年9月，公众号“视觉志”的一篇文章《谢谢你爱我》，4天的阅读量突破5000万次，成为现象级爆文。

2017年在“双11”预热期，马云提前为电影新片《功守道》宣传，实为“双11”打气助威。11月10日当晚，马云上台和众主创为自己的电影造势，同时与观众一起创作“双11”歌曲，将全场的氛围引向高潮。自带话题传播属性的明星阵容自然是媒体和粉丝追逐的焦点，用户生成内容式的参与感让受众自愿成为内容传播的一环。

1.3.1 互联网文案是什么

互联网特别是移动互联网的革命，不仅改变了整个商业运作的方式，而且改变了整个工业及其所推动的经济。当人们看待一场革命时，不应该只看到其带来的工具的进步，更应该看到伴随工具进步而带来的社会生产力的提升，而社会生产力提升又会引起社会关系的变迁，最终会极大地推动社会的进步。

1898年，美国广告学家刘易斯提出广告过程模型，成为广告人进行消费行为分析的框架——AIDMA，这是传统消费者行为学理论模型，即Attention（引起注意）、Interest（产生兴趣）、Desire（唤起欲望）、Memory（留下记忆）和Action（购买行动）。

引起注意（A）—产生兴趣（I）—唤起欲望（D）—留下记忆（M）—购买行动（A）

这一模型在数字网络时代被重新解构。日本知名广告公司电通公司（Dentsu Group）提出了针对互联网与无线应用时代消费者生活形态的消费者行为分析模型——AISAS，即Attention（注意）、Interest（兴趣）、Search（搜集）、Action（行动）和Share（分享）。

注意（A）—兴趣（I）—搜集（S）—行动（A）—分享（S）

AISAS模型中最具备互联网特质的是两个“S”—S（Search）和S（Share），这也恰恰体现了互联网对人们生活方式和消费行为的影响和改变。

消费者在互联网时代，尤其是如今的移动互联网时代，可以随时随地搜索到用于消费决策的信息，同时也乐于分享自己的体验和经验，因而消费者已经由广告传播中的被动接受者逐渐转变为品牌塑造的参与者。

因此，所谓“互联网文案”，并不是对传统文案的完全颠覆，只是伴随互联网传播媒介的盛行，它带来了一系列的“蝴蝶效应”，包括信息不对称情况的消减、消费者信息获取方式的改变等，这就使“互联网文案”的创作手法出现了一些新的特点，诸如社交化和用户思维等。

1.3.2 互联网文案的分类

可以按不同的划分方法对互联网文案进行分类。

1. 按篇幅长短分类

按文案篇幅的长短，可以将互联网文案划分为长文案和短文案两大类。长文案通常是指1000字以上的文案，而短文案则为少于1000字的文案。

长文案和短文案各有千秋，应根据产品及服务的不同，选择合适的篇幅撰写互联网文案。

2. 按发布目的及作用分类

按文案的发布目的及作用，可以将互联网文案划分为销售文案和传播文案。

销售文案是指能够立刻带来销售的文案，如网店的详情页广告文案、产品的销售页面介绍文案等。

传播文案是指能够扩大品牌影响力的文案，如电商品牌文案、互联网上的推广宣传文案。这些文案的写法有其特殊性，它们的作用在于引起人们的共鸣，并引发观众的自主自发式传播，为品牌“打call”。

3. 按渠道及表现方式分类

按渠道及表现方式，可以将互联网文案划分为横幅广告文案、网店详情页广告文案、电商品牌文案和网络推广文案。

横幅广告文案是互联网中最常见的一种广告形式，一般以JPG、GIF、Flash等格式的图像文件的形式出现在网页中，用于表现广告的内容。横幅广告文案一般放置在网页中较为醒目的位置，如网站的主页、App开机画面、网店的顶部等。横幅广告文案一般是一个简单的标题再加上标志。它主要起到提示的作用，暗示用户点击图片打开其他页面，了解更详尽的广告信息。对于文案人员来说，要进行横幅广告文案的创作，需要结合一定的创意进行表现，尽量表现广告主题的独创性和新颖性。

网店详情页广告文案，是电子商务文案的重要组成部分，它主要用于网店商品信息的表述，达到激发消费者购买欲望的目的。网店详情页广告文案展示的是商品详情页，主要通过文字、图片等元素全面地展示商品的功能、特性，以及销售、物流、售后等方面的信息，从而增加消费者对产品的兴趣，激发他们的潜在需求，引导他们下单购买。

电商品牌文案主要是进行品牌建设、积累品牌资产的文案。一般来说，电商品牌文案主要是通过故事进行品牌形象的建立与传播。文案的内容直接决定故事的好坏，因此要注重故事的塑造和所要表达的思想。一个好的品牌故事能够体现出品牌的核心文化，营造脍炙人口、源远流长的效果。

网络推广文案是为了对企业、商品或服务进行宣传推广而创作的文案，起到广而告之的作用。它可以给商家带来更多的外部链接，如果引发了网友的大量转载，效果会非常可观。

4. 其他分类

有人按广告植入方式将文案划分为硬广告文案和软文，也有按性质分类（新闻、业务、日志、评论）、形式分类（新闻式、促销式、故事式、疑问式、情感式、猎奇式、恐吓式）、载体分类（平面媒体、博客、微博、微信）等。

本书根据互联网文案的作用及发布的平台，将互联网文案分为产品文案、品牌文案、社会化媒体文案、H5及App文案、互联网推广活动文案几部分。后面的章节将依次详细讲述。

1.3.3 互联网文案的特点

互联网文案的写作与传统文案的写作有一定的共通性，但由于读者的阅读习惯不同，推广传播渠道的媒体特征不同，所以互联网文案的特点与传统文案不同，具体包括传播速度快、互动传播性强、发布成本低、渠道形式多元化、目标精准度高等。

1. 传播速度快

互联网文案与传统媒体文案相比，首要的特点就是能快速传播。互联网传播的快速性决定了互联网文案的写作要快速及时，能跟进网络热点。

2. 互动传播性强

互联网文案促使消费者与品牌之间形成互动，从最开始的浅层互动，逐渐发展到产生共鸣；日积月累，使品牌成为消费者生活的一部分。在整个互动过程中，传播必然是双方共同参与，进而产生“价值观匹配”的共鸣感。在以社会化媒介为主要传播平台的互联网时代，互联网文案的重要特点是“互动性”，它可激发用户的“参与感”，带动传播。

传统媒体文案只要引发读者的兴趣，让读者读下去，它的传播链条就算完成了。而如今在我们手机里传播的文案，除了引发我们的阅读兴趣之外，还要让我们产生分享给他人、参与互动的冲动，这就是互联网文案的重要特点之一，它能刺激我们用它进行社交，找到同类人。

3. 发布成本低

与传统媒体的广告发布费用相比，互联网信息发布的成本并不算高，因此不少企业选择将广告信息发布费用转移到互联网媒体上。图1-7所示为央视市场研究发布的2017年上半年媒体投放市场贡献率，从中可以看到，互联网媒介已经成为增长最多的广告媒介形式，这说明越来越多的品牌商愿意在发布成本相对较低的互联网媒介进行品牌推广。

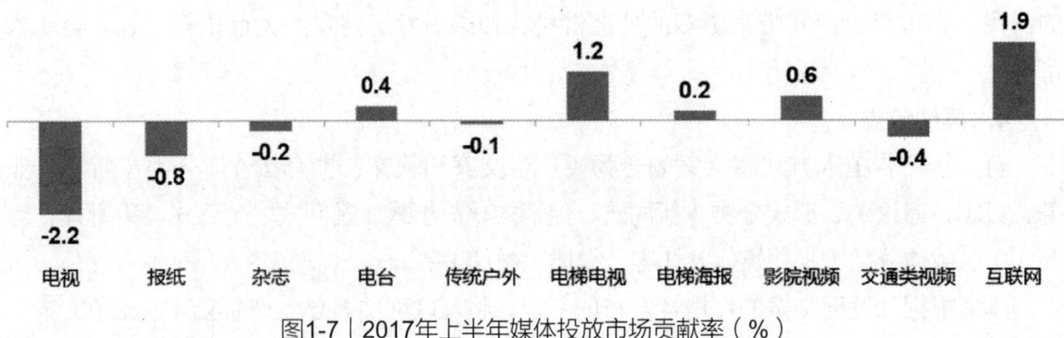

图1-7｜2017年上半年媒体投放市场贡献率（%）

4. 渠道及形式多元化

互联网中的传播渠道和形式非常多元化，从QQ空间、论坛到博客、微博、微信，从视频直播到音频直播，从网店、微店到支付宝服务窗……多种多样的传播渠道丰富了互联网文案。与此同时，互联网文案的传播形式也呈现多元化。图文、视频、音频、H5等都是互联网中常见的传播形式，这同样丰富了互联网文案的写作。

5. 目标精准度高

一方面，不同的人群聚集在不同的互联网媒介平台上，具有一定的集群性。例如，职场人士多从门户网站、朋友圈、微博获取日常资讯。

另一方面，大数据的运用，使互联网平台可以利用数据对不同人群进行精准的推送营销。例如，淘宝、京东等电商平台会根据人们近期搜索浏览过的信息进行有针对性的推送。在互联网文案的撰写过程中，撰写人要通过最平实亲近的语言与目标人群进行有效的精准沟通。无论是文章、图片还是短视频，文案始终是一切内容的基础和核心。

1.3.4 互联网文案的作用

互联网文案广泛应用于各行各业，从电子商务到房地产、金融、汽车，从家电、家装到食品、日化，从服装、服饰到服务、交通……越来越多的企业选择进军互联网，宣传自己的产品或企业。互联网文案的作用主要有以下两个。

1. 促进产品销售

著名的广告人罗伯特·布莱在《文案创作完全手册》一书中曾提到“文案写手，就是坐在键盘后面的销售员”。大卫·奥格威也认为“广告的目的就是销售，否则便不是广告”。互联网文案尤其是电子商务文案，是一种带有销售性质的文字符号。

一份优秀的互联网文案可以增加企业信息的覆盖面，提高品牌的关注度和曝光度，促进网络用户实现转化等。受众通过文案了解产品，产生兴趣，并最终成为你的客户。文案就是以消费者容易接受的方式切入其内心，并打动他们，促进消费行为的发生，降低企业成本，潜移默化地影响消费者，最终形成购买力，进而为企业起到提高销售、增加收益的作用。

2. 塑造品牌形象

当读者在阅读文案时，就已经被品牌影响了，逐渐接受了文案中宣传的产品优势；品牌也就取得了用户的信任，进而提升了企业的品牌知名度，增加了消费者对品牌的好感度。从长期来看，品牌的美誉度和品牌资产会逐渐积累。

以著名品牌路易·威登为例，该品牌自1998年起就通过《城市指南》系列不断与世人分享世界上的都市旅游胜地，将世界上最激动人心的大城市涵盖其中，给消费者带来特色文案内容。在这里，文案塑造了“生命本身是一场旅行”的品牌形象，营造了一种生活气息。

1.4 互联网文案的创新思维

“内容为王”并没有过时，随着新媒体时代的到来，媒体的生态环境、受众的阅读习惯，以及内容的生产机制和信息的流通渠道等，都已经发生了翻天覆地的变化。

所谓“互联网思维”，说的无非就是互联网语境中的重新定义能力，即在互联网环境中发现、识别、描述和建构新的主体性及其相互关系配置的思维过程。这里的“主体性”可以是人或人的某方面需求的集合，也可以是组织机构；在商业方面，指的是特定的商业闭环内具备交易能力的意义单元。

互联网思维是在“互联网+”、大数据和云计算等科技不断发展的背景下，对市场、用户、产品和企业价值链乃至整个商业生态重新进行审视的思考方式。互联网文案是基于这种思考方式而写作的文案，它最基本的要求是抓住用户的痛点，拥有丰富的场景设置，以及饱满的情绪。同时，我们应拒绝迎合互联网低级趣味的“套路”和争分夺秒蹭热点的“油腻”。

1.4.1 用户视角

文案创作人员的基本目标是针对特定人群，创作出清楚、易懂的主题广告，以此鼓励他们购买产品。在互联网文案的创作中，创作人员要站在用户视角进行洞察。在过去的商业社会，我们也常说“顾客是上帝”，但那最多是一种道德自律。但在互联网社会，你必须真正地了解用户，因为用户的体验以及由此带来的口碑，在社交网络的环境下是一种能够迅速带来实际价值的资产，也是一种能够迅速毁掉品牌的力量。把这种用户思维放在文案写作中，就是始终站在用户的思维角度来设想，如用户看完之后会产生什么样的心理感受、怎样的认知情绪、最终转化成一种怎样的消费行为。

要在第一时间给读者一种“我这都是为你好”的感觉，从而在心理上消除读者对你的疑虑，愿意去阅读通篇文案。当读者放下心防时，你才有可能将你想要传递的信息展现给他们。在大多数情况下，人们在做决定时总会优先考虑自己。所以，在撰写文案时也应该考虑读者到底关心什么，然后将文案与大众生活产生联系。因此，我们在撰写文案的时候一定要突出对读者的好处。

你要清晰地在文案中体现出自己的产品对于大众生活会产生怎样的好处，这么做到底是不是能够改变生活中的一些不便状况。当大家看到你的产品可以切实地为生活提供便利之后，就会产生购买欲望。例如，“××笔记本电脑，提高您的办公效率”。

好的文案就是说出用户心中想说又没说出来的那句话，将产品的属性进行分解，并说明它能给消费者带来什么好处，这远比告诉消费者产品的功能特点更有吸引力，因为它能够让消费者直观地感受到产品能带给他的利益。因此，在写作文案时，我们要明确自己的思维不是“向对方描述一个产品”，而是从用户视角出发“告诉读者这个产品对他有什么用”。

以代入用户的角度写文案，简单直接地给出具体的细节和实用信息，同时文字富有人情味，就可以很好地消除用户对广告的戒备心理。站在用户的视角，要求懂得用户，不仅知道他们是谁，更要知道他们在想什么、需要什么，知道怎样做才能引起他们的关注、打动他们的情感、影响他们的决策。用心观察用户的生活，看看他们在日常生活中所遇到的各种麻烦，在文案中将这些困扰写出来，让用户感觉你说出了他们的心里话。

文案创作人员要挖空心思让文案与消费者切身相关，了解消费者关心的是什么，然后将他们的需求、渴望、期盼或担忧表现在品牌传播的信息中，从关注消费者的角度出发，解决他们的担心，像朋友一样向用户传达“我们懂你”的理念，让消费者迅速对品牌建立信任感。

1.4.2 反应迅速

对于一些突发事件，我们第一时间获取信息的渠道已经不再是电视、广播、报刊，而是微博、微信、新闻客户端……在新媒体迅速发展的今天，抓住眼球，抓住流量，也就赢得了销量。因此，如果你想要吸引更多的人关注你的产品，就必须在出现热门事件时第一时间进行营销，否则时效性一过，便很难再达到预期的效果。

2004年雅典奥运会男子110米栏冠军、“中国飞人”刘翔在2015年4月7日下午17:00正式宣布退役。消息一出，17:01耐克官方微博发出了已准备好的内容，如图1-8所示。

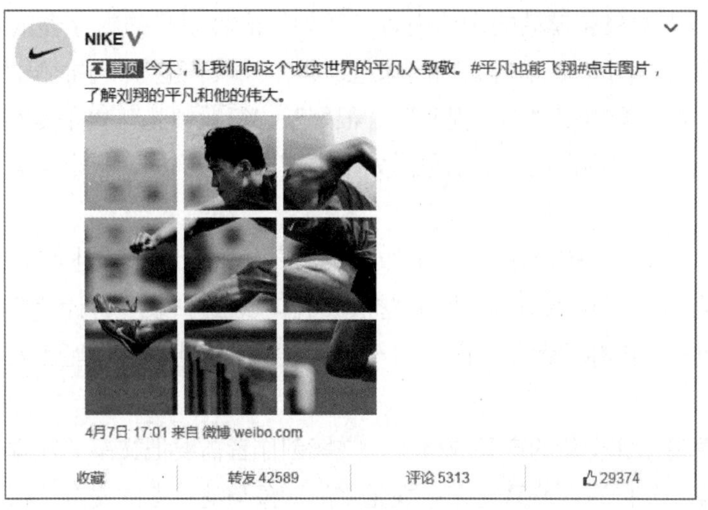

图1-8｜耐克官方微博文章

1.4.3 情境的烘托

互联网产品具有品类复杂、人群分散的特点，因此不能以单一的描述来定位产品，应该更多地使用情境来表现产品的特点，向消费者展示产品的功能。例如取得良好效果的文案：“××粉底液，使用后能有效提亮肤色，自拍不再用美颜软件了！”自拍不再用美颜软件这样的说法，就明显让消费者更直观地了解到产品提亮肤色的效果，更具有吸引力。

图1-9所示为某品牌除湿机的互联网文案。文案呈现了在天气潮湿的季节用户备受困扰的情境，如空气污染使健康受到威胁，墙面受潮居住不适，家具和书籍等受潮发霉，衣帽晾不干产生霉臭异味，残留在衣物上的霉菌孢子会影响皮肤健康，吸入空气中的霉菌孢子会引起过敏性呼吸疾病等，让消费者伴随着文案的描述进入潮湿环境下的生活困扰情境，从而产生如身临其境的感受。在这种情境的烘托下，消费者加强了对该款产品的消费需求。

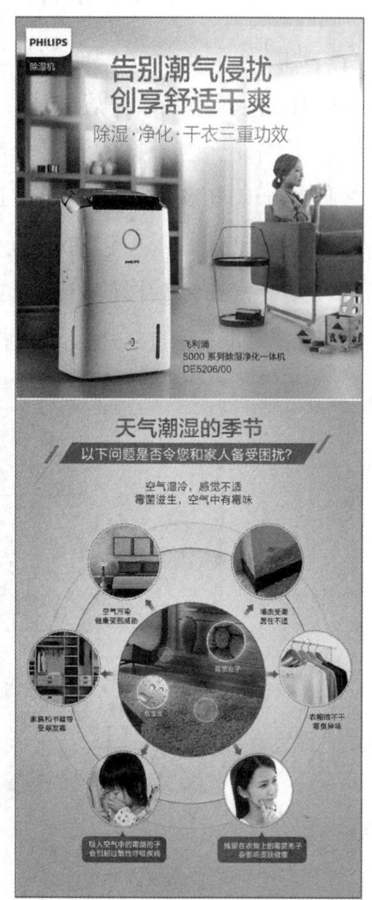

图1-9｜某品牌除湿机的互联网文案

1.4.4 可视化表达

可视化表达是指文案能让消费者读到时联想到具

体的形象，避免太抽象和模糊的表达内容。例如，形容手机的内存容量大，可以说“把200部超清电影带在身上”；形容食物的味道经典，可以描述为“小时候的味道”。

有些文案中经常会出现“大幅提升”“很好”“行业领先”“完美的”“隆重推出”等词汇，这样的文案用词很空，很抽象。如果去掉这些修饰词，整个文案真正有用的内容几乎没有。

用抽象化的形容词去修饰产品，不如直接用具体的词汇来描述产品更有说服力。例如，iPod 5GB当年在推出时，广告语为“把1000首歌装进口袋”，让消费者可以直接明白iPod产品的特色——内存“大”。简单的一句话，字字掷地有声，能让人们快速对新产品有大致的了解。

为了让消费者了解全新的产品或概念，文案创作者需要把文案“视觉化”，把一个陌生的产品与大家熟知的东西联系起来。视觉化的形象与消费者的安全感相联系，消费者在判断这个产品没有危险性后，就能够更快、更好地接受。

1.4.5 调动用户情绪

调动用户的情绪，首先要拉近与消费者的距离。罗振宇曾说过：“未来的经济模式将会弱化需求与供给的博弈关系，体验经济模式将会成为市场的主导。”

以网易云音乐案例进行分析。2017年春天，杭港地铁1号线和整个江陵路地铁站的乘客们被一句句文案吸引驻足，这些文字均来自网易云音乐的乐评，令人戳泪刷屏。这是3月20日网易云音乐发起的“乐评专列：看见音乐的力量”活动，公司承包了一辆车和一个地铁站，宣布持续投放一个月的精选乐评。实际上，这次活动也没有很强的目的性，就是来“戳”你的心的，并且防不胜防。图1-10所示为网易云音乐“乐评专列”活动。

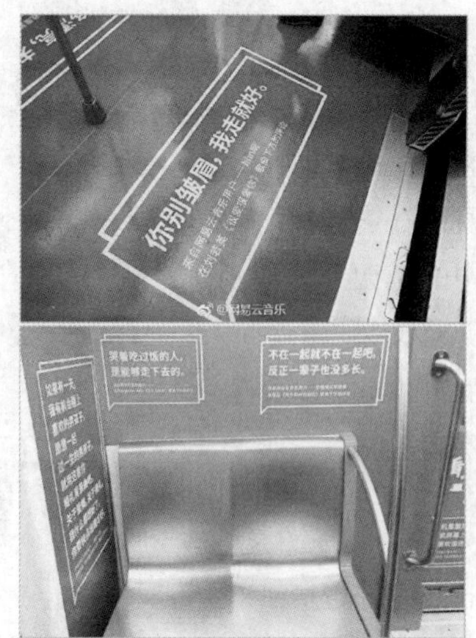

图1-10 | 网易云音乐“乐评专列”活动

毫无疑问，网易云音乐这一次的文案推广很成功，不仅打动了无数路人，而且在社交媒体上被刷屏，网易云音乐微博下好评扎堆。网易云音乐这次之所以能引起如此强烈的共鸣，就在于该活动文案充分调动了用户的情绪。

首先，用户生成内容模式容易引发共鸣。当人们看到用户的优质评论时，就像看到一个普通人，在与你聊他朴素、简单却绝对真实的生活，而不是高谈阔论那遥不可及的英雄梦想。

其次，文艺清新，兼具情怀。对于地铁上的“低头族”而言，时间非常碎片化，他们很难被一则文案吸引，对于缺乏共鸣的话，看了也就忘了。网易云音乐使用“乐评+用户+歌曲名”的文案呈现方式，能在最短的时间里勾起人们的回忆或挑动他们的某种情绪，拍照转发也只是顺手的事。这既符合网易云音乐的品牌调性，文案的风格也颇受目标受众即文艺青年的青睐。

再如，京东白条“吃一辈子鳕鱼堡，没见过一条鳕鱼”的广告语让许多人扎心，质疑自己现在的生活以及人生的意义。淘宝店“步履不停”的创建人肖陆峰就曾说过：“希望我们卖的是衣服，随包裹赠送的是生活方式。希望‘步履不停’的顾客能在这个品牌里找到同类和共鸣。”

1.4.6 引发用户关注

互联网文案应该让读者明白他们将要发现什么、发现的东西会很有趣，以引发用户的关注，激发他们的兴趣。尤其是文章的标题，直接关系到读者是否会点击打开阅读。

下列几组互联网文案的标题相当吸引人：

有事直说，别问“在吗”（卡娃微卡）

小肚子还没减下来怎么办，穿对衣服也能瘦十斤（黎贝卡的异想世界）

买不起800万学区房，先做好3个阶段宝宝辅食，黄小厨实用辅食经（黄小厨）

薄如蝉翼的金华火腿，每一口都是时间的味道（一条）

一篇好的互联网文案能否引发大家疯狂转载，很关键的一点在于文章的标题是否吸引人，是否有让用户读下去的动力。所以，写出能引发用户关注的标题至关重要。尤其是可以结合一些热门的事件，与标题融洽地结合到一起，这样既能让自己的品牌获得关注，又能让读者产生好奇心，因而读下去。

1.4.7 讲个好故事

科技带来的信息大爆炸，需要我们有意识地将大量的信息转换成人类大脑容易接受的形式——故事。这就要求我们学会精心构思一个好的故事，让讲述者和听者的交流更加顺利。

讲故事是人们最容易接受的广告文案方式之一，故事性的文章老少皆宜，也能让读者的记忆更加深刻。只要故事足够吸引人，即使出现明显的广告痕迹，也不会引起消费者的反感。讲故事的语调应该是诱人和温暖的，要娓娓道来。

一提到褚橙，人们一定会想到那个昔日的著名企业家褚时健大起大落、高龄出狱后上山种橙子再创业的励志故事（见图1-11）。

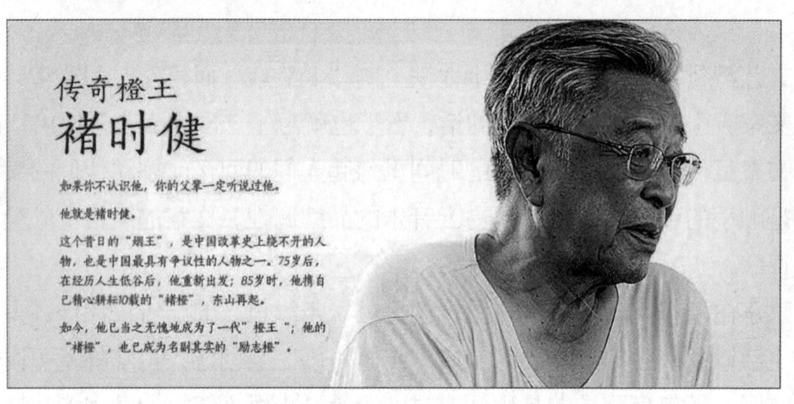

图1-11｜褚橙的励志创业故事

2012年，云南的一种橙子突然在网络上火了起来。究其原因，原来这是昔日的商场风云人物——烟草大王褚时健再创业的产品。褚时健是中国实行改革开放的第一代企业家，年逾八旬重新出发，于是，褚橙被冠以“励志橙”一名。王石、任志强、潘石屹、柳传志等著名企业家以及微博的“大V”们，纷纷在社交媒体上主动进行传播，使褚橙迅速被网民熟知。褚橙的文案“人生总有起落，精神终可传承”，其中并没有直接写橙子如何好吃，而是传达出了品牌背后的励志故事和一种积极的价值观。

另一个案例也让人们见识了一个好故事的营销威力。2014年12月13日21点26分，微博“大V”“伟大的安妮”发布“对不起，我只过1%的生活”组图（见图1-12），在微博上迅速发酵走红，随后很快扩散到微信朋友圈；短短的一天，两大社会化网络均被刷屏。截至12月15日20点，该图在微博上已累计转发了43.69万次，点赞34.73万次，评论8.9万次。而其带来的转化也惊人地高，“伟大的安妮”14日下午15:07发布微博称，这篇文章已经有6000多万次的阅读量，有30多万用户下载了她创业开发的“快看漫画”应用，该应用在App Store里最高时冲到了免费榜榜首。

毕竟，没人爱听大道理，却人人爱听小故事。这无关人的智商与地位，《故事会》和《知音》有各自的受众群体，机场里的财经杂志同样也靠商业故事让白领达人们沉醉。英文内容营销中流行一个词叫作story telling，直译成中文就是“讲故事”。几乎每一个成功的品牌背后都有一个精彩的故事。凡是成功的品牌，都很擅长“讲故事”，它们懂得如何把品牌的历史、内涵与精神向消费者娓娓道来，并在潜移默化中完成品牌理念的灌输。所以说，一个好的营销就是讲一个好的故事。

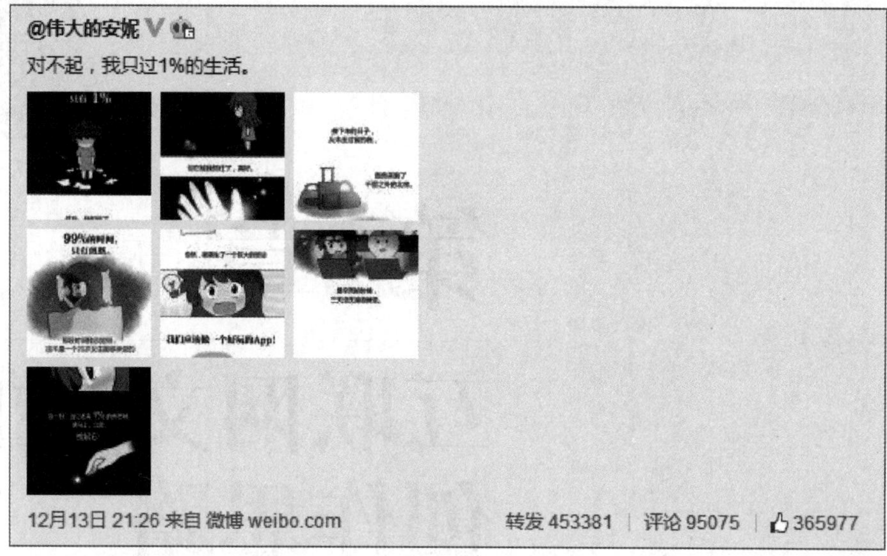

图1-12 | “伟大的安妮”微博截图

课后练习题

1. 请用自己的话来阐述“内容电商时代”到来的表现。
2. 互联网文案的发展趋势是怎样的?
3. 什么是互联网文案? 互联网文案的特点是什么?
4. 互联网文案的作用有哪些?
5. 请结合现实案例论述互联网文案的创新思维包括哪些。

第2章 互联网文案的创作思路

【学习目标】

- 了解互联网文案的创作步骤。
- 理解互联网文案的创作构思。
- 掌握互联网文案的写作准备工作。
- 掌握互联网文案的创意思考及输出思维方法。
- 学会用互联网文案的创作思路进行文案写作。

凡事预则立，不预则废，互联网文案的写作亦有章可循。在进行文案写作前，文案创作者应熟练掌握互联网文案的创作思路模式，并应进行充分的准备，思考并确定文案的主题、诉求方式和表现风格，在日常工作中也要培养思维方法。本章将系统介绍互联网文案的创作步骤、写作准备、创作构思以及创意思考和输出思维的方法。

2.1 互联网文案的创作步骤

看似简单的文案，其实背后需要文案工作者完成一系列工作。互联网文案的创作步骤简单来说主要包括四个阶段，即准备阶段、构思阶段、撰文阶段和修改阶段。

2.1.1 准备阶段：市场调研，明确互联网文案的写作目的

著名广告大师霍普金斯曾说："在广告的背后，蕴含着大量的数据、信息，以及数月的调查研究。"前期的市场调研、资料收集工作在文案创作过程中是非常必要的。

收集尽可能多的原始资料，开展相关调查，然后汇总信息。花一些时间分析和整理手头的资料，自己也可以实地开展一些调查，以此来增加一些细节，深入了解目标消费群体、市场和客户在市场中所处的位置，留下一些比较中肯的意见，并有逻辑地进行整理。

除了具有互联网思维外，一个合格的电商文案写作者还要具备市场销售人员的市场眼光。为了明确销售产品的市场状况，做出有针对性的文案，市场调研和市场环境分析是必须要经历的一个步骤。

1. 市场调研

市场调研是指运用科学的方法，有目的、有计划地收集、整理、分析有关市场的各种情报、信息和资料。这是把握市场供求关系和发展趋势、制定营销策略和为企业决策提供正确依据的信息管理活动。

市场是不断发展变化的，一方面受有关政治、经济、社会文化、科学技术等市场环境的影响，另一方面受资金、产品、价格、广告等市场因素的影响。互联网文案如果要想达到预期的效果，就要通过市场调研及时了解和获取各种市场环境因素和市场因素的变化，从而写出有针对性的互联网文案。

文案写作者一定要分析市场调研的结果，吃透广告策划的意图，最好能够亲自参与市场调研和广告整体策划的过程，只有这样才能写出真正优秀的文案。市场调研的作用如图2-1所示。

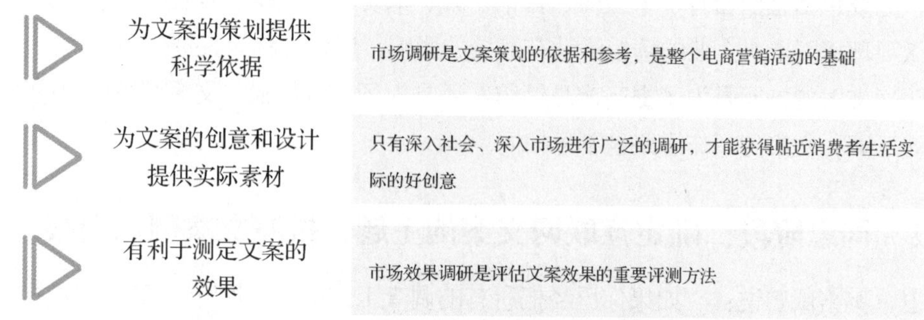

图2-1｜市场调研的作用

2. 市场环境分析

市场环境是指市场营销环境，即一切影响及制约企业市场营销决策和执行的内部条件和外部环境的总和，既包括人口环境、经济环境、政治环境、法律环境、社会文化环境和科学技术环境等宏观市场环境，也包括企业的内部环境、各类资源的供应者、营销中介、消费者、竞争者、社会公众等微观的市场环境。市场环境分析就是指对这些环境因素的汇总分析。

（1）宏观市场环境分析

宏观市场环境是指企业无法直接控制的因素，是通过影响微观环境来影响企业营销能力和效率的一系列巨大的社会力量，包括人口、经济、政治、法律、社会文化、科学技术及自然生态等因素。由于这些环境因素对企业的营销活动有间接的影响，所以又称为间接营销环境。

常用的宏观环境分析方法为PEST分析法，如图2-2所示。

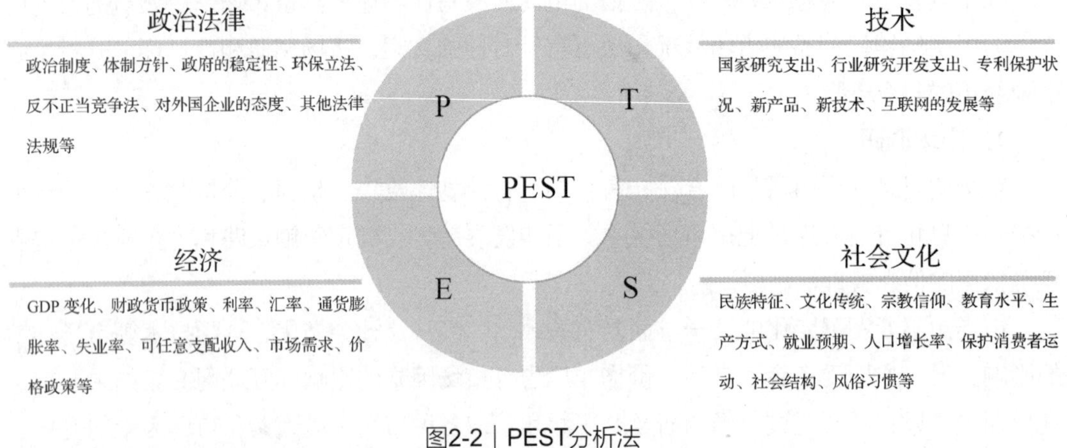

图2-2｜PEST分析法

（2）微观市场环境分析

微观市场环境是指与企业紧密相连、直接影响企业营销能力和效率的各种力量及因素的总和，主要包括企业自身、供应商、营销中介、消费者、竞争者及社会公众等因素。由于这些微观环境因素对企业的营销活动有直接的影响，所以又称为直接营销环境。

要明确文案的撰写是为了提高产品销售，还是为了品牌传播。文案撰写的目的不同，出发点就不同，文案的写作思路也不尽相同。

2.1.2 构思阶段：确定互联网文案的主题，撰写文案创意简报

大卫·奥格威曾说：“如果你已经把所有的调查工作做完，拥有了所有的程序、所有的资料——这并不意味着文案就大功告成了。你下面需要做的是关上门开始创作——那才是我们想无限延长的关键时刻。”创作伊始，就要明确文案的主题，并撰写文案创意

简报。

文案创意简报也叫创意提纲，广告创作公司主要用它来指导文案的创意、撰写及制作。文案创意简报主要在于厘清三个问题，即对谁说、说什么、在哪里说，如表2-1所示。

表2-1 创意简报应厘清三个问题

对谁说	此文案的目标人群是哪些？对受众进行判断
说什么	文案打算通过怎样的方式说服目标消费者信任撰写推广的内容并产生呼应？采用怎样的方式能够让消费者更好地了解产品的独特卖点？怎样提炼出合适的说服点说服消费者认可我们的产品或品牌，而非竞争对手的？
在哪里说	选择哪些媒体平台发布和传播文案更好？

撰写创意简报是文案撰写人员与客户之间沟通的一个环节。每份简报都要有三个基本元素：目标消费群体的资料，对传达给消费者的核心主题的说明，一个好的理由——为什么目标消费群体会感兴趣，也就是说你的产品给他们带来了什么便利。根据前期的资料调查和实地走访，充实简报内容，帮助你尽快理顺文案创意思路。据此，文案创意简报的内容如表2-2所示。

表2-2 文案创意简报的内容

项目	具体内容
基本概述	客户的名称和联系方式
	客户的具体要求
	之前的工作与本文案的关联
	文案创作的时间表
背景和初始资料	客户提供的资料
	前期调研的内容
	本文案的创作与其他传播活动之间的关系
目标消费群体	我们想要招徕的顾客
	这些消费者的消费行为习惯
	他们现在对品牌的认知
	市场前景
核心主题	必须传达给消费者的唯一核心主题
	支持诉求的证据
	核心主题告诉消费者使用产品/服务带来的益处
	产品独一无二的具有说服力的优势

续表

项目	具体内容
创意角度	文案创意与品牌的风格
	最合适的文案基调
	最终要完成的作品效果
	可以参考借鉴的其他类似的文案作品
其他	其他需要补充的内容
	预留的修改部分

制定了广告策略后，此时消费者需求与产品所提供的好处在沟通上就找到了切入点。但是，策略需要落实在实施与执行的各个方面，为了让创意和执行人员更好地理解广告策略最核心的部分，就需要撰写创意简报。

一份出色的创意简报不仅为广告的创作确立方向、制定策略、提供指导，还在事实和创作之间起到纽带作用，确保广告战略和创意的统一。

2.1.3　撰文阶段：互联网文案的写作

撰文阶段就是文案创意的写作阶段，是指在明确了本文案的写作目的、目标人群、竞争对手及自身的卖点后，找到本文案需要解决的问题，结合媒体投放渠道的特性，再进行创意思考，最后完成文案的写作。

文案创作者要把之前的记录连缀成条理清晰、连贯、结构性强的文案正文。围绕文案的主题，合理地做到论点和论据统一，开头要做到有吸引力，正文要有说服力，结尾要有震撼力。文案要努力吸引用户主动搜索我们的信息，让他们主动获取，而不是强制推送，要刺激用户分享。当我们设置一个环节、机制，让用户去分享的时候，我们的传播就有了自营销的能力。

2.1.4　修改阶段：互联网文案的评估及修订

修改阶段就是对上述已经做过的工作内容进行再次梳理、总结、完善。可通过数据、目标人群反馈等方式对文案工作中的优势及劣势一一归纳总结。优点可以继续发扬，对于缺点，则需要根据意见进行修改完善，并进行保留，以备日后再次撰写时进行参考修改。

互联网的兴起带来的趋势是“去中心化”，文案创作者应该根据不同客户的产品属性，重点抓取目标人群，以最科学的方法满足广告的精准定位需求。在“互联网+”时代，数据呈现指数式大爆炸，在此过程中，广告营销要做好精准定位，这样才能使销售更为高效，实现投资回报率的最大化。

2.2 互联网文案的写作准备

在正式撰写互联网文案前要做些准备工作，具体包括目标人群分析、竞争对手剖析和产品卖点挖掘。

2.2.1 目标人群分析

李奥贝纳曾说："我会极力在脑海中想象他们是什么样的人——用的产品是什么，如何使用。他们不会告诉你很多，所以你才要思考他们产生兴趣并购买商品的动机是什么。"要把关注点放在产品与消费者之间的"连线"上。

想要吸引受众，文案内容就要符合消费者的口味，要写出一篇打动人心的互联网文案，就要把广告主题传达给特定的消费群体，用不同的心境体验每一类消费群体的共性，找到目标消费群体的生活习惯、居住环境与文化观念，熟悉他们的语言风格和消费行为，这样才可以实现营销传播效果的最大化。例如，欧舒丹为适应目标消费者的喜好就选用鹿晗作为代言人。

1. 目标受众画像

我们需要根据不同人物角色的需求提供不同的内容，以尽可能提高转化率。每一种人物角色都代表了一种需求类型，所以在前期分析阶段要做的就是把这些需求进行分类，把各类型用户关心的话题找出来，作为内容规划的依据。了解他们的经济状况、地理位置、活动区域以及他们经常使用的媒体等情况，以此来为消费群体画像。

所谓用户画像，是一种勾画目标用户、联系用户诉求与设计方向的有效工具。人群画像是从众多目标用户中抽象出来的典型客户的形象，在形成这些角色的过程中，商家要更加深刻地了解客户是谁，明晰受众的关注点、消费偏好和目标，从而更好地开展营销活动。

例如，当你确定你的目标群体是25～40岁的女性时，结合具体画像，你找到了职业女性，她们有自己可以支配的收入，并且常常负责家庭的清洁用品的开支，如果想再增加一点什么，那你就要想想，这个年龄段的女性群体，可能一方面忙于工作，另一方面又兼顾家庭，因此她们的生活压力很大，在这样的情况下，当她们看到你的文案时，可能正处于身心俱疲的状态，又或许正在赶时间，也许旁边的孩子还在哭闹，就那么一刹那，看到了你的文案，觉得那就是在说她，心里暖暖的。据说很多女性在阅读完Nike Women的广告文案后，感动得落泪，就是因为她们与文案产生了共鸣，因而耐克也成为许多女性所追捧的运动品牌。由此可见，消费者的内心深藏不露，只能靠我们去挖掘。

通过人群画像，文案写作者可以明确品牌所需要的内容，制定内容组织策略；

决定品牌内容的调性、风格；更有目的性地规划内容主题。例如，通过分析我们确定目标消费群体为性格可爱的女孩子，她们往往刚刚大学毕业进入社会工作，喜欢一个人去旅行，喜欢在旅行App上发布个人游记，平日喜欢刷微博，粉丝数量不算很多但质量都很高，喜欢阅读尤其喜欢看漫画，喜欢去淘宝上找小众品牌购买服装……

最基本的消费者分析建议可以按照表2-3所示的几个维度进行关注。

表2-3 目标消费者分析

关注维度	具体信息
人口统计学特征	年龄、性别、文化程度、婚育、地区
职业信息	公司、职务、职责、工作满意度
信息来源	获取信息的主要渠道
痛点	所面临的问题、表现和反应
偏好	兴趣、风格
角色	购买过程中所扮演的角色（决策者/建议者/使用者）
其他	其他相关的营销信息

对于文案写作者来说，在撰写广告文案前，先要明确产品的目标消费者的生活形态属于哪一族群，在购买力、购买行为上有什么特征，这种有针对性的广告投放是十分必要的。例如，针对理智事业族消费者的广告文案，要尽量做到理性诉求，以理服人。

通常可以从社会因素、文化因素、个人因素三个方面入手进行消费者分析。

（1）社会因素

社会因素包括家庭、社会角色和社会地位等因素对消费者的影响。

家庭：家庭成员在各种产品和服务的购买行为中所扮演的角色和发挥的作用不同。例如在我国，不少家庭由女性采购家庭日化用品，因此在推出相关产品文案时，就要考虑到家庭的购买决策者。

社会角色和社会地位：每个人在社会中都居于一定的位置，扮演不同的“角色”。所谓社会角色，是指在社会系统中与一定社会位置相关联的符合社会要求的一套个人行为模式，也可以理解为个体在社会群体中被赋予的身份及该身份应发挥的功能。

例如，白领在日常工作中可能会穿着适合自己职业身份的服装等。因此在进行文案创作时，就要站在消费者的角度探寻对方的使用场景。

（2）文化因素

每个国家和地区都有对应的文化，文化是人类需求和行为的最基本决定因素。

（3）个人因素

消费者的需求偏好与人口统计因素有着密切的关系，这些因素主要包括年龄、性别、家庭生命周期、收入、职业和教育等。

① 年龄：不同年龄的消费者对商品有不同的需求。一般来说，儿童（0～6岁）的需求主要是食品、玩具、童装和儿童读物等。少年（7～16岁）对学习资料、文娱用品、书籍等需求较大。但少年、儿童的购买自主决定权十分有限，在购买商品时一般由父母提前确定，其购物特点是目标明确、购买迅速。青年消费群体（17～35岁）是占比最多的消费人群，也是商家最重视的人群。当然，在这部分群体中，对于同一类型的产品，不同年龄阶段又有不同的细分需求。以女性护肤品为例，18～24岁、25～29岁、30～35岁等不同年龄阶段的女性对产品的需求也有所不同，分别有祛痘、美白、保湿、去皱、紧肤等需求。中年消费群体（36～60岁）的个性与心理已经相当成熟，更加趋于理性消费。老年人（61岁以上）经验丰富，情绪平稳，往往只购买自己需要的产品，尤其对保健类、药物等产品有更多的需求。对网络消费者的年龄结构、各年龄段的消费者的构成比例、各年龄段消费者的需求特点进行分析，可以更好地定位市场。

② 性别：男性与女性消费者在产品需求与消费习惯上也有明显不同。女性顾客冲动性消费较多，喜欢追求时尚潮流的事物，比较容易受到外界影响而改变购买决策，挑选商品时也比较细腻，对商品的颜色、外观、包装等有要求，是服装、化妆品等类别商品的主要购买者；男性顾客则更为理智，善于控制自己的情绪进行冷静思考，喜欢进行购买前的比较和调查，比较注重商品的性价比和品质，稳定性好，品牌忠诚度高，是汽车、科技数码产品的主要购买者。

③ 家庭生命周期：消费者在家庭生命周期的不同阶段，其购买力、购买需求也会有所不同。单身人士往往没有养家的经济负担，往往喜欢尝试新鲜事物，会成为新产品的主要购买人群；家庭组建初期，人们对耐用品、大型家电等产品购买需求旺盛；有子女的家庭，孩子的各项支出则成为家庭的主要消费。

④ 收入：收入水平的高低决定了消费者所购买商品的价格和品质。收入水平越低的消费者越关心商品的价格，而高收入消费者则更看重产品的品质以及购物的便捷性等。在进行商品市场细分时，一定要先明确针对的消费者层次，对不同需求的消费者采取不同的策略。例如，在网上购物时，大学生群体受经济条件限制，往往更容易被价格低廉的物品所吸引。

⑤ 职业和教育：不同职业的消费者对商品的需求也不同。此外，受教育程度的高低、生活方式、兴趣爱好等差异，也影响了消费者的购买行为和习惯。

2. 购买角色分析

按照消费者的购买角色，可以将消费者划分为以下几类。

建议者，即第一个建议或者想到要购买某种产品或接受某种服务的人。

影响者，即他的看法会影响最后做出购买决定的人。

决定者，即最后部分或全部做出购买决定的人。

购买者，即进行实际购买的人。

使用者，即消费或使用该产品或服务的人。

有些产品的购买者和使用者不是同一个人，如婴儿辅食、儿童玩具、学生的辅导班等，一般都是家长给孩子买的，而使用者却不是家长本人。那么文案在创作时，就要从购买者角度出发。

3. 洞察消费者内心

每个消费者的内心都有一个丰富的世界，作为文案写作者，就要努力洞察消费者内心，了解用户的需求、情绪与个性等，借由文案反映出消费者的想法和感受，它们可以突破消费者的抗拒心理、建立信赖感和可信度，同时凸显那些真正符合用户利益的产品特色。

近年来，研究者在人格描述模式上形成了比较一致的共识，提出了大五人格模式，高柏（Goldberg）称之为人格心理学中的一场革命，研究者通过词汇学的方法，发现大约有五种特质可以涵盖人格描述的所有方面，如图2-3和表2-4所示。

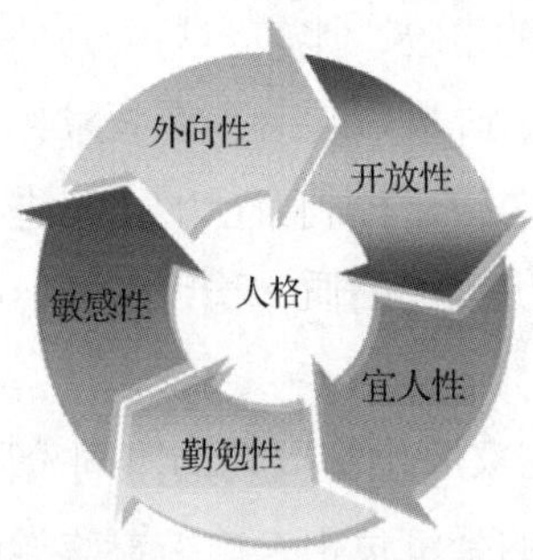

图2-3｜大五人格模式图

表2-4　大五人格模式

因素	双极定义
外向性	热情、社交、果断、活跃、冒险、乐观等
敏感性	焦虑、敌对、压抑、自我意识、冲动、脆弱等
开放性	想象、审美、情感丰富、求异、创造、智慧等
宜人性	信任、利他、直率、谦虚、移情等
勤勉性	胜任、公正、条理、尽职、成就、自律、谨慎、克制等

文案写作者应进行用户的深度分析，为特定的用户群打造专属文案。当你将自己的定

位调整为消费者而不是文案写手时，你就会对消费者有更多的尊重，也就可以写出包含实用产品信息、具有销售力的文案。要了解你的对象，可以采用实地观察消费者的方法，掌握消费者的购买行为，也可以找到你的潜在消费者，跟他们多聊聊，咨询一下，看看他们最重视的部分是什么，要进行深入挖掘。深入思考一下：你的用户相信什么？他们对产品的态度是什么？他们如何看待产品解决问题的能力？他们的感受如何？他们想要什么？他们的目标是什么？他们想要在生活中看见哪些变化？

大卫·奥格威说："如果你想要说服别人做什么事情或者购买什么东西，我认为你需要使用他们的语言——他们每天表达用的、每天思考用的语言。"对消费者的熟悉、了解和洞察是电商文案获得良好传播效果的前提之一。电商文案不一定非要有华丽的辞藻、幽默诙谐的口吻、对仗工整的句子，更需要的是写出消费者的内心独白。消费者就是"上帝"，"上帝"喜欢听什么，想要看什么，买了这个产品想得到什么，文案都要展示出来，力求让消费者产生共鸣。

文案写作者要具备"用户思维"，既要知道用户到底是谁，又要知道他们到底在想什么，要什么。要钻到用户的脑子里，找到那句能挑起他们欲望、打动他们情感、唤起他们情绪的话，从而促使他们产生购买的决策。文案的目标人群不同，写作的方向和方法也会有所不同。目标人群分析就是要搞清楚不同人群的区别。

消费者购物时，内心经历着复杂的心理活动。消费者的购物心理是指消费者因为一定原因而产生购买商品的一系列心理活动。不同人群、不同消费者的购物习惯会产生不同的购物行为。对消费者购物心理进行研究，可以更加准确地定位消费者的购买行为，撰写出符合消费者需求的电商文案。

根据马斯洛需求层次理论，人的需求自下而上包括生理的需求、安全的需求、社交的需求、尊重的需求和自我实现的需求五个方面，如图2-4所示。

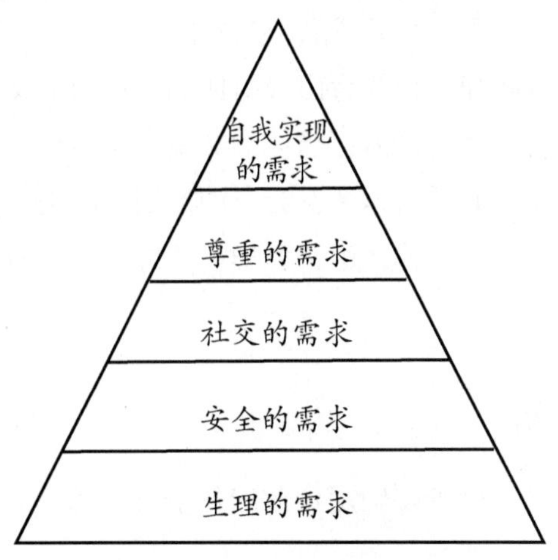

图2-4｜马斯洛需求层次理论

一条走心的电商文案背后，通常有一个非常厉害的消费者内心洞察。所谓洞察，就是要发现消费者心底的秘密。洞察消费者内心的广告能吸引消费者的眼球，让消费者陷入思考。文案写作者要善于抓住目标消费者所关心的利益点。通常来说，消费者对某些宣传内容较为关注，如自身经济利益、身体健康、儿童成长、安全感、美好享受、激发进取心、舒适感、提高人们工作效率、促进社交活动、激发人们自尊心和爱心、给人以同情等。

4. 探究购买动机

消费者在购买商品时有一定的内驱力，这就是所谓的购买动机。消费者的购买动机通常包括实用动机、方便动机、健康动机、求美动机、求廉动机、求新动机、求名动机和安全动机等。写电商文案的一大忌就是谈论的都是“我”，而不是消费者。文案写作者要善于根据特定的社会背景下的消费者的特定消费动机，将文案内容说到消费者的心坎里去。所以写好文案的基本要素就是多使用“你”字：你是不是遇到困难了？你最近压力大吗？你觉得自己胖了吗？你想过对自己好点儿吗？

文案写作者要让消费者相信你所说的话，这样用户自然会按照你说的去做。要想让用户觉得你了解他们，就要知道他们的现实处境，从他们的购买动机出发撰写文案。如果连他们目前的情况、购物的动机都不了解，又怎么能帮助他们去改善呢？

优秀的互联网文案要能通过洞察抓住消费者的痛点，用创新的表达方式带动消费者的内心节奏，引起消费者的共鸣。互联网文案是沟通产品与消费者的桥梁，消费者通过文案了解产品的相关信息。因此，文案写作者就要担当用文案赋予产品以生命和人格化的使命，让受众通过文案感知产品的人格化魅力和品牌形象。

在受众与产品之间需要建立连接，让文案建立附着力，符合受众大脑中已有的逻辑关系。这个关联点并不是从时尚、热点、情感之中随意抓取一个，而应该结合文案推广的产品或品牌的属性，判断其是否吻合产品或品牌的调性。

用户相关信息的获取越详细，越能写出吸引他们注意力的文案。面对爱好“二次元”动漫文化的“90后”“00后”消费群体，当你的文案内容包含“萌”“黑人问号脸”“尬舞”等词汇时，就进入了他们的话语体系，会自动被划为同类。文案怎么写，要视群体而定，如果用户是比较富裕的群体，那么用“奢华”“尊享”“特供”“限量”等关键词更能吸引他们的注意力。

2.2.2 竞争对手剖析

在进行竞争对手剖析时，首先要确定企业的竞争者，然后利用态势分析法（SWOT分析法）进行分析。

1. 识别竞争者

企业的竞争者主要有以下四个层次。

- 品牌竞争者：是指满足相同需求的、规格和型号等相同的同类产品的不同品牌之间在质量、特色、服务、外观等方面所展开竞争的竞争者。
- 行业竞争者：是指生产同种产品，但提供不同规格、型号、款式的竞争者。
- 形式竞争者：是指提供能够满足同一种需求的不同产品之间的竞争者，如空调生产企业是风扇生产企业的竞争者。
- 一般竞争者：是指以不同的方法满足消费者同一需要的竞争者，如航运者和客运者。

2. 进行SWOT分析

产品都具有各自的特点，通过对不同产品之间的对比分析，可以更好地了解竞争产品，对竞争对手的了解和分析能让文案工作者更清楚如何去突破，找到消费者购买文案所推荐的产品或服务的原因，与竞争对手相比优势在哪里。针对竞争对手的分析有很多方法，最常用的就是SWOT分析法，如图2-5所示。

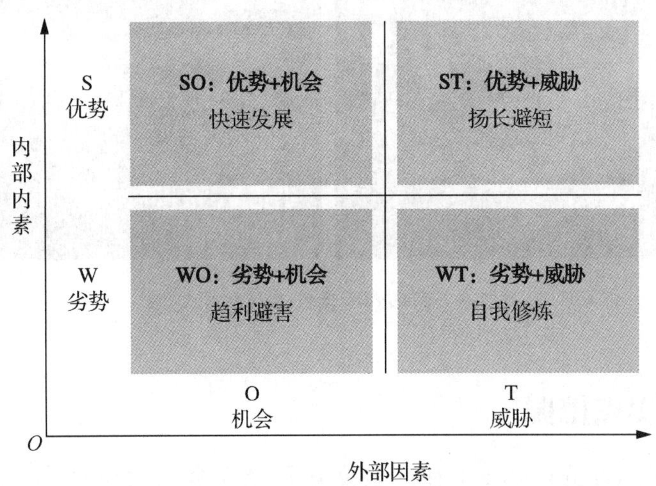

图2-5 | SWOT分析法

企业进行竞争对手分析，就是通过某种分析方法识别出竞争对手，并对它们的目标、资源、市场竞争力和当前战略等要素进行评价。例如，市面上曾推出一款凉茶，产品定位为“饮料好喝，还能防上火”。其文案重点突出“比起其他饮料，不仅好喝，更具有防上火功能”的宣传点，描述消费者在餐饮、KTV、聚会、婚庆等各种场合都离不开这种凉茶。文案推出后大获成功，一个新品牌立即占据各大商场。再例如，可口可乐是百年老品牌，百事可乐作为后起之秀，如何占据饮料市场呢？它的品牌定位为“年轻”，于是百事可乐通过文案告诉人们：年轻人只喝百事可乐。于是无论是年轻人还是岁数大的人都纷纷去喝百事可乐，因为追求年轻，想要证明自己不老的心人皆有之。

与此同时，还要对企业竞争对手的广告进行分析，根据竞争对手的广告策略决定品牌自身的广告策略及文案写作。例如，某年世界杯期间，德国队与葡萄牙队迎来焦点之战，同样源自德国的宝马和奔驰此时也正在悄悄酝酿一场前所未有的“合作”。宝马和奔驰于22:27正式在微博上“牵手”，在双方各自的官方微博上晒出了几乎完全相同的海报，为德国队助威。海报上，一辆宝马车和一辆奔驰车一起守在球门前面，双方配上的文字略有不同，宝马写的是：“敬友谊，为悍将，齐喝彩！”奔驰写的则是：“共把盏，齐上阵，同进退！”完全是一副一唱一和的架势。两位“好友”还不忘点题，一起来了一句意味深长的“WE ARE ONE”，意思是两者这会儿是合二为一了，并且第一时间@了对方，如图2-6所示。

图2-6｜竞争对手合作的互联网文案

2.2.3 产品卖点挖掘

托尼·考克斯（Tony Cox）在广告文案圣经《全球32位顶尖广告文案的写作之道》一书中提到，广告文案有一个其他任何形式写作都不能替代的事实：广告的目的并非广告自身，而是超乎其自身的东西——产品。产品是互联网文案的出发点，让消费者认识产品、了解产品特性，让产品性能满足消费者的需求，能引起消费者的情感共鸣。

任何产品都不可能是尽善尽美的，也不可能完全满足所有客户的要求，因此在产品设计之初就会有其局限性。在撰写文案前，文案创作者就要对服务的产品进行全方位的深入调查，该产品的核心卖点是什么？价格是多少？面向的主要消费人群是哪些？风格、特色、款式、售后服务等信息都有可能是文案写作的突破点。例如，产品是一款女士护肤品，可以延伸的卖点包括护肤品的功效（美白、防晒、嫩肤、祛痘等）、护肤品的价格、护肤品的成分、护肤品消费者的试用体验等。该部分将在本书第5章进行深入介绍。

产品的卖点往往有很多，而文案创作者不必长篇大论地把这些都列出来，因为消费者到最后可能一项也记不住。产品的优点包括核心优点和一般优点，你需要挖掘并决定主推哪一项优点。你推销的产品或服务的好处并非放之四海而皆准，而是对特定的人群适用，因此要结合这类人群进行有针对性的产品卖点描述，如某款吸尘器基于其产品自身特点，具有清扫、静音等功能，而其他同类产品都具有这样的优点，你就需要挖掘这款吸尘器优于其他产品的优点是什么。经过对比研究，你发现这款产品具备可智能充电的功能，于是你就可以在这个卖点上大做文章。在强调这一产品优点时，你可以着重提到这款产品。

电子商务所有的文案都是以产品为基础的。凡是拥有好文案的电商品牌都非常重视自己产品特色的打造。文案创作者必须首先对广告的客体——产品有比较透彻的了解和认识，才能写出走心对路的文案。文案写作者要善于研读市场调查资料，如果条件允许的话，最好直接参与市场调查，即使不能参与调查，也应向使用该产品的熟人问问情况，以增加对产品的感性认识。撰写文案时要突出并放大产品卖点，以促成销售。为产品找出卖点其实是一个不断删繁就简的过程，要切中要害，直接突出产品的最大优势。

卖点是消费者关注的核心点，在产品的销售与策划过程中，文案写作者要从消费者的角度出发，提炼产品卖点，并在文案中突出产品卖点。能够在文案中说清楚产品的卖点，就相当于为消费者的购买决策提供了一条导火线，能顺利引发后续的消费行为。

关于产品的卖点汇总如表2-5所示。

表2-5　产品的卖点汇总

序号	卖点	具体内容
1	卖“情感”	以情感打动消费者
2	卖“特色”	提出独特的销售主张
3	卖“形象”	企业、品牌、领导者形象
4	卖“品质”	宣扬专业化水准，凸显产品品质
5	卖“概念”	差异化概念，市场中的新定位、新卖点

通常来说，商家可以从以下四个角度进行产品分析，即产品的整体分析、产品的生命周期、产品的市场定位，以及产品的形象。

1. 产品的整体分析

产品整体概念包含核心产品、形式产品和延伸产品三个层次。市场营销学认为，广义的产品是指人们通过购买而获得的能够满足某种需求和欲望的物品的总和，它既包括具有物质形态的产品实体，又包括非物质形态的利益，这就是“产品的整体概念”，如图2-7所示。

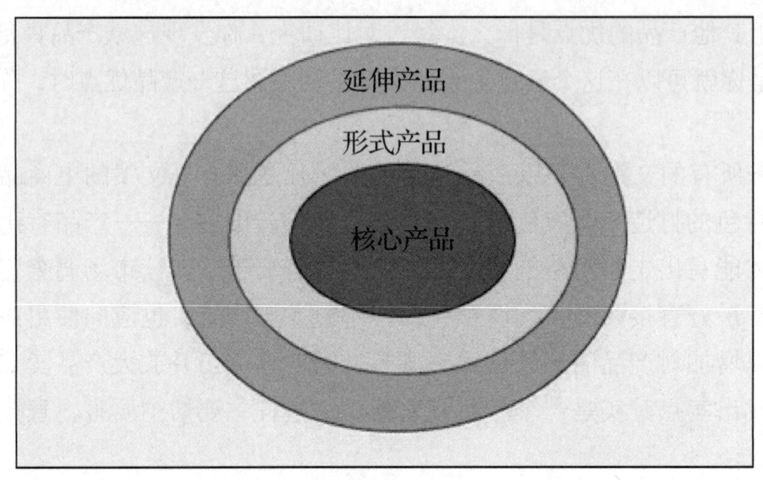

图2-7｜产品整体概念的三个层次

核心产品也称实质产品，如买自行车是为了代步，买汉堡是为了充饥，买化妆品是希望美丽、体现气质、增加魅力等。形式产品是核心产品借以实现的形式，即向市场提供的实体和服务的形象。产品的有形特征主要指质量、款式、特色、包装。如冰箱，形式产品不仅指冰箱的制冷功能，还包括它的质量、造型、颜色、容量等。延伸产品是顾客购买有形产品时所获得的全部附加的服务和利益，包括提供信贷、免费送货、质量保证、安装、售后服务等。

产品整体分析的内容包括产品对消费者需求的满足、产品的外观形式及产品的各种附加利益。

2. 产品的生命周期

产品的生命周期是指产品自进入市场到最终被市场淘汰的整个过程。通常来说，产品的生命周期包括导入期、成长期、成熟期和衰退期四个阶段，如图2-8所示。不同产品有其自身的特性和市场需求，因而产品的生命周期也都不一样。

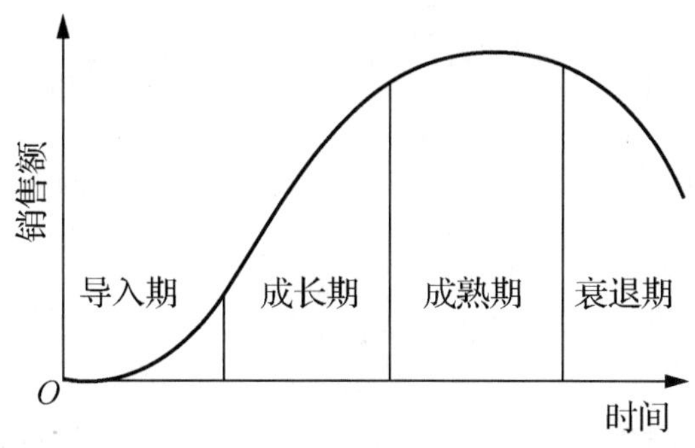

图2-8｜产品的生命周期

文案写作者在撰写某个电商文案时，必须明确该产品所处的生命周期，进而采取不同的广告策略。一般而言，当产品处于导入期时，广告文案要侧重突出产品的新特点、新功能，可以使用一些具有时尚感和新奇感的语句，以引起消费者的注意；当产品处于成长期时，广告文案要侧重宣传产品的优势及品牌实力等；当产品处于成熟期时，广告文案要注重宣传产品的售后服务、附加值等，以培养受众对品牌的忠诚度；当产品处于衰退期时，可以适当减少广告宣传，准备把财力集中到新一轮产品的广告宣传中。

3. 产品的市场定位

电子商务中的商品种类繁多，品牌也越来越多，这就使消费者在网络购物时有了更为广泛的选择空间。因此，为了更好地找到目标消费群体，商家需要准确地进行商品的市场定位。文案写作者在文案写作前需要明确产品的市场定位，如果产品的市场定位有误，就很难收到良好的广告宣传效果。

定位理论是由艾·里斯和杰·特劳特提出的，他们指出："定位是你对未来的潜在顾客心智所下的功夫，也就是把产品定位在你未来潜在顾客的心中。"定位理论的内涵已把原来企业内部的产品定位扩展到市场和消费群体领域，并把确定产品在消费者心目中的位置作为广告定位理论的主要内容。为此，美国广告学者里斯认为："广告定位不是广告主在广告之前所应考虑的问题，而是广告本身的目的。"由此，产品的定位也就具有了一定的战略性质。

一般来说，定位的方法主要有十种，如图2-9所示。

4. 产品的形象

产品形象是为实现企业的总体形象目标的细化，是以产品设计为核心而展开的系统形象设计。应把产品作为载体，对产品的功能、结构、形态、色彩、材质、人机界面以及依附在产品上的标志、图形、文字等进行设计，以客观、准确地传达企业精神及理念。

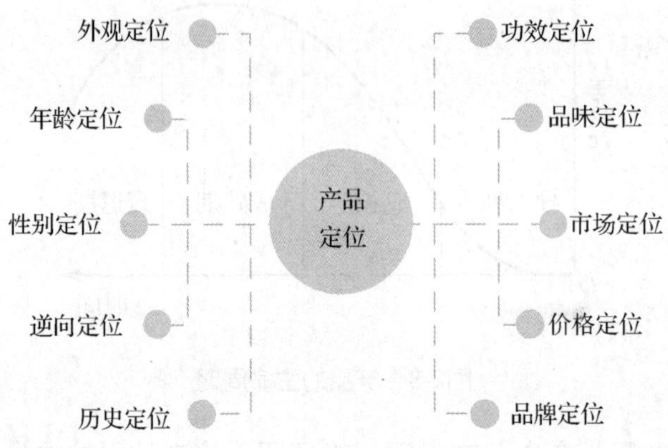

图2-9｜产品市场定位的方法

产品形象包括以下几方面的内容。

产品的视觉形象，包括产品造型、产品风格、产品包装、产品广告等。

产品的品质形象，包括产品规划、产品设计、产品生产、产品管理、产品销售、产品使用、产品服务等。

产品的社会形象，包括产品社会认知、产品社会评价、产品社会效益、产品社会地位等内容。

2.3 互联网文案的创作构思

在完成了文案创作的前期准备工作后，就要开始进行文案的整体创作构思，包括信息的梳理和主题的提炼，诉求方式的选择及文案风格的确定。

2.3.1 信息的梳理和主题的提炼

文案定位是创作过程的第一步。明确的定位不仅可以让产品一鸣惊人，还能为企业带来出其不意的效果。互联网文案的主题就是品牌主所要表达的核心思想，它是品牌广告的统帅和灵魂，可以增强互联网品牌广告的诉求力。通常我们会用一个公式来定义互联网文案的主题，即：

文案主题=广告目标+信息个性+消费心理

需要说明的是，这三者不是简单的相加，而是相互融合。主题不只是广告传递的主要信息，还应包括消费者的“人性”因素。企业对自己的产品最了解，对该产品的市场也理解得比较透彻，且更关注产品的实际销量及广告宣传的实效。因此，在进行文案写作前，文案写作者应充分与企业客户进行沟通，尽可能全面地了解更多关于企业和产品的信息，了解他们的广告宣传要求与意向，确定企业的广告目标、广告基调和广告策略。

1. 广告目标

企业以创造理想的经济效益和社会效益为目标。广告目标是指企业广告活动所要达到的目的。确定广告目标是广告计划中至关重要的起步环节，是为整个广告活动定性的一个环节。例如，不少品牌主确立了冲钻、冲冠等具体的广告营销目标，也有一些品牌主则确立了树立品牌形象、增强品牌忠诚度等笼统的目标。文案写作者需要明确企业具体的广告目标任务，根据企业确定的广告目标来完成文案的撰写。

2. 广告基调

如果说企业的广告目标是一种可以直观量化的要求，有时企业的广告基调、广告感觉则是一种无形之物，难以把握和琢磨。文案创作者要在与企业进行沟通时听出企业“弦外之音”的广告基调要求，写出符合企业本次广告基调的互联网文案内容。

3. 广告策略

广告不只是一堆词语的集合，而是融入了各种传播学策略的“大杂烩”，其目的就是让受众从当前的旁观者心态转变为买主心态。

广告策略就是根据广告目标所采取的与消费者沟通的手段与方法，包括广告诉求策略、广告创意策略和广告媒体策略等。

广告诉求策略要解决的是三大问题：第一，解决“对谁说”的问题，明确目标受众；第二，解决“说什么”的问题，明确广告内容；第三，解决“怎么说”的问题，明确广告方式。广告诉求策略是电商文案写作的前提和基础。

广告创意策略则是影响电商文案写作的最核心部分，它确定了企业广告宣传的风格调性和具体的创意方法。

广告媒体策略旨在解决广告的媒体发布渠道问题，不同的广告媒体平台对电商文案的推广也会产生制约和影响。

文案的构思是在广告创意之后，在具体创作过程中对文案的总体构想和设想。文案写作者需要在此时搭建文案的框架，以厘清条理。当要写某篇文案时，就要把脑海里储备的及市场调研获得的资料都罗列出来。列出来以后，就开始做归类和筛选工作。

归类是把那些能够归为一点的放到一点去。筛选则是把那些没有必要写的以及没有素材支撑的内容排除掉。最后可能就剩下五六点，而这五六点已经可以支撑一篇文案了。接着根据框架填充、扩展，填充那些能想到的故事或例子，这样一篇电商文案就应运而生了。

互联网文案需要注重文案的统一性。因为只有具有统一性的文案才能更容易被消费者接受，更好地帮助店铺塑造品牌风格。在确定文案写作基调后，首页、详情页、客服、包装、售后卡、宣传册等文案都要在统一的文案形式上进行延展，保持整体风格的统一。

除此之外，在产品包装上，可以印上店铺的品牌形象，再加上一些符合品牌调性的文案。如果是“卖萌”风格，还可以配套找一些搞笑对话的文案。

要让客户感受到我们是亲切的，愿意交流的。例如，经营复古的或者民族风的产品，写一些文绉绉的文字作为文案是不错的选择；经营甜美浪漫的产品，就适合写一些较为舒缓细腻的文字作为文案。总之，撰写者应在创作之前就明白自己要的是哪种调性，文案整体构思是怎样的，应该从何处落笔，实现文案从形式到内容的统一。

2.3.2 诉求方式的选择

电商文案的诉求方式通常有三种类型，分别为理性诉求、感性诉求和情理结合诉求，如图2-10所示。

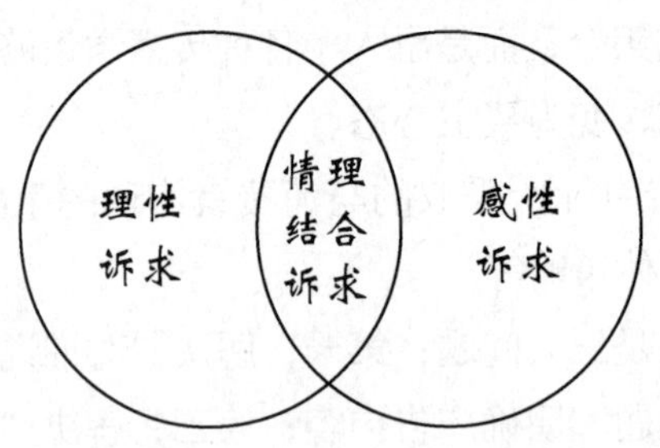

图2-10｜文案的三种诉求方式

文案写作者可以根据产品或服务的特点，结合具体情况选择不同的诉求方式。

1. 理性诉求

理性诉求方式就是通过摆事实、讲道理的方法为消费者提供一种购买商品的理由，从而促使消费者购买该产品的一种广告方式，就是人们常说的“以理服人”。

例如，某款在网上热卖的保暖衣产品，主要特点在于应用特殊材质，使每件保暖衣可以+5℃。在其文案中，利用数据、专利号、科学实验等明确阐述了此产品与其他同类产品的差异点，清晰地介绍了产品的优势，如图2-11所示。

在选择理性诉求方式时，要根据产品自身的特点来考虑，通常越是科技含量高的产品、越是有独特配方的产品、越需要受众理智判断的产品，越适宜采用理性诉求方式。理性诉求的关键是给用户提供有价值的具体信息，这些信息必须客观、可信，有逻辑性，并且主要侧重于对功能性、实用性的描述。

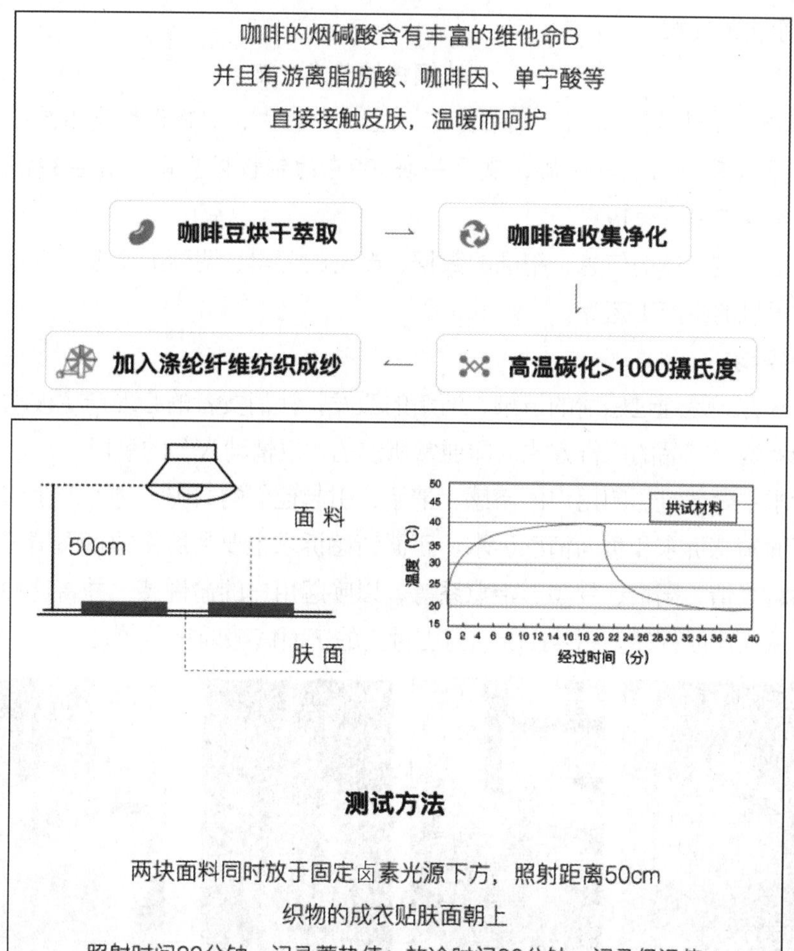

【 +5℃的秘密，权威专利的保证 】

严选咖啡碳保暖衣

经实验证明：用150瓦灯光照射约1分钟

衣面比普通面料升温高5摄氏度

权威肯定，保暖我们是专业

专利号：ZL 2015 2 0928048.9

图2-11｜理性诉求类互联网文案

如某款手机的文案：

一块钢板的艺术之旅

在193道工序的规划、设计、精密加工与生产过程中，它逐渐焕发出生机。融合工程与艺术，追求极致的精密与品质，赋予一块309克的钢板以生命。历经32小时的加工雕琢，最终凝结成您手中的19克。

这篇文案通过具体的信息、精准的数据、严密的逻辑、明晰的说理，以理性诉求的方式展现了该手机的生产工艺等。

2. 感性诉求

感性诉求方式是通过感情的渲染、情绪的激发，让消费者的心理产生波动或反应，从而促使消费者购买产品的广告方式，即通常所说的“以情动人”的手段。

感性诉求主要通过影响用户的情感、情绪，引起他们的共鸣，进而产生认同。感性诉求又分为正面情感诉求和负面情感诉求。正面情感诉求主要利用人的正面情感，如爱情、友情、亲情、乡情、同情、梦想、治愈系等，以唤起用户的愉悦感，并将这种愉悦感延伸到产品上，从而形成好感。图2-12所示为支付宝的正面情感诉求类文案。

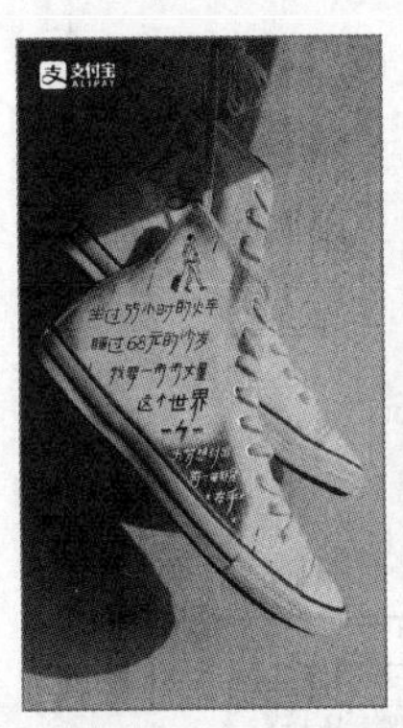

图2-12 | 正面情感诉求类文案

情感诉求类文案依靠的是以情动人。文案中如果没有真情实感，而只有冠冕堂皇的空话或虚情假意，就不会取得较好的效果。

负面情感诉求则相反，它主要利用人的愤怒、恐惧、不安等情感，非常容易吸引人的眼球，并产生强烈的冲击力，让用户形成深刻的印象。负面情感诉求类文案如图2-13所示。

情感是人类社会亘古不变的主题，有很多感性诉求的文案往往不遗余力地在产品之外附加一定的人类感情，如亲情、友情和爱情。

情感因素就是这项产品设计的情感程度。参与度是指用户在购买产品时需要投入的时间及智力。例如，同样是冰激凌，当用户面对哈根达斯和蒙牛时的情感和参与度是完全不一样的。哈根达斯的经典广告口号“爱她就请她吃哈根达斯”深入人心。所以哈根达斯贩卖的已经不再是冰激凌，而是与爱情有关的理念。

图2-13｜负面情感诉求类文案

总之，感性诉求互联网文案主要是以情取胜，深入了解受众的心理，采用温情的、幽默的、优美的甚至威胁的语言来达到更好的劝说效果。这种文案在整体上呈现出一种辞藻华丽、婉约而又豪放的美学风格，并不失幽默风趣，向受众传达了深刻而又富有哲理的含义。

3. 情理结合诉求

在撰写文案时，单纯进行理性诉求，存在着平淡、生硬、乏味的缺点；单纯进行情感诉求，又不容易直接传递有效信息，理据不够充分。因此，越来越多的互联网文案开始注重两者的结合，实现“理性诉求+情感诉求”的结合方式。

图2-14所示为一款食品的互联网文案，一方面理性地阐述了不吃早餐的危害以及产品的特点，另一方面用拟人化诙谐幽默的口吻，通过“猴姑想对您说”告知消费者该款产品的营养价值优势，既“以理服人”又“以情动人”。

在情理结合的诉求方式中，具体到互联网文案，有些是以情感诉求为主，辅以理性诉求；有些是以理性诉求为主，辅以情感诉求。无论以哪种诉求方式为主，在整体构思电商文案时应分清主次，合理安排。

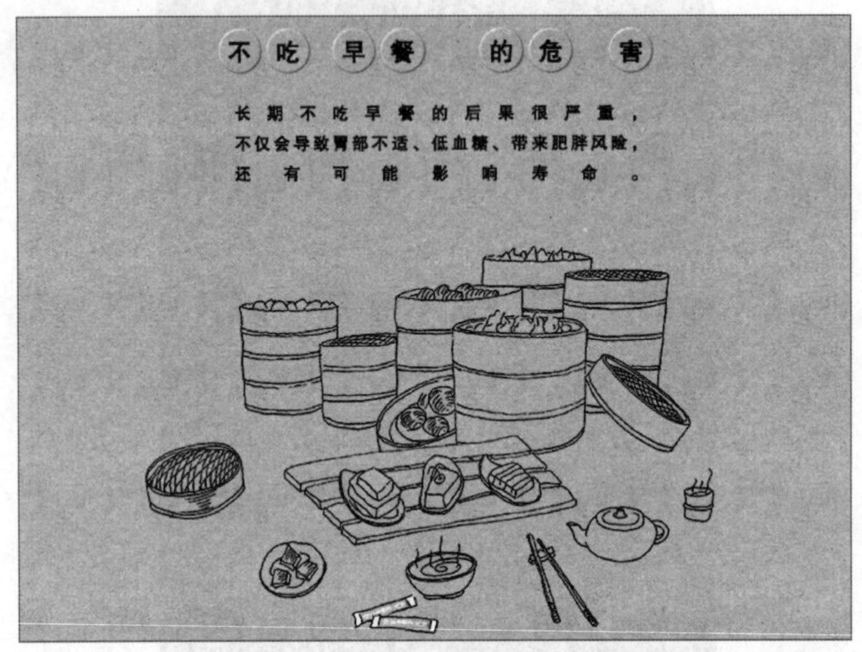

图2-14 | “理性诉求+情感诉求”两者兼具类文案

2.3.3 文案风格的确定

你的文案要有一个能引起读者兴趣的结构。在构思互联网文案时，你还需要选择正确的文案风格或口吻来确保既适合服务的品牌，又让消费者觉得和他们自己息息相关。

很多情况下，一种让人感兴趣的口吻是最好的沟通方式，如果你面对的是一群年龄为十几岁的中学生，那你就要非常了解这些青少年群体，使用浅显的语言，给他们足够的尊重，并且要真诚。

此外，文案风格可以尝试用“朋友式”语调说话，朋友间的对话肯定是有情绪的。把你的用户“朋友化”，然后想象一下你平时怎么和不同的朋友说话，用这种语调和用词来撰写文案。大家都喜欢阅读清楚、简单、容易理解的文章，而最简单、最清楚的写作风格，就是让文字像日常讲话一样，我们称之为“对话式文案风格”。

你的文案应调整好行文风格。你的写作风格必须有一定的写作结构，结构所隐含的思想对每个阅读的人来说都很重要。大多数写作结构都遵从了品牌固有模式的思路。回顾很多品牌的成长历程，它们之所以能成为互联网品牌，就是因为它们有一个明显的品牌风格。品牌风格是可以通过产品、文案和设计三者共同体现的。

以女装品牌茵曼为例，其产品风格是棉麻风，崇尚自然，比较随性，喜欢买他们产品的人多是文艺女青年，她们通常学历较高，喜爱阅读、电影、拍摄等。因此，茵曼在文案上也选择使用符合文艺女青年阅读习惯的文字。从茵曼2017棉素生活美学系列的文案中，不难看出其整体的风格，如图2-15所示。

图2-15｜品牌文案风格案例

确定文案的写作基调后，店铺所有的海报文案都要在统一的文案形式上延展，保持风格的统一。文案的目的不是忽悠人去买他们不需要的东西，而是更精准地找到需要该产品的人。因为每个人买东西时都会对那件商品有某种憧憬，将他们的憧憬、幻想、渴望写出来，就能成为走心的文案。

只要读者觉得有趣，他们就会看你的广告。他们不会读无趣的文案，无论乏善可陈的是内容，还是风格。大卫·奥格威在《奥格威谈广告》一书中提到：“假如大家觉得无趣，产品不可能卖得出去。你只能通过提升他们的兴趣来卖产品。”

淘宝店铺中有一些非常有个性的店铺，南食召就是其中的一家。南食召店铺中的图片非常文艺、朴素，文案也是文艺风格，一直崇尚自然、质朴等，其店铺销量也非常高。

南食召的店铺风格与产品文案如图2-16所示。

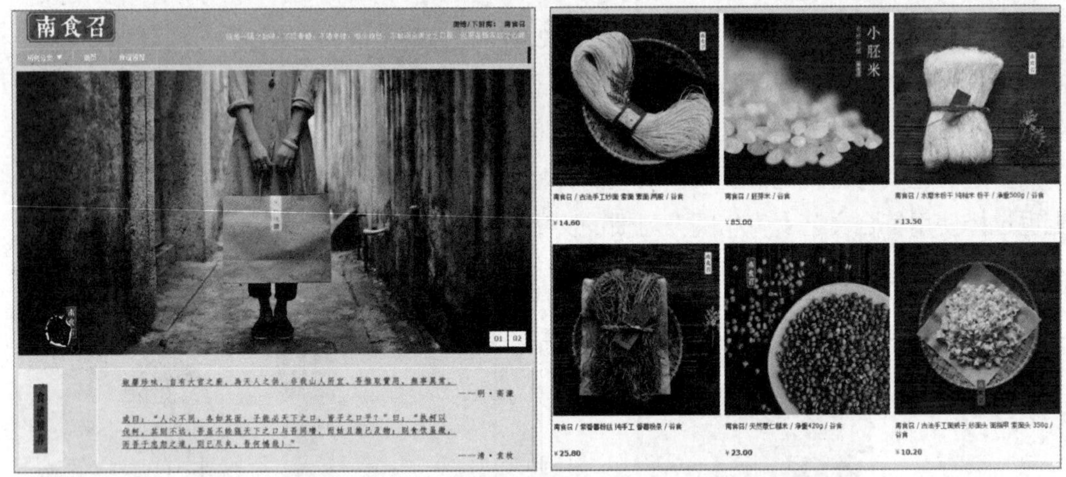

图2-16｜南食召的店铺风格与产品文案

从表面上看，不同的元素传递不同的信息，但当它们被组合起来构成整个版面时，就形成了一个“场”。对读者来说，它就可能是一种特定的、由品牌传递出来的感觉、氛围或气场。针对不同类型的产品，配合不同的文案。例如，游戏类文案要能体现出酣畅淋漓的游戏体验，可以选择豪放风格或者幽默风格；美食类文案要能体现出食物的特性，可以选择朴实型风格；情人节专场类文案则要能体现出甜蜜、浪漫，可以选择温婉风格等。总之，要根据广告的整体策略和广告创意确定电商文案的风格。

需要补充的是，文案要配合不同发布平台的风格，微博、豆瓣、知乎、今日头条等不同的平台各有风格特色，每种文案的生产是有模式化规律的；要注意语言方式，这取决于文案创作者的品牌定位，有的品牌性格偏理性，有的品牌性格偏感性；语言风格应随着品牌个性而定，如韩国品牌的语言风格普遍是可爱、随性，充满了奇幻色彩。

2.4 互联网文案的创意思维方法

互联网由于交流速度快、容易取得、操作简单并且成本低廉，确实使整体营销发生了改变，但互联网文案的部分经典创意方法依然还是适用的，此外也有一些互联网文案专属的特定创意思维方法。

2.4.1 五种经典创意方法

1. 威廉·伯恩巴克——实施过程重心法

伯恩巴克认为广告信息策略的“如何说”这个实施的部分可以独立成为一个过程，形成自己的内容。这就是所谓的实施过程重心法。

“我警告你们，不要相信广告是科学。”伯恩巴克就是采用这样自信而绝对的说法来强调自己的广告哲学。他认为，广告的秘诀不在于“说什么”，而在于“如何说”。但是，他其实并不是否定研究和分析的重要性，他说：“逻辑与过分的分析使创意失去灵性和毫无作用。”他的意思是不要把研究和分析当作救命稻草，不要让创意被数字束缚灵活性。

伯恩巴克利用实施过程重心法的著名作品是为大众金龟车所做的系列广告。

金龟车被初次引进到美国市场时，被认为有四个特征——外观不漂亮、小、后引擎驱动、外国制造。这四个特征皆不被看好。在此之前，美国所有的汽车广告都是展现富丽堂皇或赏心悦目的情境。然而，伯恩巴克却在产品特点的基础上，抛弃传统的诉求方式，以幽默和别致的创意创造了广告史上的奇迹。

金龟车的系列广告画面都很简洁，只是单纯的金龟车，通常是黑白两色，主标题是Think Small，简单却富有深意。

2. 李奥·贝纳——固有刺激法

固有刺激法是由李奥·贝纳提出的。固有刺激法也称“与生俱来的戏剧性”，广告创意最重要的任务是把固有的刺激发掘出来并加以利用，也就是说要发现生产厂家生产这种产品的“原因”以及消费者购买这种产品的“原因”。

这种创意方法强调发掘产品本身的戏剧性——固有的刺激——产品与消费者的相互作用，广告创意的任务是将其发掘并重加利用。

固有刺激法最经典的案例就是李奥·贝纳为“绿巨人公司”所创作的文案。当时，那家公司的名称还叫作明尼苏达流域罐头公司。广告的标题是“月光下的收成”，文案是：“无论日间或夜晚，青豆巨人的豌豆都在转瞬间选妥，风味绝佳……从产地到装罐不超过三个小时。”李奥·贝纳解释道，如果用“新罐装”做标题是非常容易说的，但是“月光下的收成”则兼具新鲜的价值和浪漫的气氛，并包含某种关切。

3. 罗瑟·瑞夫斯——USP法

20世纪五六十年代恰逢现代广告发展进入黄金时代，著名广告人罗瑟·瑞夫斯结合其创办的达彼思广告公司多年的实践经验，于1961年在其著作《实效的广告》一书中，系统地提出了USP广告创意策略理论。USP理论即独特销售主张（Unique Selling Proposition），该理论指出每一种产品都应该发展自己独特的销售主张或主题，并通过足量的重复将信息传递给受众。需要注意的是，这种独特的销售主张必须对受众说明“买这样的商品，你将得到特殊的利益”，而这一主张是你的竞争对手是无法提出的，且足够有影响力。

最经典的案例就是M&M巧克力的广告语“只溶在口，不溶在手”。

4. 大卫·奥格威——品牌形象法

品牌形象法即在广告宣传中通过表现消费者享用这种产品时的风度、形象或生活氛围，给人以心理的冲击，从而吸引消费者。当同类产品出现大量不同的品牌之后，每种品牌的品质已经大同小异，在广告中已经很难强调自己拥有某些别人不具备的特色。著名广告大师大卫·奥格威提出了产品品牌形象论，就是使产品具有与其他产品不同的形象特征。

奥格威认为：一个产品如同一个人，也应该有自己的形象。这个形象是由广告策划者根据产品的个性及其消费对象的审美情趣设计出来的。这个形象就是产品的个性，广告所推销的正是这种设计出来的形象。因此，消费者与其说是为了满足某种使用价值的需要而购买产品，倒不如说是为了享受该产品所表现出来的一种形象、一种追求、一种心理的愉悦和满足。

在互联网世界中，许多产品或服务也纷纷塑造出有自身特色的品牌形象。品牌自有其核心价值，除了新品牌之外，文案创作者必须将品牌的核心价值继续向买家传递出去，而不是改变品牌的方向。用文案塑造品牌形象不是一两条文案就能完成的，应该是一个长期投资，品牌文案要在所有消费者传播信息的载体与接触点上都能演绎、凸显出品牌的独特性，并长期坚持，这样才能真正为品牌的形象塑造发挥作用。

5. 艾·里斯与杰克·特劳特——定位法

1981年，艾·里斯与杰克·特劳特一起撰写了一本迄今被广告界奉为经典的书——《定位》。他们所提出的定位法是指任何一个品牌都必须在目标受众的心智中占据一个特定的位置，提供有别于竞争对手的利益，并维持好自己的经营焦点。

在进行互联网文案的创作构思时就要剖析产品的定位，构思出符合产品定位的文案主题。

2.4.2 曼陀罗联想法（九宫格法）

曼陀罗联想法又被称为九宫格法，如图2-17所示。

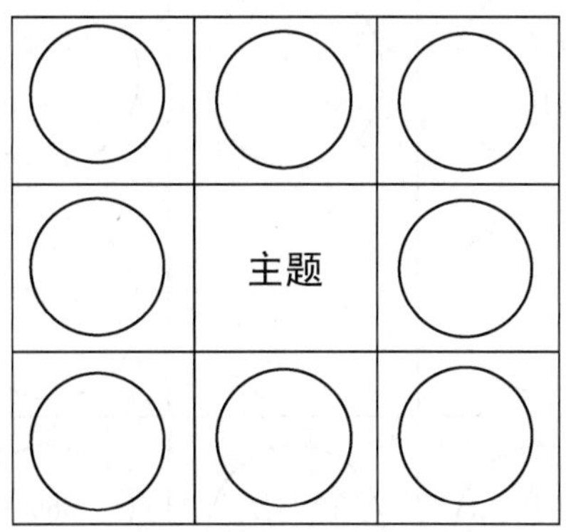

图2-17 | 曼陀罗联想法（九宫格法）

九宫格法是一种有助于扩散性思维的思考策略，利用一幅像四川火锅九宫格一样的图形，首先将主题写在图的中央，然后把由主题所引发的各种想法或联想写在其余的格子中，让思维向剩余的八个方向去思考。九宫格的最终目标是提供一个有效率的行动指引工具，因此它要求能够体现实际的核心主题，并具有采取实际行动的效果。

具体的操作分为以下三步。

第一步，在纸上用笔画出一个九宫格，将主题（产品名等）写在正中间位置。

第二步，将与主题相关的联想任意写在旁边的圆圈型的八个格子内，尽量用直觉思考，不刻意追求所谓的“正确”答案。需要注意的是，只要是围绕核心主题产生的联想都可以填写。为了使九宫格尽量表达清楚且易懂，应尽量使用简单明了的词语进行描述。

第三步，尽量扩充八个格子的内容，鼓励反复思维、自我辩证，但无须给自己压力，可以对之前写下的内容进行修改补充。第一次填写的九宫格可能存在逻辑不正确、点子不适合等问题，重新思考整理，建立更好的九宫格模型即可。

无论是八个方格填不满还是不够用都没关系，可以无限制修改，直到清楚为止，然后根据九宫格中的每一项再进行细分，列出另一个九宫格，这样文案创作者就可以把单项部分再一一理清楚，从而得到细致的内容。最后，根据你的分析强化其中一个你认为最值得突出的卖点向消费者进行介绍，无论怎样，文案都要围绕这个核心卖点进行撰写。

例如，创作某款加湿器文案前，将主题加湿器放置在九宫格最中心的位置，分析后发现该产品具有体积小、恒温、大容量、静音、除菌、3挡雾量、12小时定时、360°出雾等功能，于是将八种功能依次列入格子中，如图2-18所示。文案创作者就可以围绕这些功能进行产品推广，其中与其他同类产品相比最重要的功能可以作为重点推介的卖点进行文案撰写。

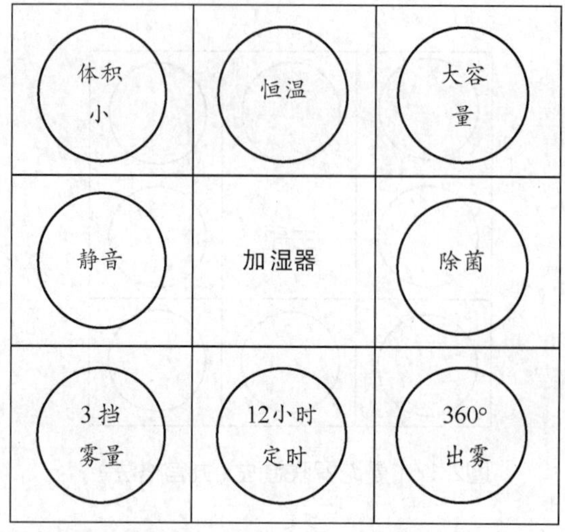

图2-18｜曼陀罗联想法（九宫格法）案例

2.4.3 发散思维心智图法

发散思维心智图法又被称为发散思维树状图，是指在进行文案创作过程中，根据产品的特点通过树状图等方式来思考衍生出更多的想法。

例如，仍然以前文所述的加湿器为例，如图2-19所示，假设我们选定了除菌作为产品的主要卖点，然后就可以在这个基础上做思维的发散和联想。“除菌”这个卖点就像树的主干，而“健康”“卫生”等联想就是树的主要枝干，每个枝干之上还可以再进一步分枝长叶，如“保护家人”“生活质量”“幸福”等发散联想，发散出来的思维越多越好，最终从树状图中选择一个最能打动自己的创意联想，进行提炼撰写。

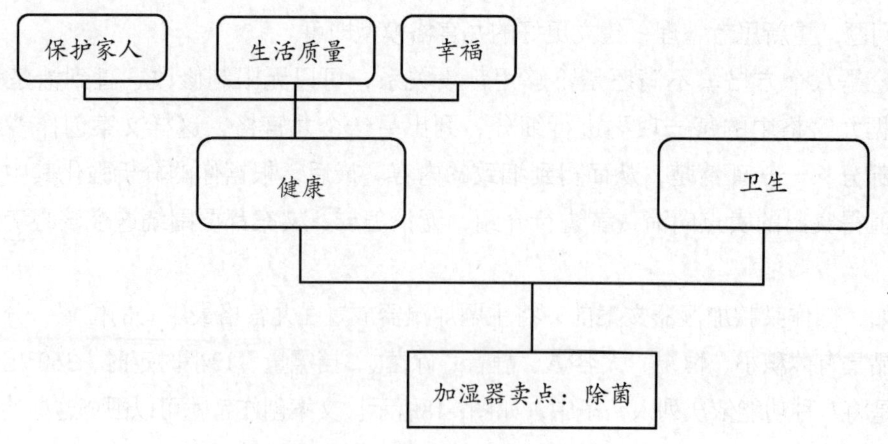

图2-19｜发散思维心智图法

2.4.4 因果分析法

在市场分析过程中，因果思维十分重要。通常来说，因果分析法可以通过因果图（鱼骨图）来表现。

运用因果分析法，首先要分清楚因果关系，其次要注意原因与结果的一一对应，因为任何结果都由一定的原因引起，而一定的原因必然产生一定的结果。原因与结果不能混淆，并且要循因导果、知果索因，从不同的方向进行因果分析，做出判断。

制作因果思维图分为两个步骤：一是分析问题产生原因或导致的结果，二是绘制因果思维图。

在分析阶段，首先要针对问题点选择层别，然后用头脑风暴法分别找出各层别所有的可能原因；其次将找出的各要素归类、整理，并明确其从属关系；最后，分析选取重要因素，并检查各要素的描述方法，保证语法简明、意思明确。在绘制阶段，首先要填写问题，然后一级一级用原因填充图形，并用特殊符号标识重要因素，如图2-20所示。

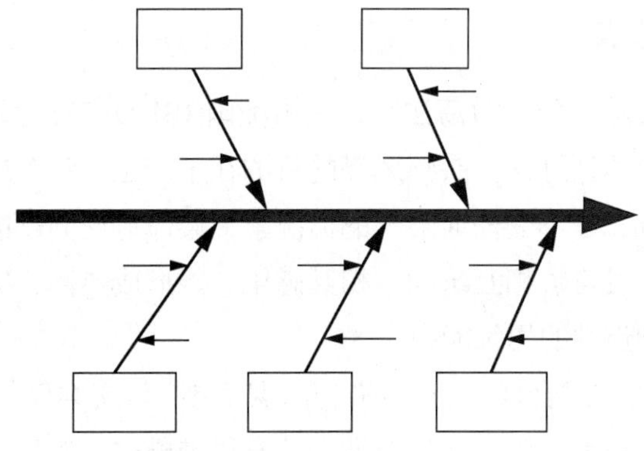

图2-20｜因果图制作方法

2.4.5 元素组合法

美国广告创意学者詹姆斯·韦伯·扬在《产生创意的方法》一书中给创意下了定义，即创意是旧元素的新组合。元素组合法是据此来实现的一种创意思维方法，具体来说就是不同元素的组合常常能带来意想不到的创意，广告文案的创意也同样可以运用这种思维方式进行创作。

在进行文案创作时，要求我们根据文案的主题目标先随机填写一些关键词，然后把这些关键词（元素）与甲方的产品或服务联想起来，看看能否搭配出一些全新的创意，可以在图2-21的空格处填写元素及元素组合后的新创意想法。

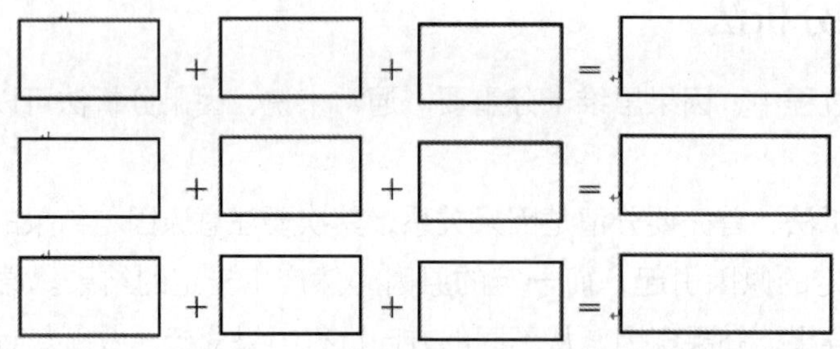

图2-21｜元素组合法

例如，某糖果公司要撰写三个圣诞节主题文案，如果运用元素组合法，就要在前面的三个空格中随机填上三个关键词，然后把三种事物与糖果联系起来进行联想，将最终的结果填写在最后一个空格中。假如我们在前面三个空格中填上了“雪花”“圣诞树”“雨伞”，将这些关键词与糖果联想，最终在最右侧的空格中填上“下雪的圣诞夜，我们举着雨伞去购买圣诞树和糖果”等。

2.4.6 头脑风暴法

“头脑风暴法”又称“脑力激荡法”，是由美国BBDO广告公司亚历克斯·奥斯本提出的一种创造能力的集体训练法。头脑风暴的目的在于产生新观念或激发新创意，这种方法有利于激发创新思维，在不受任何限制的情况下，集体讨论问题能激发人的想象、热情及竞争意识。人人自由发言、相互影响、相互感染，能形成热潮，突破固有观念的束缚，可以最大限度地发挥创造性的思维能力。

我们需要以团队的方式合作，正所谓“集思广益”。文案创作者应该多参与讨论活动，学习一下其他人的思考方法，这将有助于开发思维模式。毕竟团队的力量是无穷的，个人的力量是渺小的，切勿闭门造车。利用头脑风暴法创作文案，不仅能创作出好的文案作品，而且效率较高。

具体到头脑风暴法的操作，其实施要点包括五点，如表2-6所示。

表2-6 头脑风暴法实施要点

构成要点	实施要点
会前准备	会议要明确主题，并提前通报给与会者，让与会者有一定的准备。选好主持人。主持人要熟悉并掌握该技法的要点和操作要素，摸清主题现状和发展趋势。与会者要有一定的训练基础，懂得该会议提倡的原则和方法
参加人数	参加人数一般为4～15人（最佳构成人数为6～10人），课堂教学也可以“班”“组”为单位，最好由不同专业或不同岗位的人员组成

续表

构成要点	实施要点
会议时长	会议时间控制在1小时左右
人员配置	设主持人1名，主持人只主持会议，对设想不做评论。设记录员1～2人，要求认真将与会者的每一设想（不论好坏）都完整地记录下来
会议要求	要求与会者自由畅谈，强调在有限时间内提出设想的数量越多越好（一般一次会议可得到数十以至数百条新的文案创意设想）

2.5 互联网文案的创意输出方法

有了创意思维还不行，还要考虑创意输出。下面介绍目前常用的几种输出方法。

2.5.1 金字塔式的创意输出法

在创意思考时，文案的创作者运用的是发散型思维，但将文案表现出来时，则需要逻辑思维。有条理的文案输出，有利于目标人群读懂你的文字。

金字塔原理是由美国麦肯锡公司的芭芭拉·明托在《金字塔原理》一书中提出的。有研究表明，人在短时间内最多只能记住7个内容，大多数人只能记住3个内容，芭芭拉·明托认为所有的内容都可以归纳出一个中心点，当我们必须处理多于3个内容时，我们就会主动把这些内容进行归类分组，将它处理成3～7个论点，然后依次延伸，每一个论点又处理成3～7个分论点，这就是明托所讲的金字塔结构的核心内容。图2-22所示为金字塔原理的思维架构。

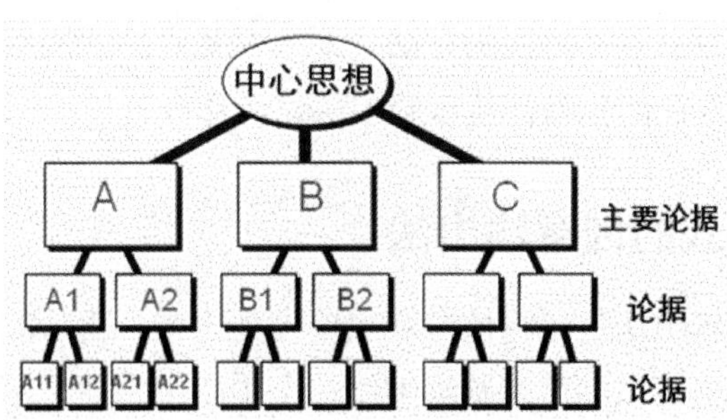

图2-22 | 金字塔原理的思维架构

金字塔原理相当于作文课中老师提到的总分结构。从上往下，金字塔结构依次为总论点、分论点及分论点下的子论点。如某款羽绒服的广告主要卖点是“时尚又保暖”，那么我们可以围绕该产品的“材质”“工艺”“款型设计”等几个分论点进行论述，之后可以通过“含绒量95%”“白鸭绒”“毛领”等论据来支撑“材质”分论点。

2.5.2　三段式的创意输出法

三段式的创意输出法是效仿新闻报道写作中的“倒金字塔结构写作法”演变而成的。具体来说，就是指在文案的第一段精要地浓缩全文的销售话术，因为大多数人是没有耐心看完全文的。它对文案人员的文字功底有一定的要求。如今互联网传播信息的速度越来越快，人们很难有耐心看一篇篇幅很长的内容。因此，我们就要想办法将文章的精华部分进行浓缩，并且放在文章的开头部分，以引起读者的阅读兴趣，然后向读者解释为什么要阅读这篇文章，最后强调产品的优势，加强用户对产品的印象，如图2-23所示。

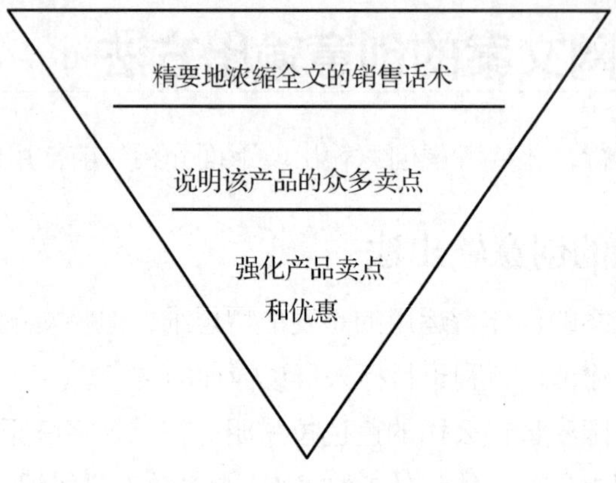

图2-23｜三段式的创意输出法

具体来说，这三段的写法分别如下。

第一段：因为大多数人都没有耐心看完全文，所以第一段就要尽可能使用精练、浓缩性的语句来概括全文，要把核心内容在前面都写出来。

第二段：主要通过目录要点延展的方法，逐一说明商品的特点和优势。

第三段：通过强化商品的独特优势来吸引买家，达到让用户产生购买欲望的目的。

2.5.3　核心扩展式的创意输出法

核心扩展式的创意输出法是先将核心观点单独列出来，再从能够体现观点的各个方面依次进行扩展讲述。这样可以使文章始终围绕一个中心来表述，不会出现偏题或杂乱无章的问题，这会加强文章对用户的引导。

具体来说，这种方法包括分述式、层进式、综合式和三段式，下面主要介绍前三者。

1．分述式

采用这种结构主要是从多角度、多侧面进行结果分析。在谋篇布局中采用分述式分析报告可以体现创作者的多向思维，其特点是能够反映较宽的业务范围，有较广的概括面。

2. 层进式

采用这种结构主要表现为对事物逐层逐级深化的认识。在谋篇布局中采用层进式分析报告可以体现创作者的收敛性思维，其特点是对某一观点或事物的看法具有深度挖掘性。

3. 综合式

各种结构形式融为一体，进行综合运用，如用“分述结构”来写三段结构中的现状，用三段结构来写层进结构中的一个层次。

课后练习题

1. 请简述互联网文案的创作步骤。
2. 请简述互联网文案的创作构思内容。
3. 选择一个你喜欢的品牌或知名品牌，收集其近一年来的互联网文案作品，分析一下其目标人群。
4. 分组收集整理不同诉求方式的互联网文案，并进行分析。
5. 任选一个品牌文案，先尝试用一个词语概括该产品的文案风格，再分析该文案风格背后的原则。
6. 请利用曼陀罗联想法（九宫格法）进行某一品牌的文案创意思维练习。

第3章 互联网文案的创意技巧和互动传播

【学习目标】

- 了解互联网文案的创意技巧。
- 了解互联网文案的互动传播。
- 掌握互联网文案的不同创意技巧及互动传播方法。
- 学会利用互联网文案的创意技巧和互动传播进行文案写作。

文案创作中真正的挑战在于文字背后所蕴含的创意思想，而创意技巧则是可以通过训练培养提高的。文案的创作就像一片沃土，有几分耕耘，就有几分收获，借鉴学习优秀的案例并进行归纳总结是提高文案创意能力的快捷方法。此外，互联网文案具有社交互动感，它不再是简单吸引用户来阅读，而是为了让用户参与互动，成为品牌传播过程中的一个节点。本章将介绍互联网文案写作中的创意技巧和互动传播。

有启发性的原创文案作品是商业活动各个环节的润滑剂，如何撰写出优秀的原创互联网文案是每一位文案创作者无时无刻不在思考的问题。本章将从互联网文案的创意技巧和互动传播两方面进行介绍。

3.1 互联网文案的创意技巧

做内容，创意是最珍贵的。小到做一张图片，大到做一个年度整体策划案，重点是内容。内容不是硬广，硬广要的是渠道能力强，内容要的是好创意，以打动消费者。一张图片、一个作品不仅要令人感动，还要有利益点和调性，能兼顾多样就是优秀的创意。互联网文案的创意也是如此，那么如何得到用户的青睐？撰写互联网文案的创意技巧又有哪些呢？

著名的广告创意大师比尔·伯恩巴克曾说："我相信一个人做的每件事情都有益于其文案创作。我确信不管你做过什么，经历过什么，只要你能把更多的思想和趣事融入你的文案创作中，它们便更具煽动性。"

许多商品概念的提出也都蕴含着创意的思维，如带芯片的地板、可以控温的被子、自动扫地的机器人等。同样，文案的创意也要遵循洞察消费者需求的原则。文案撰写其实有一定的创意技巧要求，整体上来说就是：文案创意=创异（吸引注意）+创益（产生收益）。

3.1.1 强调产品的利益"附加值"，直击消费者痛点

在互联网文案中，为产品赋予附加价值，主要是基于产品本身，而不是预算的多少。与预算的多少相比，更重要的是广告的创意，优秀的创意能增加产品的附加价值，使消费者看到产品比其他品牌带来的更多利益。

文案要表现出商品的利益消费点，且能给予消费者利益承诺，如"35岁以上的女人如何才能显得年轻""健康长寿的秘诀在这里""高考冲刺100天，提分助手就用它"等，这些文案标题表现了消费者对产品的消费期待和商品消费的利益点，对应了消费者的消费心态，体现了商品满足消费的有效性。在标题中表现出商品能给予消费者的利益承诺，可以使广告抓住消费者的消费渴望，诱使他们产生浓厚的兴趣，使目标消费者对广告中的信息产生了解的欲望，自觉阅读下文。

许多文案写作课程及文案书都提到好的文案不能"自嗨"，其实这就是要求文案不能为了显得有创意而创意，而要认真踏实地撰写"接地气"的文字。不要把消费者当成傻瓜，在文案中要传递他们认为有助于解决问题、做出购买决定的信息。消费者的痛点恰恰就是那些能触动、感动、打动用户，让其付诸行动的关键点。

文案的痛点营销就是要让买家看到文案后就忍不住消费。这就必须创造能吸引读者的环境，将用户带入文案所创造的环境中，文案创作者要让用户产生情感共鸣，萌生一种和谐的互动欲望。

图3-1所示为某款体脂秤及配套健身App的互联网文案，告知消费者这款体脂秤不只是一款体重秤，还可以通过关注体脂变化，规划健身计划，提醒运动健身，从而达到更好的状态。

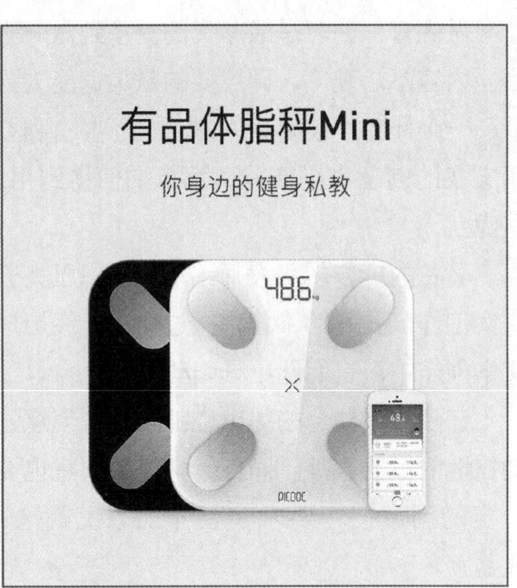

图3-1｜直击消费者“痛点”的文案

3.1.2 提升文案的注意力

好的互联网文案创意要想办法提升文案的注意力，要吸引受众关注文案和产品。下面介绍五种常用的提升互联网文案注意力的创意技巧。

1. 激发好奇心

打开好奇心的缺口，激发人们的好奇心，是快速提升文案注意力的有效方法之一。1994年，美国行为经济学家乔治·洛温施坦提出“知识缺口导致痛苦”的理论，解释了什么是好奇心以及好奇心的运行机制。

大卫·奥格威在《奥格威谈广告》一书中曾指出：“假如大家觉得无趣，产品不可能卖得出去。你只能靠让他们感兴趣来卖产品。”读者觉得有趣，他们就会被你的文案所吸引，就会阅读下去。充分利用人类的好奇心，好奇心一旦被吊起，就很难克制一探究竟的冲动。

好奇是人类的天性。如果你希望用户能很认真地看完你写的产品描述，就要想办法激发并放大他们的好奇心，只有这样才能让他们对你的产品一直保持热情。如果买家看到你的产品，点击进去就有想关闭页面的冲动，就没有成交转化的机会了。因此，激发买家的好奇心并留住买家，这才是产品描述文案的关键所在。

激起用户好奇心的一种有效方式——甚至会让他感觉他有义务去看你的文案，可以是尝试各种有趣且能有效吸引人们注意力的东西。例如，某款澳大利亚奶粉产品在电商文案中打出“连澳大利亚总理也惊呼好喝的奶粉”的广告标语，当消费者看到这样的标题时不禁想要多看一下，去探寻到底是什么奶粉让澳大利亚总理都惊呼好喝。经典文案“今年夏天最冷的热门新闻”也是一种激起用户好奇的文案标题。

值得一提的是，在前文的互联网文案标题撰写章节中就有专门提及，不少文案创作者为吸引受众的注意力，不惜去选取一些博人眼球，激发人们猎奇心理的标题。虽然大多数人都有好奇心，一条精心构筑的标题能够激起足够的好奇心，从而激发用户继续阅读，但也不要使用那些没有针对性、仅仅为了吸引眼球的标题文案，否则只会让买家觉得你在扭捏作态或故作机灵。要知道，在电商实践中，你需要的不仅是吸引很多眼球，更需要吸引合适的眼球，以达成更高的成交转化率。

2. 利用热点话题

文案借助热点事件，可以有效提高阅读点击率。各大品牌每逢节假日或热门事件，都会绞尽脑汁地“熬”创意，“憋”点子，“蹭”热点。

文案可以围绕热点事件、热门新闻、热门话题、热门人物等，以分析、评论、揭秘、追踪观察、资料归纳等方式结合自己要推广的产品品牌进行创作。“蹭”热点不是为了有趣，而是为了引发消费者的关注和促进销售。身为创意人员，当然希望能写出独具巧思的文案，提升文案的注意力。寻找文案内容与热点话题的契合度，在利用热点话题创作文案时，产品与热点之间的关联要自然，切忌牵强附会，而且要善于运用话题关键点进行内容再创新，而不是一味地去复制套用，否则容易令受众在短期内产生视觉疲劳。

所谓热点话题，就是大家在一段时间内经常关注的话题。因此，热点话题有其自身的局限性——时效性差。文案创作者在撰写文案时，要选取合适的热点话题。互联网信息时代，信息内容的节奏飞快，所有的新闻热点、网络话题都不会持续太久，今天还很热门的话题，明天也许就会被新一轮的爆炸热点淹没。而且一般来说，任何热门话题一般在一周后，网民关注的热情度会冷却。热点话题一旦过了热劲儿，就没有炒作的价值了。所以，一个星期左右的时间，是广告文案进行炒作传播的有效时间。

在写互联网文案时，撰写者对于热点事件一定要善于发现和总结，发表自己所持有的观点，这样既能引起读者的关注和讨论，又能指向营销对象，起到营销推广的作用。

3. 制造冲突

制造冲突就是要用意外的冲突来吸引大家的眼球，让大家阅读这篇文案。在撰写文案时，人们有时会根据需要有意制造冲突性话题。例如，有的电商在文案中写道："你知道吗？洗衣机比马桶脏64倍，也许你正在使用这样的洗衣机……"看到这样的文案，消费者会是怎样的反应？其实这种与常理不同的矛盾突破了人们的心理预期，极具话题性。

那么，如何制造意外冲突，吸引买家的注意呢？首先，要确保这种矛盾冲突与受众息息相关，要贴近受众的生活，最好恰恰说到消费者近期的忧虑所在。例如，"孩子学习成绩差，不好好听课，学校又没有办法管理怎么办？""还在为遇到碰瓷而烦恼吗？"这样买家在看到文案时就会被你制造的冲突所吸引。文案"你喝的水真的健康吗？"成功引发了人们的关注，如图3-2所示。

图3-2｜制造冲突式文案

其次，有许多问题是人们认知层面深层次的固有矛盾，如小与大、多与少、梦想与现实等，这些问题既有共性又难以解决，也极具话题性。运用这类话题时，可以先找到一个大家都认可的关注点，然后马上来一个意外的转折，这样往往能给受众带来一种出其不意的感觉，受众也就顺着你造的"滑梯"迅速地滑了下来。

4. 反向思维

当别人都在争当行业第一时，艾维斯租车公司却提出："在出租车行业，艾维斯是第二位的，但我们更努力。我们不会提供油箱不满、雨刷不好或没有清洗过的车子，我们要力求最好。我们会为您提供一部新车和一个愉快的微笑——与我们同行，我们不会让您久等。"这则文案发布出去立即引起了轰动，并且成为广告界经久不衰的经典案例。这种逆向思维的创意方法，也是许多文案新手应该学习的榜样。

当别人都在说"对"的时候，你可以说"错"，这样就很容易将大家的目光吸引到你的身上。对互联网来说，从反方向进行思考，突破常规，是一种非常容易吸引消费者注意力的方式。因为人们普遍习惯做出正向思考，而通过反向思维的内容很少有人想到，所以，当看到这些东西时，大家就会觉得很好奇，很有新意，这也恰恰是人们都喜欢看文案创作者通过反向思维写出的东西的原因。近年来流行的“反鸡汤”文章爆红，就是迎合了人们的这种心理。

例如，“不用节食，还你苗条身材”这句文案，就让消费者突破了原有的减肥必须节食的心理预期。让消费者看到与他们平常认知不同的东西，就会让他们觉得有新意。

5. 制造强对比

对比就是把两种相对应的事物进行对照比较，使目标人群的感受更加强烈。对比强烈的事物，会直接触发人的大脑决策机制。这与“温水煮青蛙”恰恰相反，强烈的对比会帮助我们做出决定。同样在互联网文案中，反差较大的内容也会引来消费者的关注。

最常见的案例就是某日化产品使用前后的对比，通过对照凸显产品的效果。此外，与竞争对手进行比较也是一种常用的制造强对比的方式，但使用这种方式时要注意广告法规的要求。图3-3所示的某纸巾制品的卖点在于“无添加”，因此在文案中就有暗示了其他同类产品可能包含荧光增白剂、湿强剂、柔软剂等成分的内容，形成比较。

图3-3 | 制造强对比文案

需要特别注意的是，最新的《广告法》规定，“最高级”绝对式的文案表达措辞是严令禁止的，不允许出现“最”“第一”“顶尖”“无与伦比”“不可替代”等措辞表达方式。

3.1.3 让文案产生代入感，提供并理解用户的体验

亚马逊公司的创始人杰夫·贝佐斯曾说：“假如你让消费者积累了很好的购物体验，那么他们之间会相互转告。口耳相传的力量是巨大的。”互联网文案要想真正赢得受众，就要使文案产生代入感，挖掘和重构用户的生活场景，为用户提供良好的购物体验。具体的做法包括构建场景和营造意境。

1. 构建场景

构建场景是互联网文案中常用的切入点。在撰写文案时，不要使劲说你个人的感受，而要把你体验过的场景描述出来。当别人看到这些文字的时候，就会有强烈的“代入感”，因为这些文字帮他们还原了生活的场景。

一方面，可以用描绘情境式的文案，让消费者处于文案所描述的情境中，产生对产品的联想和需求；另一方面，也可以告诉消费者在什么情况下会用到该产品，让其处于使用产品之后的“未来场景”中，激发消费者的购买欲望。某款扫地机器人的互联网文案是“生活本该自由，不做家务真好”，直抵消费者的内心需求。后面对扫地机器人清扫后干净地板的场景描写很有画面感，让消费者有种代入感。

另外一个案例是一家淘宝女装店的首页语，后来被无数旅游微博转发过：

当你写PPT时，阿拉斯加的鳕鱼正跃出水面；
当你看报表时，梅里雪山的金丝猴刚好爬上树尖；
当你挤进地铁时，西藏的山鹰盘旋云端；
当你在会议中吵架时，尼泊尔的背包客端起酒杯坐在火堆旁。
有一些高跟鞋走不到的路，
有一些喷着香水闻不到的空气，
有一些在写字楼里永远遇不到的人。

这一文案被人们视为经典，就在于这是一篇说出了当下年轻人的心里话。走心的文案一定是能与用户产生关联的场景化描写，制造场景化阅读。在一个特定的场景中跟消费者讨论一个话题，比直接跟他们讲道理、说教要容易得多，他们会觉得自己也正在经历这些苦恼，这些内容说的就是发生在自己身边的事。例如，某款男士矿漠泥保湿套装在文案中写道：

“皮肤问题，男人觉得不爽，只因油光失控。1．户外运动：好心情被油光毁掉。户外运动将刺激皮肤出油，无法痛快玩耍。2．城市污染：加速油光重生。城市污染增加皮肤出油率，长久净爽难以实现。”

在选择“构建场景”这一写作切入点后，两步即可完成文案的撰写。

第一步，用文字、画面勾勒出一个场景。这个场景一定是生活中大多数人面对或经历过的，撰写者只是用图文等信息工具作为刺激物，把用户记忆中存储的场景画面调取出来。

第二步，在这个场景中与用户进行沟通，并提出解决方案或者对平台的思考、建议。

场景化阅读是指在某个特定场景中完成信息的传播沟通，强调的是被传播的信息在一个相匹配的场景氛围中被传递出来。而场景化阅读如果脱离了场景，阅读本身也就丧失了一般的意义。

图3-4所示为某款日用品的互联网文案，是典型的基于场景化内容的品牌文案，通过场景体验细节设计，让消费者感受到产品带来的切身变化。

图3-4｜构建场景式文案

2. 营造意境

意境是指一种情景交融的艺术境界。在撰写电商文案时，要将文字的内容与所营造出来的意境相互交融。具体到电商文案的写作切入点，应适当地用文案营造产品氛围，针对不同类型的产品，配合撰写不同的文案。

从用户体验的角度出发，优秀的文案是围绕用户的感受设计的，它从用户的角度出发，是视觉化的、直指利益的，其主要目的是吸引用户购买产品，强调产品功效，提升用户体验，从而让用户付出简单的行动。

下面以臻三环品牌的互联网电商文案为例（见图3-5），介绍互联网文案写作中“营造意境”这一写作切入点。该品牌为手工铁锅，锤印工艺为非物质文化遗产，打开该品牌的网店就进入品牌主营造的一种珍惜传统工艺的氛围，让消费者对品牌产生好感。

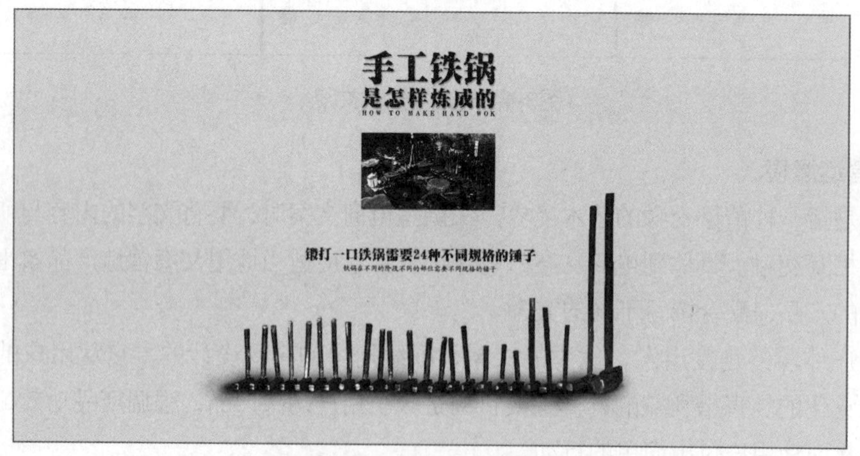

图3-5｜营造意境式文案

3.1.4 增强对文案的信任感

增强对文案信任感的方法包括彰显权威、展示细节、罗列数据、实证证明。

1. 彰显权威

权威人士具有很高的可信度，因此他们提出的观点会获得广泛的信任。人们会认为权威人士肯定已经研究这个问题多年，对这个事物有话语权，因此也都愿意听从权威人士的意见，并认为按权威说的做肯定没有错，即形成了所谓的从众效应。如针对某款母乳喂养辅助用品，其互联网文案写道“众多医院和妈妈的选择”，这就相当于让这些医院为该品牌做了背书，增强了该商品的可信任感。

2. 展示细节

具体细节能够帮助人们进行理解和记忆，也更容易让人们产生信任。细节就是具体的信息、更具体的卖点。通过每个细节逐一展示给用户，以体现整个商品的主要卖点。

图3-6所示为某款除螨吸尘器的细节展示内容截图，通过展示该产品“独驱螺纹滚刷，每分钟4000转，有效清除螨虫及过敏源”“旋风五代过滤技术，10kPa迅猛吸力，强力吸除螨虫灰尘”的细节功能，有力说服消费者相信该产品的除螨功效。

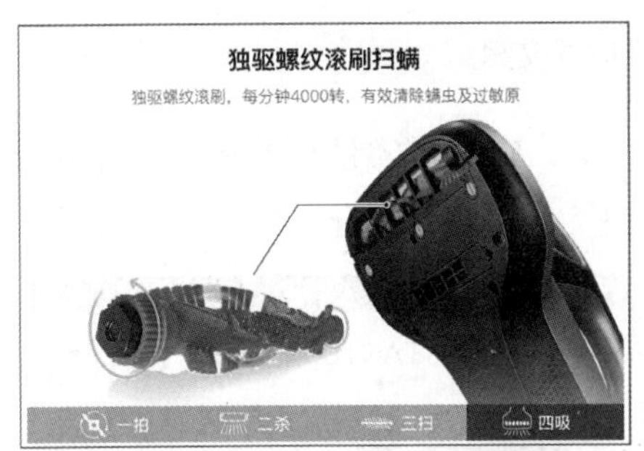

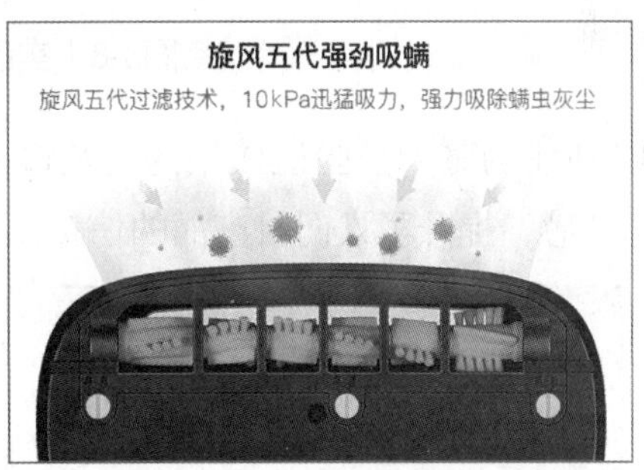

图3-6 | 展示细节的文案

3. 罗列数据

消费者往往对数字十分敏感，但有时又没有具体的形象概念，文案写作者在罗列数据时可以尝试将空洞的数据转化为形象的、可以被感知的数字内容。例如，经典的奶茶文案“1年卖出7亿多杯，连起来可绕地球两圈”，让大家特别具体化地感知到该品牌奶茶的销量之多，让消费者可以看得懂数据的表达。

再如，某款除湿机的产品详情页文案罗列了一系列的数据，以增强文案的科技感和信任感，如图3-7所示。

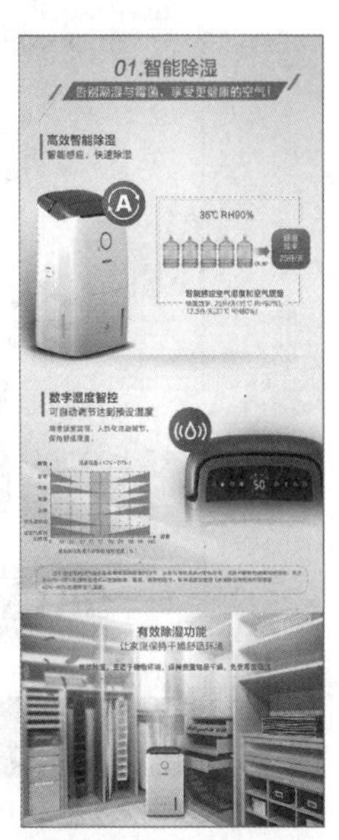

图3-7 | 展示数据的文案

4. 实证证明

“眼见为实，耳听为虚”，许多用户始终认为文字的描述都是夸大的或虚假的，只有亲眼见到的东西才是可信的。为增强文案的信任感，品牌商通过拆解产品、晒出剖面图、实验测定等方式进行证明。如今，不少评测类文章其实就是品牌的软文，吸引了不少“科技控”“实验帝”的关注。

图3-8所示为某款床垫产品的文案，它展示了“独立筒袋装弹簧”和“13层助眠材质”的模拟实样。

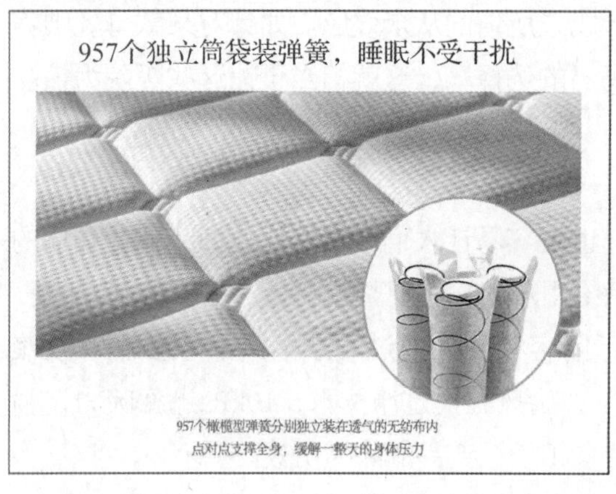

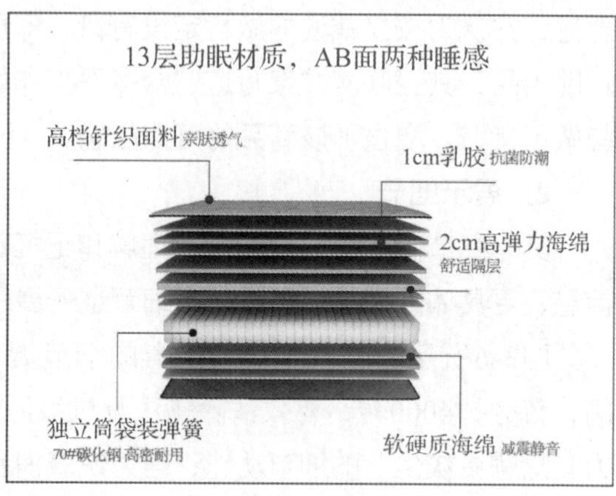

图3-8 | 实证证明式文案1

图3-9所示为某产品验证效果的实验过程文案，它通过实证证明的方式增强了受众对文案的信任感，提升了人们对产品的信赖感，进而实现销售转化。

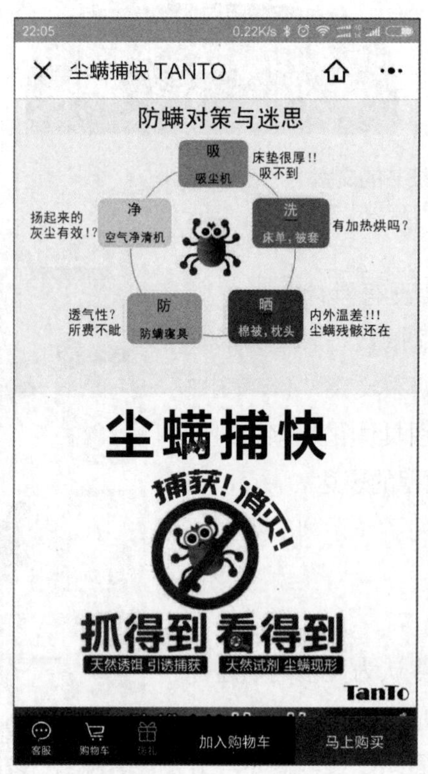

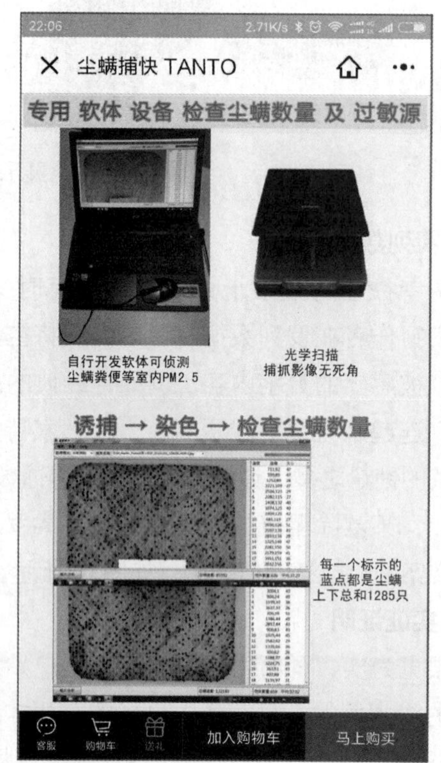

图3-9 | 实证证明式文案2

3.1.5 体现文案的诗意美感

文案和诗歌之间有一定的共通性，也会讲究押韵、对仗、工整等。虽然互联网媒体对文案的语言要求越来越通俗化，也常常借用网络热词吸引受众，但诗歌中诗意的美感仍然值得借鉴学习。许多文案也讲求起承转合，如别克君威“不喧哗，自有声”的品牌文案，就使用了起承转合的架构。

（起）这个时代，
每个人都在大声说话，
每个人都在争分夺秒，
（承）我们用最快的速度站上高度，
但是也在瞬间失去态度。
（转）当喇叭声遮盖了引擎声，
我们早已忘记，
谦谦之道才是君子之道。
你问我这个时代需要什么？
在别人喧嚣的时候安静，
在众人安静的时候发声。
（合）不喧哗，自有声。
别克君威，新君子之道。

再如，著名作家冯唐先生曾专门为阿芙精油代言人杨磊写下这样一首诗：

“暮春将至依旧美好的事，三年里终于又一次醉到不省人事。
你还穿得进你五年前的裙子，初恋情人提了好几次你还是以前的样子。
有陌生人在杯垫上给你写诗，你重新提起笔还是一手好字。”

就这样一首诗，刊登在2015年的《南方都市报》上，打动了很多女人的心，这也恰恰是阿芙（AFU）精油所提倡的“长情”——“ALL FOR U”。之后这首诗又在网络上发酵，引起人们的热议。

需要注意的是，《广告时代周刊》中曾提到：“广告的文学性不是衡量其成就的标准。有优美的辞藻不见得就是优秀的宣传文案；其他特色如标新立异、引经据典、别出心裁的想象或押韵好记，都是成功文案的必备要素。”因此，在撰写文采斐然的文案时，不要刻意卖弄辞藻，要紧扣产品或服务的特点来写，以击中目标受众的痛点为目标。

3.2 互联网文案的互动传播

有些人认为，文案写完随便往网上一挂，读者就会看到并进行购买。但事实远非如此。要想让文案达到最佳的传播效果，就要思考文案的传播互动方式。社交媒体平台的品牌营销更注重的是朋友间的口碑传播性，所以内容应该足够有趣，而且能够引发互动，这样才能有效传播，并产生品牌影响力。

作为互联网文案的撰写者，要关注每位用户的评论，因为最好的内容往往来源于用户，从用户评论中获得好的创意，互动性的内容使用户形成“转发+评论”，促成良性循环。

文案的目的不只是吸引阅读，更要促使用户参与互动。如果文案只是单方面的“灌输”而不与目标受众互动，就不能满足互联网时代的传播需求。在以社会化媒介为主要传播平台的互联网时代，互联网文案所具备的一个重要特点就是“互动性”，要激发用户的“参与感”，带动传播。具体来说，常见的互联网文案的互动传播方式包括以下几种。

3.2.1 用户生成内容的二次传播

消费者在互联网中不再只是倾听者、购买者，他们也是品牌的合作者，正逐渐占据主动权，成为品牌的参与者。

如果文案传播信息能给受众带来价值，哪怕是一句话、一个观点、一个会心的微笑，只要对受众有启发、有帮助、有好处并带来了愉悦，受众都愿意接受并且极有可能进行二次或多次传播。

用户生成内容是指在品牌传播推广的过程中赋予消费者权利，让用户成为自发口碑传播者，从内容的接受者变成内容的创作者。

2005年，必胜客曾推出一款28元自助水果沙拉，能拿多少，就吃多少，前提是只允许拿一次，盛沙拉的碗并不大，很浅，简单地装沙拉其实装不了多少。所以，如何保证将28元花得更划算，尽可能地把那只可怜的小碗装满自己喜欢的水果沙拉，就成了一件引起人们兴趣的事。为了吸引更多人来必胜客消费，必胜客发动了一次名为“吃垮必胜客”的网络营销活动。消费者脑洞大开构思最大量取沙拉的方法并纷纷在网上晒图，如图3-10所示，甚至网友们还在网上进行攻略交流，这无疑扩大了必胜客在中国的品牌影响。

图3-10 | “吃垮必胜客”网络营销活动中的消费者自发晒图

口碑营销就是让消费者自动传播公司产品和服务的良好评价，从而让人们了解产品，树立品牌形象，加强市场认知度，最终达到企业销售产品和提供服务的目的。互联网文案应主动创造话题，击中消费者的痛点，使其充满分享和传播的欲望。因此，要拨动受众心底的那根“琴弦”，让受众自发传播。

“阳光下是个孩子，风雨里是个大人；心有所念人，隔在远远乡；承蒙你出现，够我喜欢好多年……”这些告白、期盼和思念不是来自广告文案老手，而是来自民间网友，他们把暖心的话写在了雀巢咖啡丝滑拿铁推出的H5《在这里遇见万分惊喜》（见图3-11）里。雀巢咖啡为网友准备的惊喜并不止于线上——网友在领取奖品的时候，还可以选择送给身边的亲朋好友并附上祝福寄语，雀巢咖啡在线下为他们传递了这份惊喜。

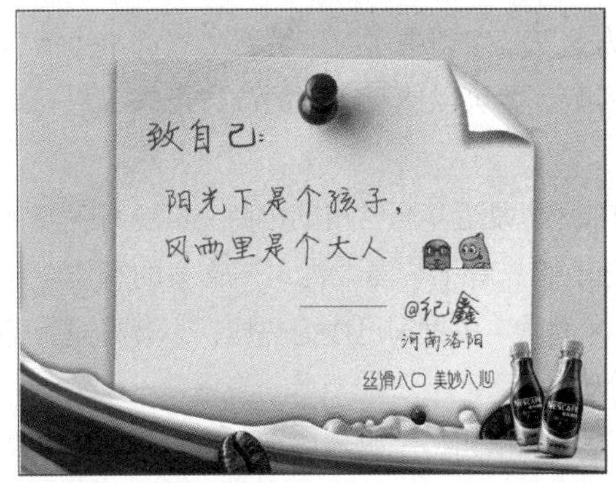

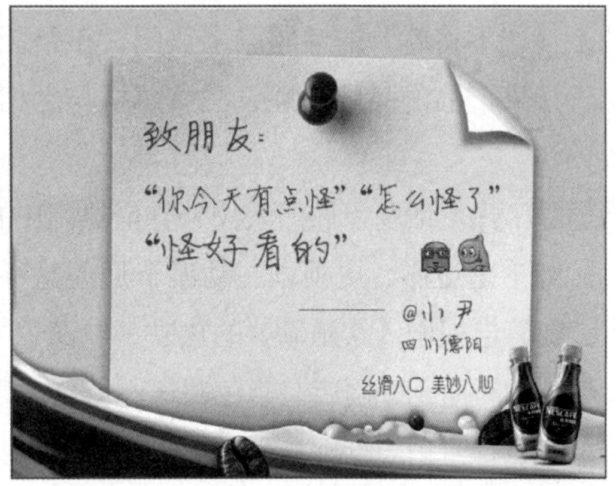

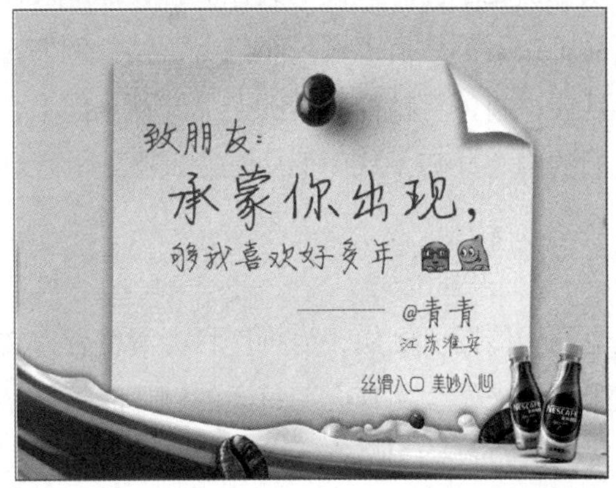

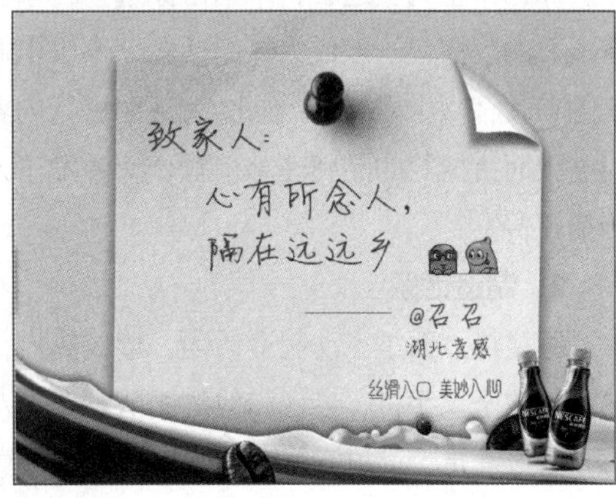

图3-11｜用户生成内容的二次传播

3.2.2　贴近热点、制造话题

1. 贴近热点

让文案内容具有“话题性”，文案创作者可以选择在文案中关联其他事物，尤其是搭载热门话题、利用名人效应等，这样十分利于传播。

追热点、用热词，早已经不是什么营销秘密武器，文案写作者每天都在关注着当前最新的热点话题、最流行的词汇以及最热门的明星等信息。

通过合理的逻辑推理，让热点事件有效地和文案的关键词产生关联，在文章的开头和结尾加上合理的关键词，搜索引擎优化就会产生营销推广的效果。

随着网络文化的兴起，一些网络流行语也产生了，如“有钱任性”“也是蛮拼的”“我也是醉了”“你懂的”“萌萌哒”等。文案写作者在撰写产品文案时，可以通过加入流行语元素来引起消费者的注意。如果可以很好地掌握这些网络潮语，并延伸到产品文案中，就有利于加强宣传推广的效果。例如，前几年电影版《何以笙箫默》上映，让“不将就”的话题登上热门，正是因为这三个字切中了时下消费者的都市生活理念。如果产品的品牌调性、文案风格与之相匹配，就可以使用适当的流行语来引起受众的关注。

除了热点话题、热门人物外，借热门IP的东风也是近年来常用的电商文案撰写手段之一。无论是电影、电视剧、动漫卡通还是综艺节目，都很容易成为电商文案的写作切入点。随着电视剧《欢乐颂》的热映，电商“××同款”关键词已成为热搜；小黄人成为男女老少的新萌宠，网店装修色调恨不得全都改为黄色。

在整合营销思维下，引爆热点，有时候甚至可以借用传统媒体引爆，再回馈到社交媒体。2016年里约奥运会，中国游泳选手再创佳绩，引起了全国人民的关注。孙杨的爆发和傅园慧的表情包一度成为热门话题，不少电商品牌文案都想搭上顺风车借势营销。例如，美的在其官微上以#不止于此#为话题进行内容延展，将体育精神与美的产品“积极向上，为健康而拼搏”的品牌理念相融合，激发了人们的内心共鸣，从而形成互联网文案的互动传播及转发。

2. 制造话题

不蹭热点而是主动制造话题，形成热点，也利于传播。例如，为推广目标消费者为文艺青年的坚果手机，老罗和他的团队发布了八张海报来做“文青会”每天的倒计时预热，每张海报都是一道填空题，测试用户是否为真文艺，如图3-12所示。

估计能把空都填上的网友连18%都不到，在发布会开始前，坚果手机也公布了这些答案，“现在可能很难想象”“我不能说”“要保密一段时间”“你可别出去胡啰啰啊”“这是很严肃的”“你信也罢，不信也罢”“理由只有一个”“是给你的”，连着读，有点“藏头诗”的感觉，像一首品牌写给所有文艺青年们的“情诗”，一方面制造了话题，引发了许多受众自觉地转发互动；另一方面让受众参与发布会，营造一种参与感，提升其对品牌的好感。

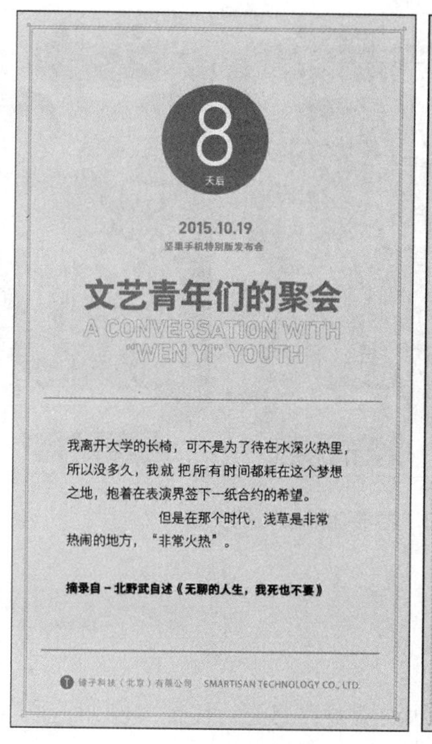

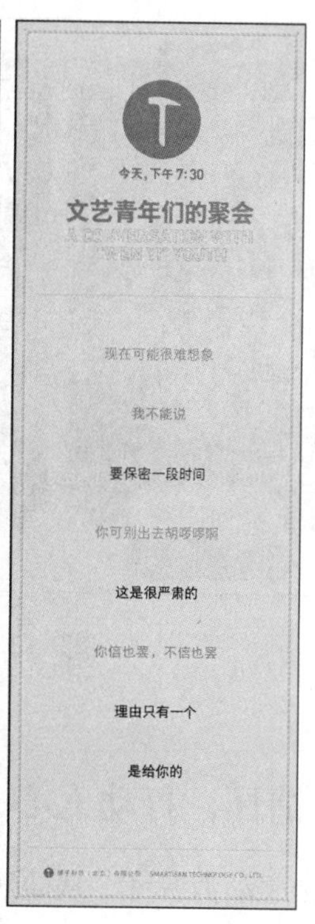

图3-12｜制造话题传播的文案

人们在社交媒体上分享的信息来源于现实，主要是上网、旅行、看电影、听音乐等生活中的所见所闻。但是，在朋友圈中、在微博上，总有一些事情被大众认为是值得分享的，通常这些内容可以赢得大众的共鸣、崇拜、同情或欣慰，进而促使消费者进行互联网文案的互动传播。

3.2.3 注重发布的时效性

人们总是对新鲜的人、新鲜的事物感兴趣，这是人之常理，在互联网文案进行传播互动时要把握住这一特征，注重发布的时效性和及时性。发布的时效性决定了互联网文案的传播效果。图3-13所示为支付宝旗下蚂蚁金服在春节期间投放的针对性文案，若错过发布的时间，就很难产生最佳的传播效果。

此外，在同一天不同时间发布互联网文案，产生的传播效果也不一样。文案发布时间最好选择在10点、11点半、22点、24点这几个时间点。原因在于，上午10点是上班族工作了一段时间后的小憩时间，11点半是大部分白领工作者午休刷微博的时间，22点是黄金档节目结束的时间，24点是年轻人临睡前刷屏的时间。在这些时间点发布互联网文案，能够取得事半功倍的传播效果。

因此，合理的发布日期及时间有助于互联网文案的互动传播。

图3-13｜春节期间发布的文案

3.2.4 注入情怀，打动人心

扎心式文案会感动消费者，从而让消费者自愿进行传播。例如，京东小金库某年推出了一篇文案“你不必成功”（见图3-14），就以真挚的情感诉求打动了许多用户的心，从而使他们对品牌产生共鸣，提升了品牌的知名度和美誉度。

图3-14｜京东小金库文案

文案的内容要感性，能通过文案的表达让人有所触动，这样的文案就是成功的文案。每个词语都蕴含着感情，是感受和印象的情感流露。有温度的营销，更能唤起消费者的行动。

3.2.5 让文案内容像病毒一样疯传

把文案内容变成“病毒”就是让文案产生使用户自发传播的价值。在互联网时代，消费者具有主动性，可以自主选择他们感兴趣的内容，并对这些内容进行评价、分享，延伸了内容的意义和价值。那些有趣、有料、有爱的内容，才能吸引受众自发地传播，从而使文案内容变成了“病毒”。

曾经在网络上流传过一个经典的笑话，标题被称为“一只狮子引发的离婚案”。文章大意是说：有一个男人出差在外，提前回家，想给妻子一个惊喜，结果在家门口听到屋内有男人打呼噜的声音，男人默默地离开了，发了个短信给他的妻子：“我们离婚吧”。然后就扔掉手机卡，远走他乡了。3年后，他们在另一个城市碰巧遇见，妻子问：“当初为什么不辞而别？”男人说出了当年的情况，结果这次妻子转身离去，离开前淡淡地说：“那是‘瑞星’的小狮子。”

这篇小文章并不长，当然也是人们杜撰出来的故事，但幽默十足地让人记住了“瑞星”小狮子，并且通过互联网进行了广泛的病毒式传播。

沃顿商学院市场营销学教授乔纳·博格在其著作《传播：流行何以产生》（Contagious：Why Things Catch On）中总结出导致人们谈论并分享某种概念或产品的六条原则，即STEPPS原则。这六个字母分别代表的内容如表3-1所示。

表3-1 STEPPS原则

S：Social Currency	社交货币	人们为了提升自己的好形象（非坏形象）而谈论某事
T：Triggers	促因	我们谈论的事物总是脑袋里最先想到的那些
E：Ease for Emotion	情感倾向	当我们越关心某一事物或在生理上越有共鸣时，就越有可能分享该事物
P：Public	公众	当我们看到其他人做某件事的时候，我们就更有可能模仿
P：Practical Value	实用价值	可利用性，我们分享信息帮助他人，使他人生活得更好
S：Stories	故事	分享隐含在故事中的事物

2016年3月8日，北京、上海、广州、深圳、杭州、苏州、武汉、沈阳8座城市出现了38列“雕牌新家规”地铁专列，地铁车厢各广告位被雕牌新家规的插画所覆盖，雕牌以此向妇女节致敬。

与此同时，这组引人注意的80个“雕牌新家规”海报也在微博上发布并引发了包括明星夫妻在内的各种围观转发，人们热烈讨论，瞬间#雕牌新家规#窜至热搜榜前列，如图3-15所示。而之所以能引发用户的讨论与互动，源自“雕牌新家规”的内容引发了“80后”“90后”等新一代家庭人群的情感共鸣，诸如“要想老婆皱纹少，多做家务少争吵”“用心聆听爸妈的唠叨会变成中国好声音”“给孩子买名牌，不如陪他撕名牌”“经常和婆婆玩自拍，关系越来越合拍”……

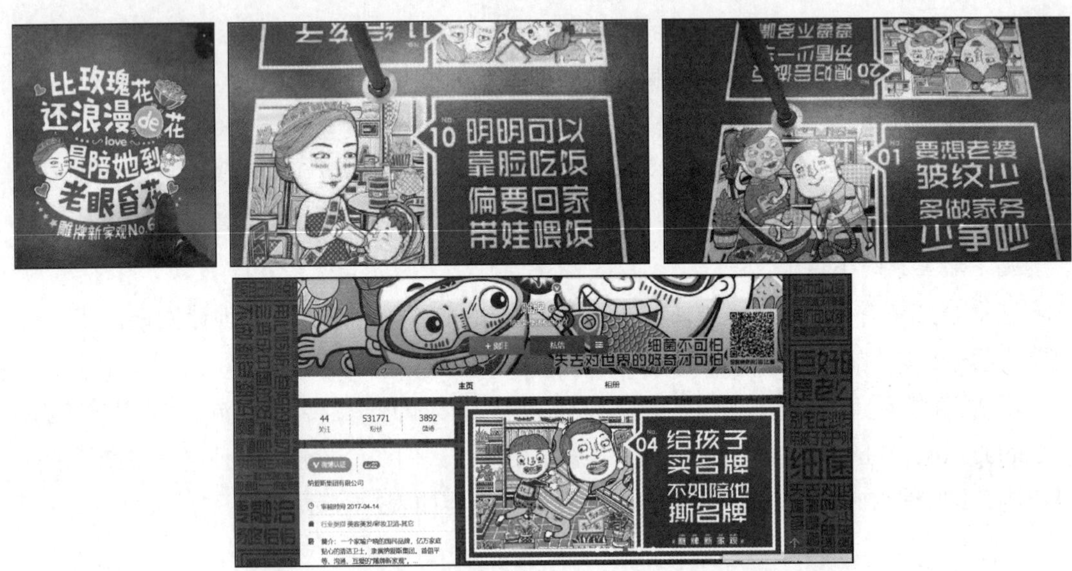

图3-15｜病毒式扩散传播的互联网文案

这些“新家规”用诙谐幽默的个性表达传递出了正能量的家庭观，得到了目标受众的情感共鸣，人们也纷纷自愿进行转发传播。

3.2.6 拒绝枯燥乏味，彰显品牌个性

枯燥乏味、千文一面的文案内容并不能吸引消费者的注意，而且容易让人产生阅读的审美疲劳感，从而对品牌形象产生损害。相反，那些体现出品牌个性的传播文案往往新颖有创意，能够引发受众的注意及互动传播。

企业需要为自己的品牌提供一些额外的信息和细节，这样才能更有力地说服人们相信品牌。通过文案帮助企业树立积极的品牌形象，有助于人们对企业的品牌形成更好的看法，进而爱屋及乌。

课后练习题

1. 请结合实例分析如何直击消费者痛点，增加产品的利益附加值。

2. 请根据本章所讲内容，总结一下提升文案注意力的方法。

3. 请根据本章所讲内容，总结一下增强对文案信任感的方法。

4. 请走访调查你感兴趣的一类人群，根据调查所得撰写一篇符合该群体经验的互联网文案。

5. 请用四季“春”“夏”“秋”“冬”为题各创作一篇具有诗意的互联网文案。

6. 结合案例分析什么是STEPPS原则。

第4章 相得益彰的互联网文案内容与形式

【学习目标】

- 理解互联网文案的内容结构。
- 掌握互联网文案不同内容结构的撰写要求。
- 掌握撰写精简互联网文案的要求与方法。
- 初步学会互联网文案的图文搭配及排版设计。

内容是构成事物的一切内在要素的总和，形式则是事物内在要素的结构或表现方式。优秀的互联网文案在内容与形式上应保持高度和谐。本章在介绍互联网文案内容框架的基础上，分别对互联网文案的标题、正文、开头、结尾等部分的不同撰写方法以及互联网文案形式方面的图文搭配和排版方式等进行介绍。

4.1 互联网文案的内容结构

互联网文案的内容及表达方式是丰富多彩的。一般来说，文案的内容结构包括标题、开头、正文和结尾四部分，如图4-1所示。内容结构的不同部分在文案中发挥的作用不同，下面就分别介绍不同文案内容结构的具体写作方法。

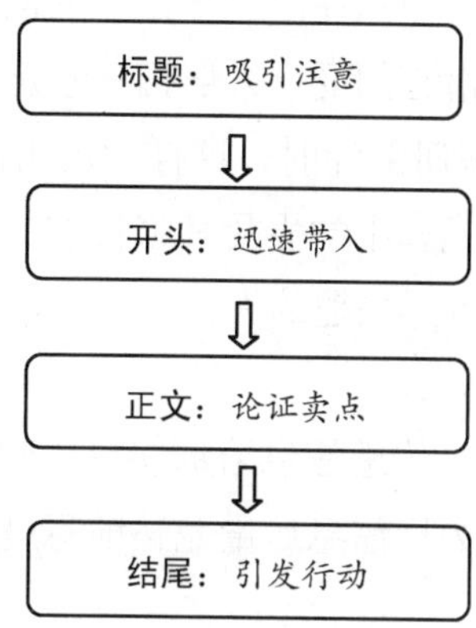

图4-1｜互联网文案的内容结构图

4.1.1 互联网文案的标题

全球著名的广告大师大卫·奥格威在其著作的《一个广告人的自白》中提到，标题在大部分广告中都是最重要的元素，能够决定受众到底看不看这个广告。一般来说，读标题的人数是读正文人数的5倍，换句话说就是，你所写的标题的价值将是整个广告预算的80%，由此可见文案标题的重要性。互联网文案的内容结构中的首要部分就是标题。

1. 标题的作用

标题是指文章的题目，它往往表明一篇文章的主旨，同时它也是区分不同文案内容的标志。我们常说“题好一半文”。一个好的文案标题，往往可以起到画龙点睛的作用，而且反映文章的要点，既能吸引读者眼球，也能在搜索引擎中优先展示。所以，一篇文案的标题起得好不好，往往会影响这篇文案是否吸引人，是否会被人们记住，以及是否会被广为传播。具体来说，标题的作用包括四个方面。

（1）引起注意

通常情况下，人们在初次接触文案时，视线常常只会扫到标题。这就说明，标题是最能引起消费者注意的部分。如果标题无法引起用户的兴趣，用户就不会产生继续阅读的欲望，从而导致广告传播的失败。反之，如果标题精彩有趣，就能引起用户的注意，吸引用户继续阅读，并最终使用户产生购买行为。

目标用户对广告中的信息产生了解的渴望，会自觉地继续阅读后文。例如，“看完这段小视频，上百万人都哭了！”“快看看，别让孩子再进这些学英语的坑！”这些标题就足以吸引目标消费群体的目光，引发受众的注意。

（2）过滤受众

标题还可以筛选出适合的受众群，剔除那些非潜在的顾客。例如，你的目标消费者是新生儿父母，就可以在文案的标题中标注出“孕妇、准爸妈”等字眼，也可以直接以“专为……打造”句式，利用标题给潜在的受众人群招呼示意。再如，标题“如何做一个合格的新手妈妈，全技能Get√”“考研倒计时，这样学习再涨10分”“小学语文学习方法大盘点”就可以把新手妈妈、考研党和小学生及其家长过滤出来，因为会点击这些标题阅读文案的受众一定是对这个标题内容感兴趣的人。

（3）传递信息

标题要做尽可能完整的表述，传递信息给那些只肯阅读标题的消费者。既然80%的人只看标题不看内文，我们就要努力把信息尽量完整地写进标题。撰写的文案标题一定要让读者一看就懂。

例如，“2017年最后一场线上分享，文案高手知乎直播在线等你”就传递了有文案撰写高手在知乎直播进行线上分享的活动信息。

（4）推动阅读

如果标题的信息恰恰是受众所关心的内容，那么标题就可以引起读者的兴趣和好奇心，促使他们继续阅读正文。可见，标题一开始就起到劝导的作用，好的标题能使消费者接着阅读正文，而消费者通过文案标题对主题进行理解。优秀的标题往往能够紧紧抓住受众的心理，让受众产生一种非要看个水落石出的冲动，于是在这个过程中，消费者自觉或不自觉地就接受了文案想要向消费者传递的信息。

例如，当受众看到文案知乎直播分享会的标题后，有兴趣的读者就会点击进去进一步获取直播的分享时间、主讲人、分享内容概要等具体信息。

2. 标题的撰写

下面先梳理常见的互联网标题类型，之后再介绍标题的具体撰写方法。

（1）标题的类型

常见的标题类型包括新闻式标题、建议式标题、颂扬式标题、提问式标题、悬念式标题和比较式标题。

① 新闻式标题。利用人们对新闻的注意及阅读新闻的日常习惯，可以采用新闻标题的撰写方法向受众提供最新事实。例如，介绍新产品、新技术等新鲜的事实消息，撰写大家普遍有兴趣知道的内容。

“独家揭露空气净化器的秘密”

“赛车是如何开进厨房的？”

② 建议式标题。在标题中用建议的口吻向消费者交代清楚建议的理由，可以使用劝勉、叮咛、希望的口气撰写标题，以便帮助读者迅速做出购买决定。在写这类标题时，要尽量谨慎，避免引起受众的反感情绪。

“晚餐应该这样吃”

“千万不要这样使用手机！”

③ 颂扬式标题。颂扬式标题是用正面的方法，使用炫耀的语句来赞誉商品的优点。自信的标题容易使人产生良好的印象，但标题必须以事实为依据，用词切忌夸大不实。

“养宠物的人简直帅！呆！萌！”

④ 提问式标题。提问式标题是指通过提出问题来引起受众的关注，从而促使消费者产生阅读兴趣，并让读者通过思考问题产生共鸣。

“月薪3000与月薪30000的人，到底差别在哪里？”

“人的一生有三分之二的时间是在床上度过的，为什么不选择一个好的床垫呢？”

⑤ 悬念式标题。悬念式标题就是利用人们的好奇心，在标题中设下悬念，这样能轻松抓住消费者的注意力，使其产生惊奇感，激发其阅读的兴趣。通常来说，不合常理的题目往往都能吸引读者的关注。有时候，悬念式标题会和提问式标题联合使用，用设置问题的方法营造悬念。此外，妙用“……”也可以吸引读者点击阅读。

“机器人战胜人类时间表发布，看看你被取代的时间是哪年？”

“家里最脏的地方原来是这里！”

“原来水果这样吃才能……”

⑥ 比较式标题。比较式标题是指将产品与同类产品或服务进行对比，突出产品的独特之处，加深消费者对产品的了解和认识。

“6大热销睡眠面膜大比拼”

“欧洲留学与北美洲留学，哪一个更适合你？”

（2）标题的撰写

知名公众号“张先生说”的创始人张五毛先生曾提出过一个“扁担理论”，具体来说就是一个优秀的标题应该具备两个关键词和一个语言的钩子。具体的标题撰写方法包括以下几个方面。

① 简洁明了，突出重点。网络中的文章不计其数，好的文案标题要做到让消费者看到标题就能看出内容大概写的是什么，对自己是否有用处。具有这种阅读效果的文章才会得到读者的青睐。标题除了简单以外，还要有料，即标题中要有亮点，把消费者最感兴趣或者最关心的要点指出来。

可以激发读者的好奇心，可以利用幽默感或用吊胃口的方式，也可以用提出问题、有奖竞猜、承诺利益等方式来引导。例如，“如何快速阅读，学会这5条就够了！”“有意思的作文课，40分钟教会孩子写作文”“他把上海市中心240㎡小区老房，改成爆美别墅！”“【微信红包】恭喜发财，大吉大利！领取周末免费观影票吧！”

此外，也可以强调时间的稀缺，营造紧张感。例如，“冬季加厚羽绒服每天上午10:00限量抢购”“××品牌周年庆典，实名免费申请试用，数量有限”“母亲节当日登录网页，千元大奖等你拿”等。

需要指出的是，标题中能用数字的就不要用文字，如“10种快速提高文案标题吸睛力的技巧”就好于“十种快速提高文案标题吸睛力的技巧”；数字要尽量放在文字前面，如“10种快速提高文案标题吸睛力的技巧”就好于“快速提升文案标题吸睛力的10种技巧”。

② 抓住热点，迎合受众。抓住社会上的热门事件、热门新闻，以此为标题进行创作，是一种常用的标题撰写方法，通过大众对社会热点的关注，引导消费者对文案的关注，提高文案的点击率和转发率。在撰写文案的标题时，要抓住读者心里的想法，可以通过换位思考的方法来判断，想想自己平时阅读文章时喜欢看什么样的内容和标题，也可以通过问身边的朋友来判断，这样才能真正引导消费者来关注。例如，“你看过《寻梦环游记》了吗？”“一款叫王者荣耀的游戏，击败了90%的家长？”等。

此外，也可以通过为消费者提出建议的方式撰写标题。例如，某款儿童营养品的文案标题为“别让孩子输在起跑线上噢！”，某款食品的文案标题为“热着吃更美味”，某款治疗腿疼药品的文案标题是“请尽快帮爸妈摆脱腿疼的困扰”。

③ 避免进行简单的关键词堆砌，不要夸大其词，杜绝“标题党”。很多文案创作者在撰写标题时想要做到面面俱到，于是将许多关键词进行堆砌处理，其实这样的标题效果并不好，对阅读理解和搜索引擎都不利。而夸大其词的标题非常容易引起读者的反感，对品牌形象的塑造不利。标题党则是打着“创意”的外衣试图吸引受众的眼球，但标题与内容不符会引起曲解，甚至让消费者对品牌产生厌恶。

4.1.2 互联网文案的开头

人们常说“好的开始是成功的一半”，这句话应用于文案写作也十分合适。一篇成功的互联网文案首先就要从好的开头写起，文案开篇的质量高低，直接影响文案的档次。文案要在开头就给人以冲击力，“秒杀”消费者的注意力。文案的第一句和标题一样难写，既要有对标题的概念进行延伸，又要引起读者读下一句的渴望。

1. 开头的方式

常见的开头方式主要有以下几种。

（1）开门见山式

这种方法就是着笔点题，开篇直接提出观点，直奔主题。用开头几句话直接引出文案中的主要人物或点出故事，以揭示出主题。文案创作者要尽可能地把利益点放在文案开头，突出的利益点是对读者最具吸引力的，也是唯一的焦点。用这种方式开题，一定要快速、准确地切入中心，用简单朴实的语言将自己所要表达的内容呈现给读者，绝不能拖泥带水。下面这个案例就是典型的开门见山式。

“五月的第二个星期天是母亲节，这是充满祝福和温情的节日，今年的母亲节，你想送妈妈什么礼物呢？××体检中心建议你带妈妈来做个全身健康检查，让辛苦操劳的妈妈一定要保重身体，因为健康是一切的根本。”

（2）情境导入式

这种方法是指在文案的开头有目的地引入或营造文案目标所需要的氛围、情境，以激起读者的情感体验，调动读者的阅读兴趣。用这种方法撰写文案开头，对于渲染气氛、预热主题有直接的效果，可以很好地激发受众的情感。

例如，某产品关于春节年夜饭的文案开头是这样写的：

“伴随着瑞雪和烟花，一年一度的春节悄然来到，在这个中国人最重要的传统节日里，年夜饭自然是最重要的。在这一天，辛苦在外求学打工的游子都会放下手中的工作，赶回家中与父母、亲友一同分享一年中最温情，同时也是最重要的一顿晚宴。在这个时刻，给家人开一瓶××酒，不仅能简单直接地向长辈表达敬意，同时也是对于自己过去一年辛劳的最佳犒赏。”

这篇文案的开头就营造了春节亲友相聚的热闹气氛，比较容易激发受众的情感。因此，在撰写文案时要尽量给读者一个情境，让他们有一种身临其境的感觉，可以是引发联想、情境再现，也可以是场面描写，甚至还可以是对话的形式。总之，要让阅读者在脑海里有一种画面感，从而形成认同感和共鸣感。

（3）引用经典式

在文案的开篇可以通过引用合适的名人名言、谚语、诗词歌赋等经典内容，这样既能为文案的内容增强可读性，还能凸显文采，直抒主旨及感情。

例如，某篇互联网知识产品的文案开篇提到：“在《论求知》中，培根说道：‘人的天性犹如野生的花草，求知学习好比修剪移栽。’可见求知可以改变人的命运，在我们的一生中是相当重要的。”而某理财产品文案则引用了巴菲特的投资名言，“在别人贪婪时恐惧，在别人恐惧时贪婪”。

图4-2所示为某款护肤品的网店详情页文案，它就直接引用了本草纲目的内容，“珍珠涂面，令人润泽好颜色”。把名人名言拿过来直接使用，一方面可以向读者展示你的知识储备，另一方面可以增强文案的可信度。需要注意的是，引用必须可以证明你的文案观点，而且最好选择大家都公认且熟知的权威话语。

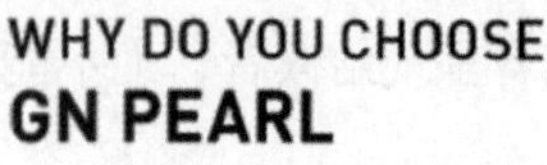

图4-2｜引用经典式文案开头

（4）修辞联想式

文案开头可以采用修辞的手法，如比喻、拟人、借代、夸张、排比、反问等修辞手法；也可以让读者在开头即时展开丰富的联想，进而产生继续往下阅读的渴望。例如，"青春时光稍纵即逝，就像手中的细沙，稍不留意，就已经从你的指尖流逝"。

（5）亲身体验式

站在客户角度写用户体验是常用的互联网文案撰写方法。现身说法的亲身体验式文案要在开头交代清楚试用的产品、服务、品牌，给读者呈现一种"我在使用这款产品"的现状，让阅读者深切感受到产品的功能、作用及效果。

例如，某款睫毛膏在美妆论坛中的文案如下："各位美女，我今天使用了这款××睫毛膏，你们看一直到现在是不是还很翘呢？也没有晕染哦！劣质睫毛膏就很容易把脸弄得黑黑的，看起来脏兮兮的……"总之，在文案的开头就营造出真实、可靠的氛围，这在视频直播等互联网文案中也较为常见。例如美妆达人、服装搭配专家、手工制作匠人等的互联网传播内容。

图4-3所示为"网红"李子柒的微博，她被称为"古风美食达人"，酿美酒、做花茶、弄花酱、做拉面，所有的食物都是她亲自手工制作，而恰恰是这种体验式的文案吸引了许多粉丝的注意。案例中"秋风起，每年这个时候我都会做些阿胶固元膏囤着过冬……"就是典型的体验式开头。

图4-3｜亲身体验式文案开头

2. 开头的撰写技巧

无论是哪一种形式的广告，买家的第一印象就取决于文案的第一句话，这是文案成败的关键。如果文案给人的第一印象是无聊，或者跟自己关联性不大，那么就不能吸引受众；如果文案在第一时间就可以给买家提供有用、最新、受众关心的信息，那么这份文案就有望吸引买家的注意力。撰写文案的开头可以采用以下技巧。

（1）技巧一：前呼后应，符合逻辑

开头提出的问题要有震撼力，语言精练，以便迅速吸引读者。注意，开头的撰写尽量做到前呼后应，内容要符合常识和逻辑。

（2）技巧二：善用故事，引出产品

文案的开头用故事引出想要推广的产品，用故事背后的产品线索让消费者接受文案所要传递的信息。

（3）技巧三：情感渲染，以情动人

通过情境导入，在开篇采用情感渲染的方式，润物细无声，悄然拨动读者的心弦，动之以情地感染受众。也可以用第一人称与读者对话或者独白，进行直接交流，这是一种能引人入胜的方法。

（4）技巧四：大胆创新，出奇制胜

可以尝试使用从不同的角度开篇，如制造悬念，营造矛盾环境或提出问题，引发读者好奇；也可以创造独一无二的语境，使读者成为先知群体；还可以利用社会热点，将其与产品或服务联系起来。

要知道，受众无时无刻都在被信息所轰炸，所以你的开篇应该简短而且易读，让人非注意不可。不要用很长的句子或者生僻字，要尽量使其朗朗上口，意犹未尽，这样才能让读者愿意主动读后面的内容。读者一旦开始阅读，就会顺畅地阅读下去。总之，开篇最难，所以要用心琢磨第一句话如何落笔。

4.1.3 互联网文案的正文

正文是互联网文案的核心卖点，是否能将预定的信息传递给用户、留住用户，并让用户记住你的品牌，就看正文是否具有足够的吸引力。

1. 正文写作的方式

文案的正文是说服用户的核心内容，其写作的常见方式有以下几种。

（1）新闻式

新闻式的正文是将文案正文以新闻的方式进行撰写，具体来说又包括新闻通稿、新闻报道和人物访谈等形式。在进行文案写作时，要尽量找到产品或服务的亮点及与新闻热点的关联点。也可以在文案中渗透人文和文化气息，如可以通过撰写企业的发展史、企业领袖的成功经验等。

图4-4所示为京东生鲜的特产扶贫项目的文案截图，文案用“知道吗？在广袤的中国大地上，大约还有4335万的贫困人口，扎根在土地里的农民，用勤劳的汗水和扎实的态度，培育出了这些食材，可是却苦于销售，囿于贫苦。京东生鲜致力于为减轻贫困提供多一份可能；让那些大山深处本来的味道，走向我们的餐桌”介绍了京东特产扶贫超级单品日活动。

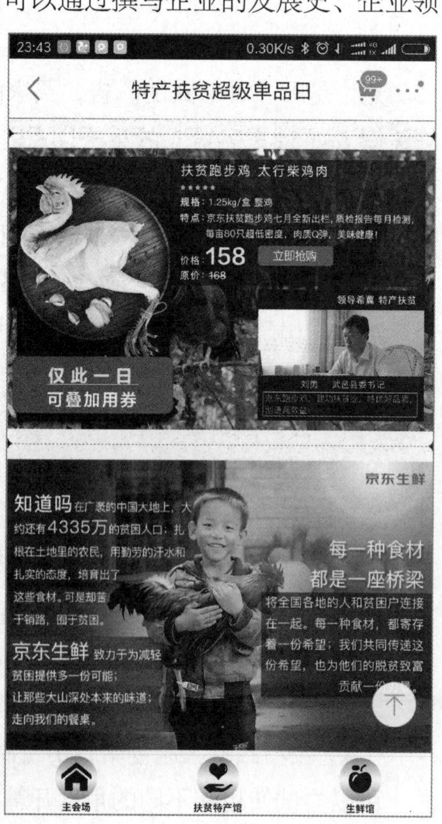

图4-4｜京东特产扶贫项目正文文案

（2）论证式

互联网文案重要的不是文采，而是思路。这就要求撰写者在撰写文案时有清晰的段落架构思路，通过思路阐述论证你的观点。

论证式又包括自上而下和自下而上的论述架构。我们分别来看两个案例。图4-5所示的文案就采用自上而下的论述架构，先提出观点，指出“睡眠质量影响人们的健康，好的床垫是优质睡眠的保障。严选携手顾家高端床垫生产商研究人体对舒适睡眠的需求条件……”，再依次介绍该产品的具体品质“13层助眠材质，AB面两种睡感”“957个独立筒装弹簧，睡眠不受干扰”，文案逐层推进，说明该产品符合好的床垫标准，能有效保障睡眠质量。

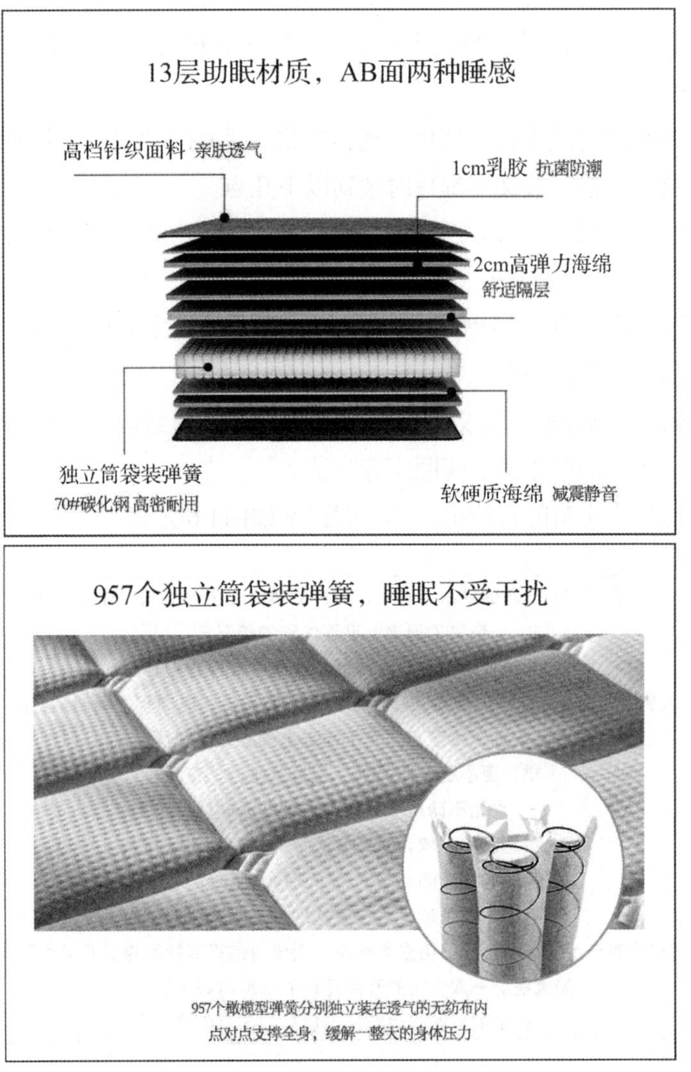

图4-5｜自上而下的论证式文案

而自下而上的论述架构则要先剖析观点或讲故事，最后提炼出文案核心。以某微信公众号的一篇标题为“年龄越大越不好嫁？女人懂得这一点，才会越活越值钱！”的文章为例。文中第一段写道：“前段时间，朋友圈流行一个言论——‘90后已步入中年危机’。我身边的朋友，不少20岁出头的女孩子，平时也常常戏谑地说自己老了，可真的是说说而已。如果在地铁、公交上，被“熊孩子”喊作阿姨的话，我们还是会毫不客气地教育他‘叫姐姐’。我自己也是，仗着脸依然水嫩，有满满的胶原蛋白，还可以肆无忌惮地装成大学生。但最近，这个观点有些改变。上个周末陪朋友参加亲子聚会，和孩子们接触的时间变多了。近看这些小孩子的时候，总是忍不住摸他们的脸，那触感太震惊了！小孩子的皮肤真的很好，白嫩细腻的，完全零毛孔。”之后逐渐转入介绍某款护肤品，详细阐明了该护肤品的独特卖点及功效，这才是该文案的核心内容。

（3）描写式

在文案写作中，描写式也经常使用。通常来说，地点、景物、人物活动，三者综合构成了文案的情境场面。描写式文案撰写时做到以下几点。

① 有点有面，点面结合。既要描写出情境场面总的轮廓，又要写出具体的人物或产品效果。

② 突出重点，写出气氛。分清主次，详细描写产品的主要性能和特征，善于把握特定场景，略写其他辅助相关信息。

③ 层次清晰，逻辑合理。在文案撰写时可以采取总分结构、总分总结构、平行结构等写法，也可以采用时间顺序、空间顺序等写法。

例如，某款在淘宝出售的百褶裙，其文案正文如图4-6所示。

自带文艺气质的针织半身裙，纯粹的色泽和仿百褶式的线条，
带来了视觉上平整优雅的美感。
松紧腰设计，少了些束缚感，冬天才能穿得更自由。
A字版型有着深厚的显瘦功力，“贴秋膘”时长出的肉肉都能安心藏起。
裙身竖条针织纹理，饱满了视觉上的立体感和层次感。
裙长至小腿，照顾到了大多数姑娘的身高，
也能不动声色地修饰各种腿型问题。
针织手感细腻温软，面料垂顺，能很好地衬起裙型。
灰色在冬天的凌晨时分下了一场安静的雪，
而黑色就是洒下雪花的墨色穹宇。
宽松毛衣与半身裙的搭配很抬温柔气质，而修身的打底衫则更多几分优雅。
如果搭配一双复古的及踝短靴的话就再好不过了，
行走的步履间也能踩出悠扬的冬日小调。

图4-6｜描写式文案正文

2. 正文写作的要求

在撰写文案的正文时，应把握市场热点，抓住消费者对产品最关注的点，找到消费者最易于接受的传播方式。如果不能迎合消费者的阅读喜好，即使妙笔生花，也不会有理想的市场传播效果。

（1）服务主题，凸显核心

正文写作要语言简洁，主题突出。正文应该为文案主题服务，不能东拉西扯，偏离主

题，从而影响文案的传播效果。撰写者要善于在文案中体现自己的核心思想。

一般来说，一篇文案要着重围绕一个观点来写，或者说着重写一个核心卖点。不要一下抛出好几个观点，这样会让读者感觉不知所云。

（2）润物无声，力求新颖

写作时应站在读者的角度发表对产品、事件的见解及考虑的问题，不要把自己的观点强加给读者，应巧妙而不露声色地把信息传达给对方，使其接受。

在正文中要突出特点，以情感人，描写要精致，详略得当；要有符合品牌调性的语言风格，根据感情基调烘托出和谐的氛围；要让读者产生一种新鲜感，用新的思路给受众一种豁然开朗的感觉。文章的态度一定要鲜明，让读者可以在最短的时间内找到文案表达的重点；要力求新颖，可以采用列举数据、举例证明、利用对比、重复观点等多种新颖的创意方法来提高读者的阅读兴趣。

总体来说，文案创作者要有非常扎实的文字功底、综合的文化素养、丰富的想象力，并且具备熟练驾驭文字的能力。在此基础上，要能深刻理解品牌的特性、产品的核心竞争力及相关市场背景等。只有掌握了这些知识和能力，才能将自己的智慧融入产品文案，撰写出优秀的互联网文案。

最后，在撰写正文时应避免使用术语，多运用短句。注意使用具体、形象、诉诸视觉的词汇，这些词汇能够赋予读者一种真实感，让他们了解享受产品或服务所能带来的好处。

4.1.4 互联网文案的结尾

人们常说“猜中了开头，猜不中结尾”，结尾在互联网文案中也比较重要，直接关系到文案的转化率。有的人看完文章会感慨“写得真棒！有才！”并点赞；有的人会对自己的阅读感受进行评论；有的人看完会心一笑，感慨“原来是篇广告”，转发到朋友圈也逗逗他们；有的人会被文案介绍的产品吸引，直接打开购买链接……这就是文案创作者所期待的用户行为。

1. 结尾写作的方法

结尾的写作方法是多种多样的，常见的方法有以下几类。

（1）水到渠成法

这种收尾方式也被称为顺其自然式收尾，内容撰写完之后，顺势不露痕迹地推出自己想要宣传的产品或服务，自然而然地结束全文，符合读者的阅读感受。而且结尾与开头相呼应，文案的开头提出观点，中间正文部分不断论证描写，结尾回到开头，使得文章形成一个完美的闭环，浑然一体。

（2）直抒胸臆法

这种方法是采用抒情的方式进行收尾，就是要把自己想要说的话直接说出来，表达感慨，激起读者情感的波动，从而引起共鸣。切记：既然是直抒胸臆，就不要遮遮掩掩，欲语还休，一定要干脆利落。这种结尾方式也较为常见，可以用于写人、记事、描述产品、论证事实等多种文案写作中，如“说到底，女人一定要学会关心自己啊！”

（3）总结归纳法

这种结尾的写法是特指那些没有在开篇提出明确观点的文案，往往通过正文逐步的实例阐述，最后在结尾处点明文案的观点，起到画龙点睛的作用。这种方法可以提炼观点、增强说服力，也能给读者留下深刻的印象。

（4）设置悬念法

在结尾之处设置悬念，引发读者的联想，就像“开放式结尾”的影视作品一样，一方面可以使主题得到留白和升华，另一方面让读者的想象力自由驰骋，既有意味悠长之感，又能引发读者之间的讨论，形成二次或多次传播，扩大传播影响力。

给读者留下自由驰骋、纵横想象的世界，读者就可以自行补白、续写来揣测心思，这样的思维阅读会有意想不到的收获和非同寻常的深刻体验。

（5）号召建议法

这种方式是指通过前文的论述，在结尾处向人们发起号召或提出合理建议。公益性宣传文案多采用这类号召式结尾。例如，“为了我们地球的未来更美好，我们的包装采用了无污染可再生的环保袋，希望大家支持，共同创建绿色家园！”

需要指出的是，无论选择哪种结尾方法，都要从文案整体的谋篇布局来把控，只要结尾能与开头、正文部分做到浑然一体，就是一个好的结尾。

2. 结尾写作的技巧

文案切忌有头无尾，在文案的最后部分应精心地为文章续上合理的结尾。常见的结尾有：

点击“阅读原文”，即刻下单。

后台回复“防晒霜”，获取店铺链接。

你有什么建议，欢迎在评论区留言，我们一起讨论。

长按文末二维码，关注并了解详情。

除了这种模板式的结尾方式外，还可以采用以下方式。

（1）场景设计式结尾

在结尾设计场景，更容易打动消费者。注意选取合适的场景，如育儿的文案，可以描述妈妈和宝宝在一起的场景；美妆的文案可以描述女生化妆后漂亮约会的场景；办公用品的文案可以描述白领职场的场景等。

（2）提问设计式结尾

这种结尾方式是通过问句促使读者思考，这也方便撰写者在文末发起互动，提升读者的参与感，如“你也有这样的经历吗？来和我们聊一聊吧”。

（3）感叹设计式结尾

感叹设计就是要提炼出文章的核心思想，并发表感慨以引起读者共鸣，如“做你没有做过的事，人生才能成长”“没有人可以定义你的成功”“加薪一定要趁早”。

（4）转折设计式结尾

转折设计会给读者带来出乎意料的强烈反差感，能让读者读起来有趣，愿意进行二次传播。需要注意的是，这种方式不宜经常使用，因为它容易引起人们的反感，偶尔为之即可。例如：

两个人分手后多年，在一个城市不期而遇。

男：“你好吗？”

女：“好。”

男：“他好吗？”

女：“好。”

女：“你好吗？”

男回答：“好。”

女再问：“她好吗？”

男：“她刚才告诉我她很好。”

一阵沉默后……

女：“你听说过安利吗？”

4.2 互联网文案的形式设计

内容为王，形式为后。文案的世界里，内容与形式始终彼此纠缠，互相服务。我们常说“人靠衣装”，那么，形式设计就是文案的外衣，会给读者带来深刻的第一印象。

广告平面设计的视觉要素构成如表4-1所示。

表4-1 广告平面设计的视觉要素构成

图形表现	黑白画、绘画、喷绘、摄影作品、卡通漫画、手绘等
文案表现	标题、正文、标语、随文
色彩表现	色彩组合、色彩对比、色彩定位

无论是利用文字直接说明，还是运用视觉设计体现，都是为了传达文案创意。所以，

文字和构图都是文案表现的形式。文案创意只有通过文字、图形、视觉形象、色彩及各种符号共同表现最终的形象，才能构成完整的作品。下面从互联网文案的图文搭配和排版设计两方面介绍互联网文案的形式设计。

4.2.1 互联网文案的图文搭配

一位著名的广告文案大师曾说：“熟练地运用文字和构图，能使创意的传达更具效果。任何一项也不容忽视，能正确地组合这两者的，便是优秀的撰文人员。”关于互联网文案的图文搭配，下面从品牌识别、配图风格和图文比例三个方面进行说明。

1. 品牌识别

品牌识别（Brand Identity，BI）对品牌的树立非常重要，也是企业着力打造并维持的内容。品牌识别能引起消费者对品牌美好形象的联想，消费者看到品牌标识，就能想到企业的某种承诺。品牌识别对品牌创建和传播的整个过程都有指导作用，因此被赋予了一定的深度和广度。

品牌标识是品牌识别的一个重要表现形式，但并不是唯一的表现形式。标识是为了让消费者在众多的商品中快速识别品牌。一般而言，品牌形象捆绑着人的视觉记忆，因此品牌形象设计往往要符合行业特性，让人一看就知道这个品牌是属于哪个行业的。运用已知符号，就是为了能够更好地传达卖点，让受众更好地记忆。同时，品牌标识要尽量简化，不能增加受众的记忆负担，否则会增加传播的难度。在互联网文案的设计中，应该在显著位置标注出醒目的品牌标识，以利于品牌的传播。

2. 配图风格

人们总是喜欢看到一些美好的事物，因此，精美的配图能带来更好的关注量和阅读量。以微信公众号为例，文案中的配图包括文章封面配图和文章正文配图两种，文章封面配图的好坏影响文章的打开率，而正文配图的好坏影响文章的转发量。此外，应尽量使用低分辨率的配图，便于图文的加载。

文案工作者在创作文案时，要采用生动活泼、新颖独特的语言，同时选择合适的图片来搭配。一篇成功的文案离不开精美图片的配合。结合时事新闻图片、网络热图、搞笑动图等，将文案内容和图片合理地分布在一篇文案中，有时会产生不错的效果。

文案内的图片特征包括以下几个方面。

（1）真实性

文案内的图片要真实，也就是说图片事实不能编造，图片说明要简洁明了。

（2）创新性

让图片活泼起来，要具备感人、耐看等视觉形象，画面要有强烈的视觉冲击力；也可以借助工具软件，增强图片的表现力和感染力。

（3）形象性

形象性是指图片既要具有视觉冲击力，又要有真情实感的流露。

要根据文案的内容来选择合适的配图风格。如果文案的内容偏“感性”，那么配图内容就要尽量风趣幽默，可以选择漫画故事、手绘故事等风格；如果文案的内容偏“理性”，那么在选择文案配图时要尽可能选择实物拍摄图。

如果要进行产品展示，为了展示产品的实用性，建议在图片里放上人，以增加视觉上的吸引力；也可以把试用产品的照片与其他物品一起放进同一张照片，让读者通过对比对产品的大小有具体的概念。要放置一个大家熟悉的物品，如一枚硬币、一部iPhone手机、一本杂志等。

此外，还可以放产品实际安装及使用的效果图、产品的规格图、产品的加工成分表、产品的制造过程图、整箱包装代运图、产品测试图、明星代言图、产品拆解图等。

3. 图文比例

研究表明：一篇带有图片和文字的文章，图片和文字能引起人们注意的百分比分别是65%和35%。图片可以快速吸引买家的注意力。在文案创作中，撰写者可以边思考配图边确定合适的文案。要充分考虑视觉的细节，并且要符合互联网阅读设备的特点，避免出现文字格式错乱、没有配图、没有空行及不分段的文案形式设计，否则会影响文案阅读的效果。

例如，家庭主妇总是在寻求新的烹饪方法以愉悦家人，那么关于食材产品的文案内容，就可以在文字部分提供一些菜谱或食用方法，注意不要把烹调方法直接写在正文里，要把它独立出来，引人注目，也可以在主要插图上写上烹调方法，突出包装，但不要遮挡。最好放一些能引起读者食欲的照片。

文字和构图的比例必须遵循一定的规则，通常来说，插图面积越大越能吸引人的注意。此外，受到互联网读图时代的阅读习惯的影响，不少互联网文案的配图越来越多，文字比例逐渐减少，图文比例也要根据品牌的特色及文案内容进行调整。

4.2.2 互联网文案的排版设计

排版时必须把设计元素和文案结合起来，好的版式设计可以使文案锦上添花。

1. 排版风格

排版格式相当重要，我们要保证文案排版格式的正确性，以提高用户的阅读速度，不让用户产生审美疲劳。很多用户都喜欢段落分明而且标题简单易懂的文章，好的排版可以让用户一目了然，提升阅读体验。

好的排版需要掌握以下几点：段落与段落之间对齐，行与行之间有一定的距离，每一个小段都有一个小标题，整体背景颜色和字体颜色要搭配和谐。

排版比较整齐，就会增加阅读者自发阅读和传阅的可能性。文案的排版要追求简约、简洁，尽量选择与文章内容相近的图片，同时也要注意图片内容、色调冷暖的一致性等。正文图片一定要与封面图片相呼应。设计文案草图是一个不错的方法，文案创作者亲自绘制的草图，有利于与客户及图片设计师进行沟通。同样，在技术可操作范围内，也可以根据产品的性能有针对性地设计配套的排版。

考虑排版设计中的字体大小以及风格，最优先的原则就是可读性。由于手机屏幕显示字数的空间有限，可以不像传统排版一样“首行缩进”，即不用空两格。段与段之间可以空一行，利于读者的阅读。此外，考虑到读者打开图片的速度，图片也要选择合适的尺寸，保证满屏宽度从视觉美感上不受影响。文案中的图片设计并不复杂，一般由产品照片、背景和文字组成。

模式化的排版风格不容易出彩，只有融入创意的设计才能脱颖而出。排版中最重要的元素包括产品照片和文案。除了传统的页面设计外，人们有时候会采用斜向页面设计，这种排版是指对版面主体形象或多幅画像做倾斜排版，从而造成版面强烈的动感，起到吸引人注意的效果。

排版只是安排文字的框架，虽然文案本身可以独立存在，不需要依赖视觉设计，但很多时候，有趣的设计可以辅助文案内容。图4-7所示为某款汽车曾经在报纸上投放的广告文案，它利用文案的排版，在报纸版面上制造了开路效果，凸显了汽车的特性。

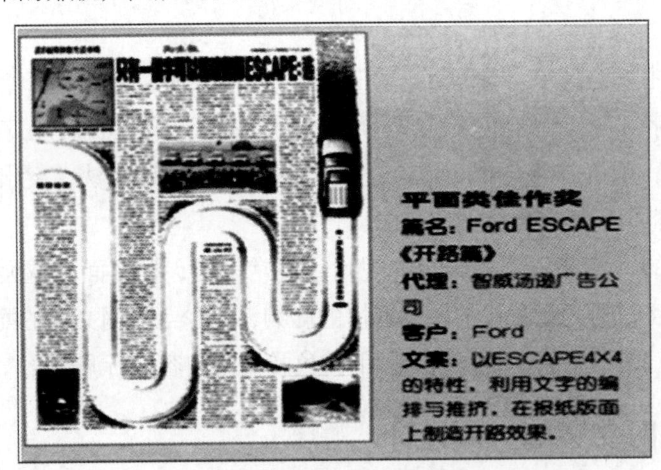

图4-7｜文案排版设计案例

在进行文案排版时，可以通过下划线、加粗字体、斜体等方式，帮助读者注意到关键的核心信息，常用下划线、粗体字、斜体字、手写体、大写字体、彩色文字、对话框、加框文字、箭头标注等。

2. 视觉设计

文案的排版设计必须吸引用户的目光，并强化易读性。无论是哪一种设计语言，在视觉设计中都应该把握秩序和整体的均衡制约，与文案中的文字相辅相成。“秩序”代表着

“美”，“整体”代表着“宗”。只有平衡多元素的设计，归于秩序与整体之中，才能巧妙地传达出设计的主题和意旨，达到不言自明的境界。

文案版面要简洁清爽，使人容易浏览；版面的设计要符合读者的阅读顺序，要带领读者的目光从标题开始一步一步读下去。根据心理学家哥斯达的研究，人们在注意版面的时候，上部比下部注目价值高，左侧比右侧注目价值高，因此版面的左上侧版块位置最引人注目，被称为最佳视域。因此，在文案版面设计时，可以将最关键的文案信息放置在最佳视域进行推广宣传。

文案创作者需要考虑到广告的视觉设计元素并了解这些设计如何影响文案的阅读。例如，选择怎样的字体更符合文案的风格？行间距设置为多大既不影响整体视觉美感又不影响受众的传播阅读效果？副标题的设计是否会使文案被切割成零碎片段？是否要使用大号字体来凸显打折优惠？要不要选择几张小图来解释说明产品使用流程？要不要附上一张有趣的配图来阐述产品的核心卖点？

在考虑文案的视觉设计时，可以选择合适的编辑器。通常来说，标题要用粗体大字，副标题要有助于带领读者进入文案内文，文案内文放在标题与副标题的下方，正文要用清晰易读的字体。

行间距不同会造成读者在阅读上的困惑，也会造成整篇文案的不和谐。我们要留意各段落的行间距，一定要将行间距调整到适当的数值之间，保证各段落的文字行间距一致。段落间留白可以增加易懂性，短段落比长段落易读，文案的第一段要尽量缩短，尽量不要超过三行字。简单的视觉设计最好，尽量使用单一的视觉中心，包含太多的元素会让读者头晕。版面也要尽量简单，只要放进标题、大图、正文、公司标识就可以了。其他额外的元素如副标题、边栏、小图等，添加得太多会导致版面过于拥挤，让读者打退堂鼓。此外，留白会使文案清晰，增强读者阅读的兴趣。

以微信公众号的字体为例，文章正文的字号最好在14～18号，16px最为合适。如果文章篇幅较长，字体可以稍大一些。比较偏“文艺范儿”的文章，字体可以适当小点，这样会显得文章更精致。文章标题字数要尽量控制在13个字以内，以免遮挡封面图，而且过长的标题也会加大读者对标题的理解难度。图4-8所示为某品牌的官方微信公众号的视觉设计截图。

图4-8 | 互联网文案排版的视觉设计

3. 色彩搭配

文案的视觉设计可以起到强调文字部分的作用，除了利用形状外，还可以利用色彩。色彩是创造设计的生命之源，直观感最强。色彩也会给人留下心理印象，色彩的心灵感应就是色彩心理学，这是人与色彩之间的一种互动过程。这种浅层的知觉是人对生活的记忆与视觉经验积累的结果，并带有相对性。

色彩传达的具体内容如表4-2所示。

表4-2 色彩传达的具体内容

色彩组合	新鲜、明快、和谐
色彩对比	冷暖、明暗、纯度、面积
色彩定位	不同的颜色都有不止一个象征意义

纯色是配色方案的首选，能给读者带来一种独特的感受。纯粹的亮色可以与或明或暗的背景形成鲜明的对比，达到一种极富冲击力的视觉效果。同类色搭配会缺乏层次感，可以利用一种基本色搭配其他两三种对比度强烈的色彩。

在文案的视觉设计中，色彩能够给人们提供情感上的释放渠道，这一过程就被称为情感联想，这是一种深刻、成熟且相对稳定的高级心理体验。设计成功的关键在于怎样有目的地引导受众达到这个层次。

4.2.3 文案的形式设计案例赏析

文案的形式设计有许多非常优秀的案例。图4-9所示为一则经典的公益广告，该文案只有三个汉字和一个十字架，通过文案的形式设计表现出要传达的公益信息——保护森林资源。这篇广告平面作品给人留下深刻的印象，字的笔画越来越少，最后变成了象征死亡的十字架符号，暗示人类滥砍滥伐森林，终将自取灭亡的含义。

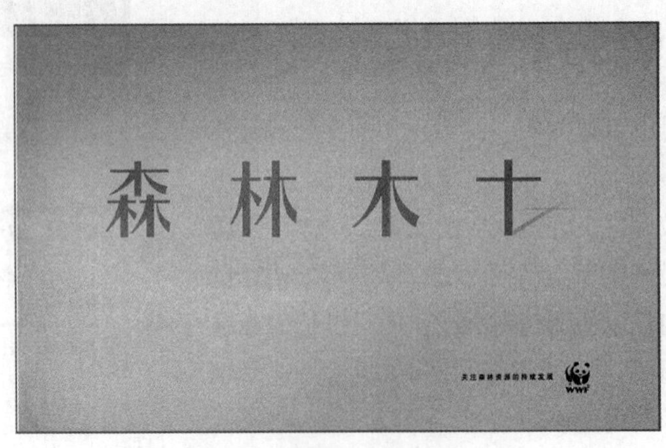

图4-9 | 文案形式设计优秀案例

课后练习题

1. 简述互联网文案的内容结构。

2. 请结合本章所学知识，收集整理出不同类型的文案标题并进行分析。

3. 互联网文案的正文写作方式有哪些？请结合案例进行说明。

4. 现有一款清洁护理液，该产品可用于眼部的清洁护理，具有抑制金黄色葡萄球菌等多种病原菌的特性。这款产品使用方便，干净卫生，不易感染，主要消费群体为学生和年轻白领。请结合本章内容，撰写一篇互联网文案，并具体指出文案的标题、开头、正文和结尾的撰写思路。

5. 请阐述互联网文案的配图特征。

6. 任选某品牌，对它近一年来的互联网文案进行分析，指出它的文案形式设计特征。

第5章 产品文案写作

【学习目标】

- 理解产品核心卖点的基础知识。
- 掌握提炼产品核心卖点的方法。
- 学会产品详情页的文案写作。
- 学会产品评价及咨询回复文案的写作。
- 学会产品包装文案的写作。

归根结底，文案的目的是要把产品卖出去，文案创作者实质上是间接的产品销售员。与艺术作品不同，写文案不是为了秀才华，而是要让它有实际效果。只有分析提炼产品的核心卖点，才能撰写出优秀的产品文案。本章在此基础上，依次介绍产品详情页文案、产品评价及咨询回复文案、产品包装文案的写作要点及相关案例。

作为进入市场的产品，它必须具备一定的价值。文案写作者在为某一款产品进行电商文案写作时，必须清楚地知道这款产品的独特卖点，知道这款产品可以满足消费者的哪些需求，在质量、功能和款式上有哪些特点。要尽量假设自己是消费者，推测消费者会对哪些功能感兴趣，希望在电商文案中获取哪些产品信息。对产品的理解与把握有利于文案创作者写出专业性和针对性较强的广告文案。通过对产品专业性的介绍，文案往往能激起用户的购买欲望。

大卫·奥格威曾说："广告的内容比表现内容的方法更重要。真正决定消费者购买行为的是你的广告内容，而不是它的形式。因此，最重要的工作是决定你怎样说明产品，你承诺些什么好处。"产品是第一位的，在互联网及移动互联网时代依然如此。互联网的产品文案要把产品的优势充分体现出来，并引起消费者的购买欲望。

5.1 产品核心卖点的提炼

广告学中有一个知名的USP（Unique Selling Proposition）理论，要求广告创作应向消费者表现出产品"独特的销售主张"，它包括三个方面，如图5-1所示。

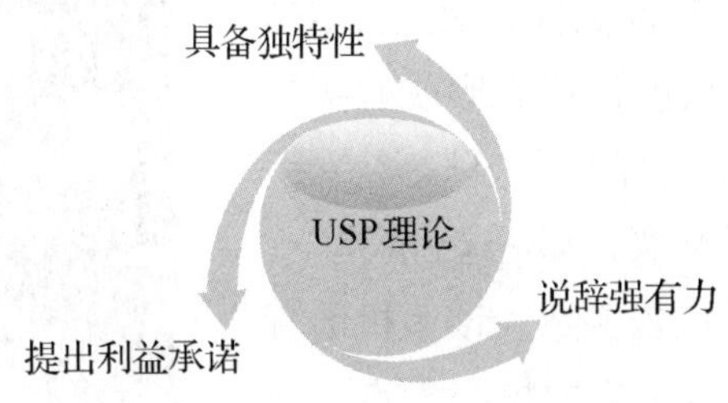

图5-1｜USP理论的内容

1. 提出利益承诺

每个广告不仅要呈现文字或图像，还要给予消费者利益承诺，即购买本产品将得到的明确利益。

2. 具备独特性

这一独特性一定是该品牌独具的，是竞争品牌不能提出或不曾提出的。

3. 说辞强有力

这一承诺必须具有足够力量吸引、感动广大消费者，招徕新顾客。例如，某婴儿纸尿裤在其电商广告中介绍产品的特点，详细描述了产品的原料材质、制造工艺、专项设计等。这些专业性的文案介绍，让消费者更加深入地了解产品，并得到"保持小屁屁干爽，细菌无处滋生"的明确利益承诺，进而促成购买。

在撰写产品文案前，一定要先做好市场调查，了解产品在市场中的消费者层级，确定该消费者群体的关注点、对产品的认知度等。在调研的基础上，认真找准产品的定位。了解产品的相关信息，文案创作者才能撰写出符合消费者群体趣味的优秀文案。例如，我们要写一篇关于鞋子的文案，就必须了解、调研各种鞋子的市场及文化信息，材质的特点及制鞋的工艺等。

在产品的文案策划和画面表达上有两个要求：一要直接，讲大白话，让用户一听就明白；二要切中要害，可感知，能打动用户。

例如，《参与感：小米口碑营销内部手册》一书中所提到的，在小米手机2发布之后，他们需要输出一张给框架广告的海报。2代手机的核心卖点是性能翻倍，全球首款四核，所以在海报表达上倾向突出高性能的特性，“快”是核心关键词。文案有“唯快不破”“性能怪兽”等十几个方案，但最后公司选择了“小米手机就是快”这一主题，主要就是因为该文案够直接，够大白话。广告的信息输出是需要编码的，到消费者那里需要解码，而中间会有干扰和耗损，所以最有效的是编码简单，解码直接。

5.1.1 围绕产品特征提炼核心卖点

围绕产品特征提炼核心卖点，就是要在文案中展示产品的核心概念，突出产品的核心卖点，培养用户对产品更高、更深的认识，从而形成购买需求，进而更加信赖你的品牌。有人排长队等待新手机发售，忠实粉丝不惜高价购买，都是这个原因。

图5-2所示为美图手机广告文案。该手机前置双像素双摄像头，拍照好看是它的核心卖点。围绕手机功能“首次采用前置双摄像头，拥有双像素黑科技，夜间自拍能力强”这一核心概念进行论述，文案写道：“带来艺术感的虚化效果，让你的每张自拍都犹如电影画面。”

图5-2｜围绕产品特征提炼核心卖点的文案

围绕产品特征提炼核心卖点时，可以通过强调商品的细节、强调商品的特色、强调卓越的商品品质、强调显著的商品功效和强调优越的性价比等方式。

1. 强调商品的细节

图5-3所示为凡客诚品推出的吉国武衬衫的互联网文案，它通过对衬衫的细节描述，突出该商品做工细致的核心卖点。

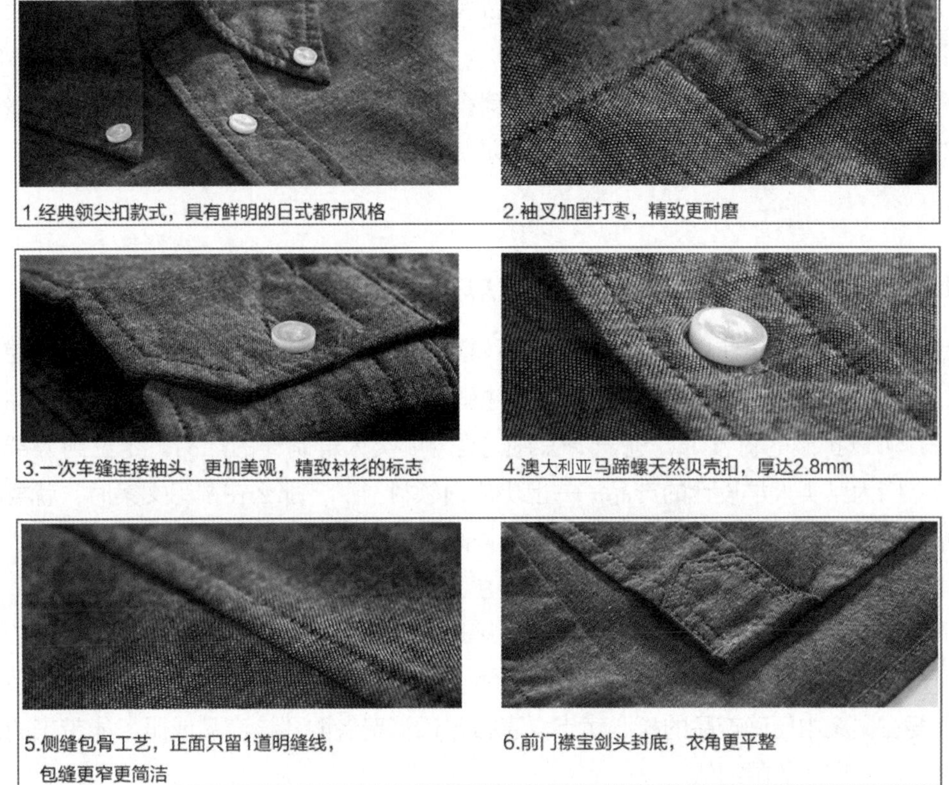

图5-3｜强调商品细节的文案

2. 强调商品的特色

网店与实体店不同，不受环境、地点、时间及顾客等因素的影响。它可以向网络中的任何顾客展示自己的商品，具有广泛的客户群体。文案创作者在向顾客展示商品时应着重展示商品的特色，明确向顾客表示商品的特殊功效，体现商品在同类商品中的优势，与其他产品加以区别。

3. 强调卓越的商品品质

商品品质是消费者决定是否选购商品的最主要因素之一。只有在保证商品品质的前提下，消费者才能对商品更有信心。

4. 强调显著的商品功效

不同的商品拥有不同的功效，消费者购买商品实际上就是在购买商品背后所具有的产品功效和性能。例如，购买空调是为了调节室内温度，购买冰箱是为了保持食物的新鲜，购买汽车是为了代步……如果商品的功能恰好能满足消费者的需求，甚至超出了消费者的预期，就会给他们留下良好的印象，从而得到消费者的认可。

5. 强调优越的性价比

性价比就是商品的性能价格比。消费者都希望购买到物美价廉的商品，商品的性价比越高，消费者就越愿意购买。因此，不少品牌在文案创作时，就直接在性价比上大做文章，以凸显产品的性价比高。

例如，小米移动电源的产品文案“小米移动电源，10400毫安时，69元”就直接将该商品的主要卖点定为10400毫安时，69元。通过优越的性价比，让消费者自行比较产品的核心卖点。

5.1.2 围绕产品利益提炼核心卖点

有时候，与其描述使用产品的好处，不如直接告诉消费者，你在什么情况下会使用这个产品。例如，为一款抗皱能力很强的衬衫撰写一篇文案，撰写者选择描述这款产品的属性——“可以抗皱的衬衫”，进一步想到这是为哪类人群制作的产品。定位到人群“这是一款专门为某类人群设计的产品——上班族白领衬衫”，那么在撰写文案时，就要将产品还原到使用场景中，这是一款“不怕挤地铁的衬衫”。

同类的文案还有“在路上一键听音乐”“开车时可以自动接听电话的蓝牙耳机”等。在互联网电商平台上，消费者固然能够与品牌厂家直接沟通交流，可是产品就只能依靠图片和厂家提供的有限信息，随着实物与消费者心中所想出现差距，现实中会出现一系列的问题。要在文案中明确产品的核心卖点，直接告诉消费者购买该商品或服务能带来的好处是什么，创造产品的附加值。

图5-4所示为某款空调的互联网文案，通过“30s酷冷：就喝了杯水，房间就凉爽了！1min暖房：看完一篇文章，房间就暖和了！”强调了该产品能够极速调温的功能。

图5-4｜围绕产品利益提炼核心卖点的文案

文案还赋予了产品一种信念和价值观。消费者购买该商品时一般认可其提倡的价值观和理念，如Rose Only的文案：

一生只爱一个人的玫瑰花

为了不让曾有的“一生只爱一个人”的信念消亡，2013年1月4日，Rose Only璀璨绽放。这一品牌的内涵，源于创业者对爱情本质的寻往，源于他们对初心的自我回归。Rose Only，为爱而生，繁华溃散；浮华之下，倾城绽放；经年静逝，恒如初见。Rose Only为您献上一生只送一人的矜贵玫瑰。因为我们深信，一流的爱，弥久醇香。信者得爱，爱是唯一。绝世独立的你，揽怀这束玫瑰，意味着我今生只爱你一个人。

Trust Rose Only，trust love。

Rose Only玫瑰花是需要购买人用真实姓名、邮箱、手机注册的，只能输入一个爱人的名字，这意味着，一个男人，一生，只能送给一个女人玫瑰花。

这抓住了人们内心最渴望的对爱情的承诺，消费者通过该产品输送的价值观获得相应的情感认同利益。

其实，当消费者上网时，突然发现一篇介绍怎样挑选某类产品、分析产品的使用方法和功能等内容的经验技术帖，一定会潜移默化地接受软文中传达的内容。商品在满足消费者本身需求的情况下还具有某些特殊的商品属性。例如，大疆精灵航拍飞行器文案标题为“会飞的照相机”，用一种简明易懂的方式直接点明产品的卖点。

5.1.3 围绕产品服务提炼核心卖点

售后服务就是在商品出售后商家所提供的各种服务活动。随着人们消费观念的不断成熟，消费者也将售后服务作为判断商品是否值得购买的重要参考条件之一。售后服务完善的商品更能吸引消费者购买，甚至会直接影响消费者的购买行为。其实售后服务也是促销手段的一种，商家采取各种形式上的配合步骤，通过售后服务能提高商品的用户体验，提高企业的信誉。当商品具备了一定的市场占有率后，我们就可以很好地推动商品的销售，提高企业收益。

常见的售后服务包括包邮、七天无理由退换货、提供消费者使用时的技术指导、为消费者提供安装调试产品的服务、保证产品零部件的更换及维修、保修期内负责维修、提供定期的维护和保养服务、为消费者提供回访服务、处理消费者的意见和咨询等。

图5-5所示为某水果网店的产品详情页介绍，店主通过介绍不同水果的挑选技巧、营养成分、保存方法等，一方面凸显了店家的专业性，另一方面服务了顾客，有效实现了消费者的二次购买转化。

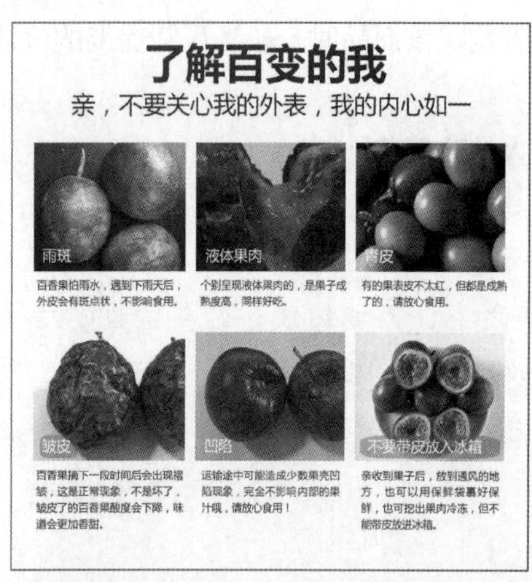

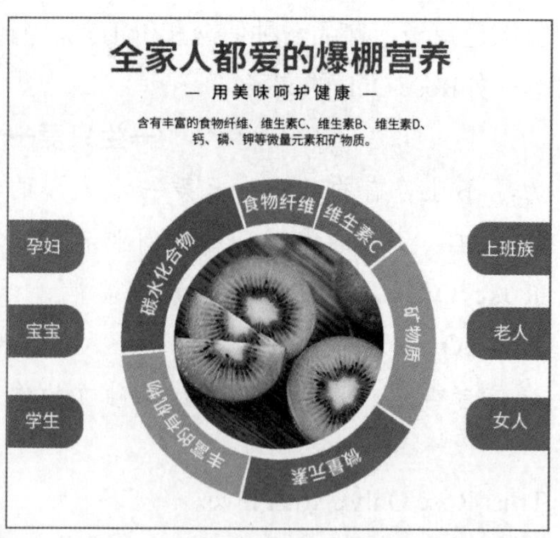

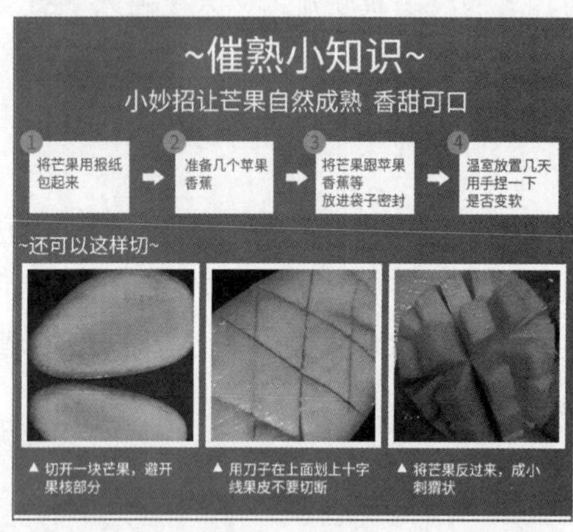

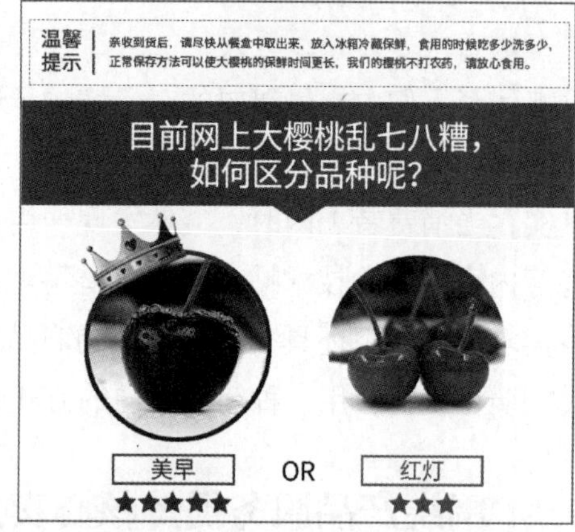

图5-5｜围绕产品服务提炼核心卖点的文案

再如，三只松鼠网店里的小贴士写道：“和松鼠做个约定吧，为了更美丽，主人要记得每天吃8颗来自新疆的爱的葡萄干哟！”该文案通过提醒消费者每日的饮食习惯，凸显品牌的特色。

 5.2　产品详情页文案的写作

产品详情页文案是产品最详尽的介绍内容，一般可以划分为普通型产品详情页、解决痛点型产品详情页和故事型产品详情页三种类型。

5.2.1　产品详情页文案的作用

互联网中的产品详情页文案往往涵盖大量信息，非常考验文案创作者的组织能力。产品详情页文案的内容可以协助消费者在网络上购买，让交易尽可能轻松简便。

产品详情页是互联网电子商务文案中的重要组成部分，它主要用于对产品信息的表述，达到激发消费者购买欲望的目的。产品详情页展示的是商品的详细情况，主要是通过文字、图片等元素全面地展示产品的功能、特性，以及销售、物流、售后等方面的信息，从而增加消费者对产品的兴趣，激发其潜在的需求，引导其下单。

总之，产品详情页的作用包括以下四个方面：增加用户对产品的了解，方便读者了解产品的功效，取得消费者信任和好感，引导消费者下单购买。

产品详情页的内容非常丰富，但细致分类之后主要框架如表5-1所示。

表5-1　产品详情页的内容框架

创意海报情境大图	符合文案主题，吸引注意
产品卖点/功能/利益点	精简介绍产品，突出产品能带给消费者的好处
产品规格参数	款式、尺寸、材质、选择项目、配件等信息，让客户直观了解
与同类产品对比	产品有别于竞争对手的核心卖点
产品模特/全方位展示	场景化图片富有代入感，拉近距离
产品细节展示	突出工艺、质感、品相等
产品资质证书/检验结果报告	打消安全顾虑，提升产品信心
品牌/基地实力展示/公司介绍	简单说明制造商及品牌的发展历史
产品包装展示/售后保障/物流	关于包装、交货、物流、维修等服务保证信息

产品详情页要求写出具有销售力的文案，第一步是告诉读者能得到什么益处而非描述产品特色，先传达核心信息，成功吸引关注后，再慢慢传达其他信息，并且要用顾客的语言说明产品的特色与功效。

5.2.2　普通型产品详情页文案

普通型产品文案通常以产品核心卖点出发，站在用户角度，将产品卖点层层转化为利益点，循序渐进，不断加强用户购买产品的信心。店铺产品的详情页设计是直接决定交易能否转化的关键因素，它能最大化地将产品的卖点展示出来，让用户在了解产品的各项信息的同时，延长其在网店停留的时间。只要用户还停留在网店，就有下单进行购买的可能。具体来说，可以分为以下五个步骤。

（1）吸引注意

利用标题和开头吸引读者，在一开始就指出产品最吸引人的好处。本书第4章已详细介绍，这里不再赘述。

（2）提出需求

所有的产品都是可以在某种程度上解决某个问题或满足消费者某种需求的。例如，购买空气净化器是因为雾霾严重；漂亮的衣服可以提升人的气质；保暖内衣能够帮助消费者御寒。产品详情页文案要为读者指出购买该产品带来的需求满足。

（3）将产品定位为问题的解决方案

一旦读者明白自己确实有需求，就得尽快指出自己的产品能够满足他的需求，解决他的麻烦。

（4）证明并说服读者购买产品能得到的好处

此阶段的撰写技巧为：指出产品或服务的实际好处，指出产品能发挥的功效，告诉消费者购买该产品的原因。利用使用者做见证，让消费者用自己的语言来表达对产品的满意，这样的说服效果会很好。跟竞争对手做比较，逐渐解释为什么自己的产品比同类产品更胜一筹，差异点在哪里。假如已经做过研究，有足够的证据证明产品的优越性，我们就可以把证据罗列在文案中，用事实说话。最后，让消费者知道企业是值得信赖的，而且会持续经营，让其对产品有足够的信心。

（5）促成消费者的实际购买

为促成消费者的实际购买，应突出邮寄及售后服务便利等信息。

如何让产品详情页更有吸引力、更加精准地抓住消费者的心理呢？除了精美的图片，就是出色的文案。文案往往是抓住消费者心理的关键所在，具体应做到图文并茂、详略得当及手法多样。

图5-6所示为某款深海鱼油的产品详情页文案。它通过一个问题带领消费者进入其设置的情境中，让消费者思考自己是否选对了鱼油，然后又分别从四个标准（含量高、鱼种优、纯度高、鲜度优）介绍优质鱼油的特点，实现最终购买的转化。

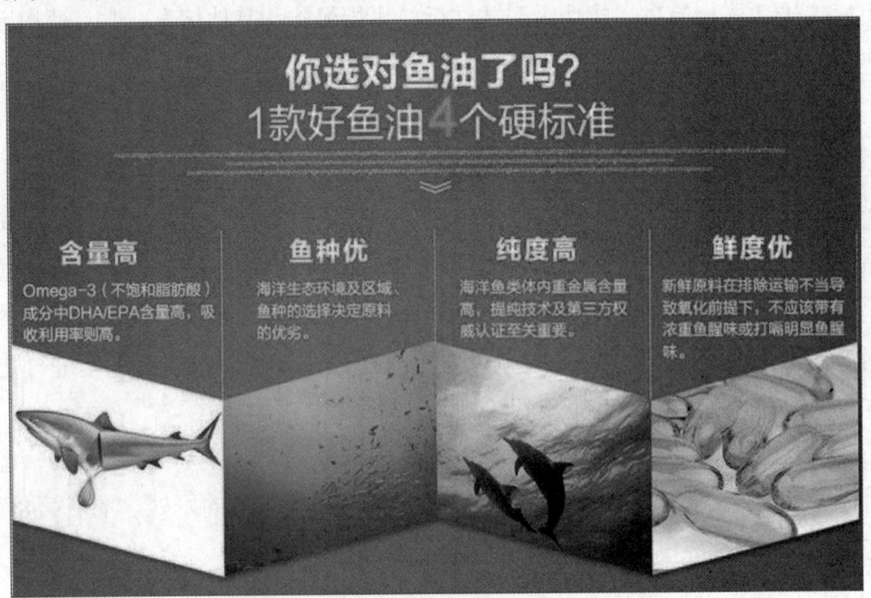

图5-6｜产品详情页文案

网店产品详情页中的一句好文案往往可以起到一个优秀客服的作用。面对各种各样的消费者，一个用文字符号来打动消费者的“客服”加上一个用视觉传达产品特性的“美工”，是高转化详情页的重要组成部分。

通常来说，网店产品详情页产品描述的内容大致为诉求情感语句（200字以内）、产品大图、价格促销点、产品获得的荣誉、产品在本店的情况、老客户体验、产品最独特的卖点图文说明、产品功能介绍、与同类产品比较、产品实拍图、感性营销、售后保障、品牌介绍。

要想把产品描述得生动有趣，文案写作者就要深入了解产品，通过文字描述让消费者看到产品每个细节的质量保证。此外，除了产品的细节说明以外，网店产品的设计元素、原料、颜色、产品特点、适用场景等也都影响消费者对产品的满意程度。产品详情页的好坏直接关系到消费者的购买转化率，详情页符合消费者的眼缘，满足了消费者的需求，就能顺利地让消费者下单。

当下多数的详情页文案阅读率都很低，按照产品策略逻辑，详情页文案越早实现转化越有利。那么，如何撰写产品详情页文案，是否有写作技巧呢？

产品描述一定要简洁，产品细节描述要真实。要明确一点：消费者买东西，吸引他的往往是图片而不是文字。因此，描述产品的文字要尽可能简单、直白。图5-7所示的文案突出了产品“滤除小至0.02微米的颗粒物，让空气更清新！”的空气净化功能，用科学的数据和理论知识向消费者阐述产品的独特卖点。

此外，需要指出的是，对于产品的细节描述，要做到既不夸大也不隐瞒，产品描述一定要符合实际情况，不可以弄虚作假。

消费者购买产品为的是获得产品的价值，而不是产品本身，如果我们的产品没有任何价值，消费者是不会为它买单的，所以对于产品价值的包装也是很有必要的。文案写作者需要直接把产品的价值告诉或展示给消费者：产品的生产地、产品的成分、这款产品的热销原因及产品本身经过多少道工序等。

如果产品宣传文案打动了消费者，但产品详情页设计得不到位，吸引力不够，可能就无法促使消费者下单购买。因此，写好产品宣传文案仅仅是激发消费者购买的第一步，决定其是否最终购买的关键还是产品详情页。

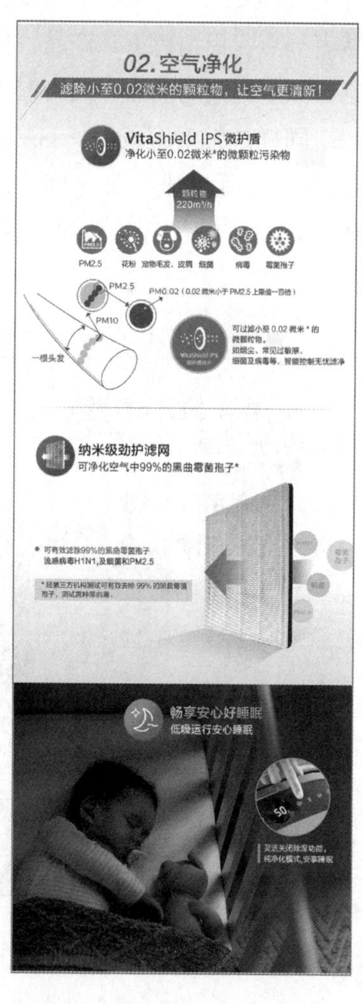

图5-7｜产品详情页部分文案

5.2.3 解决痛点型产品详情页文案

产品详情页要给出消费者立刻购买的理由，制造紧张感、稀缺感，进行明确的购买引导。产品详情页文案的功能是实现策略落地，与消费者沟通，表达产品的优势。那么，如何与消费者沟通呢？通常来说，要么“动之以情”，要么“晓之以理”。通过“故事”来为产品添加附加价值，是一种以情感诉求打动消费者的方式。此外，也可以通过有理有据阐述产品优势的方式，用理性诉求来打动消费者。

抓住目标消费人群的痛点，凸显产品价值。在进行产品描述时要换位思考，站在消费者的角度思考购买这个产品的动机，剖析消费者的购物心理。只有真正找到消费者的痛点，才能以此凸显店铺商品的卖点，加深消费者的认同感。

图5-8所示为某款儿童床垫的产品详情页，其文案写道“保护儿童健康成长”，主要突出其产品的制作工艺及原材料，保证产品不出现危害儿童健康成长的状况。成功的产品详情页都要站在消费者的角度上来写，让消费者看完产品详情页后觉得非买不可。找准消费者痛点，用情感诉求产品，拉近产品和消费者之间的关系。该产品准确捕捉到儿童家长担心孩子健康的痛点，突出宣传产品的这一特点。

同样是针对宝爸宝妈目标消费群体，图5-9所示的文案直接写道“买了N台车，没有1台随时满足需要？那是因为您没有遇到我们”，从四个常见的生活场景入手，分别阐述了这款车的优势，解决了消费者日常生活中的常见困难，因此很容易打动目标消费群体。

图5-8 | 解决痛点型产品详情页文案1

图5-9 | 解决痛点型产品详情页文案2

有时，文案可以将读者的需要转换成恐惧。通常，文案创作者要从三个步骤做起：第一步，提出一个与读者切身利益相关但读者很可能尚未发觉的问题；第二步，加剧读者对该问题的恐惧感；第三步，向读者提出解决方案。

5.2.4　故事型产品详情页文案

“讲故事卖产品”这个模式在产品详情页设计上越来越常见。无论什么类目，如果能讲好故事，为产品添加附加值，顾客会更加受用。一个优秀的故事必定能调动读者的情绪，使他们在观看过程中不知不觉地被潜移默化，认同产品价值，最后促成购买。

一个有故事的产品，能够承载消费者的希望、梦想和价值观，引起情感共鸣。故事即文案，好的故事是文案创意最丰富的原料。文案创作者在文案中用精彩的故事诉求，不仅可以销售更多的产品，而且可以赢得良好的社会声誉。图5-10所示为某大学生创业淘宝店铺的创业故事文案。

图5-10｜故事型产品详情页文案1

例如，不二食堂在推出一款清油火锅料时，以消费者的口吻讲述排队吃冒菜的经历，感慨不如购买调料在家自己煮的故事，也很容易引发消费者的共鸣。图5-11所示为不二食堂清油火锅料的详情页文案。

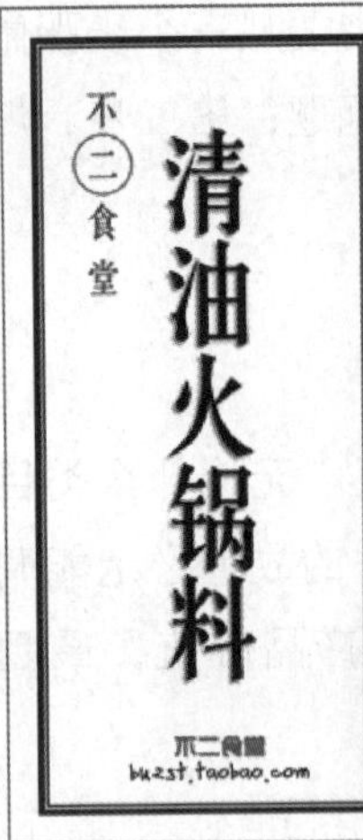

川人有福

广州最近开始兴起「冒菜热」，真真是开一家火一家。被朋友拉去尝过一次，环境装修不错，菜品不过装在了好看点的盆碗之中，精致不少。不过味道嘛，和成都比起，实在差太远。但说也奇怪，一到饭点仍是兴旺不已，领号排队大家也是一定要去吃。商家给在门口等位的客人准备了凳子，于是三三两两的食客嗅着堂内飘出来的油香味，心甘情愿地等候入场。那场面，真是一个最划算的活广告。

火锅，麻辣烫，串串香，冒菜，都不过是成都街头巷尾的寻常美味。从小吃到大，若不是因为离家，也没觉着有多么了不得。所以啊，去成都做饮食生意要慎重，一群口胃被惯坏的家伙，难伺候得很。

「排队冒菜」我是肯定不想试第二次了。我在家都能做得比它好吃，比它干净，还比它实惠。真不是显摆我手艺有多好，主要是显摆我背后有高人。谁都知道，香辣火锅之魂就在于那酱料，香料的万千组合，手艺人没有年月的积淀，怎么好意思把味道拿出来示人，不是自毁脸面吗？

图5-11｜故事型产品详情页文案2

下面是一款长城解百纳干红葡萄酒的详情页文案，向消费者诉说它的故事，通过故事打动消费者，引发消费者的共鸣，激发消费者的购买欲，完成故事营销，这样的详情页转化率是不会太低的。

十年间
世界上发生了什么？
65种语言消失；
科学家发现了12 866颗小行星；
地球上出生了3亿人；
热带雨林减少了6 070 000平方千米；
元首们签署了6 035项外交备忘录；
互联网用户增长了270倍；
5 670 003只流浪狗找到了家；
乔丹3次复出；
96 354 426对男女结婚；
25 457 998对男女离婚；
人们喝掉了7 000 000 000 000罐碳酸饮料，
平均体重增加了15%。
我们养育了一瓶好酒。
地道好酒，天赋灵犀。
三毫米的旅程，一颗好葡萄要走十年。
三毫米，
瓶壁外面到里面的距离，
一颗葡萄到一瓶好酒之间的距离。
不是每颗葡萄都有资格踏上这三毫米的旅程。
它必是葡园中的贵族，
占据区区几平方千米的沙砾土地；
坡地的方位像为它精心计量过，
刚好能迎上远道而来的季风。
它小时候，没遇到一场霜冻和冷雨；
旺盛的青春期，碰上了十几年最好的太阳；
临近成熟，没有雨水冲淡它酝酿已久的糖分；
甚至山雀也从未打它的主意。
摘了三十五年葡萄的老工人，
耐心地等到糖分和酸度完全平衡的一刻才把它摘下；
酒庄里最德高望重的酿酒师，
每个环节都要亲手控制，小心翼翼。
黑暗、潮湿的地窖里，

葡萄要完成最后三毫米的推进。

天堂并非遥不可及，

再走十年而已。

需要指出的是，在许多产品详情页中，存在将上述三种类型综合在一起进行文案创作的情况，它们都取得了较好的效果。

5.3 产品评价及咨询回复文案的写作

随着移动智能终端设备的普及，人们不仅可以浏览文案，还能与商家及已购用户进行即时沟通。因此，在互联网文案中，尤其当我们无法像实体店一样试用时，消费者就会非常在意客户对产品的评价。

在网站购物时，当我们无法判断商家的信息是否真实可信的时候，都会去查看一下用户的评价，通过他人的评价了解该产品的相关信息反馈，这样的信息远比商家自卖自夸要真实可靠得多。

品牌方应积极与用户进行互动，解决用户提出的问题，或主动与粉丝进行交流。在互联网文案写作中，要充分注意评价、咨询的回复内容。这是与用户对话、再次发挥文案作用的地方。

例如，小米京东官方旗舰店将所有产品的评价直接展示出来，以增加产品的可信度和说服力，而且还在用户评论之后进行快速的回复。“言简意赅，由此可见您必然是一个办事雷厉风行、刚直不阿的大人物啊。只要您喜欢就好，我们定会以更好的产品和优质的服务来回报您的。感谢您对小米的支持～”这样的语言风格无疑加深了用户对品牌的好感度。图5-12所示为小米京东官方旗舰店客服对用户评价的回复。

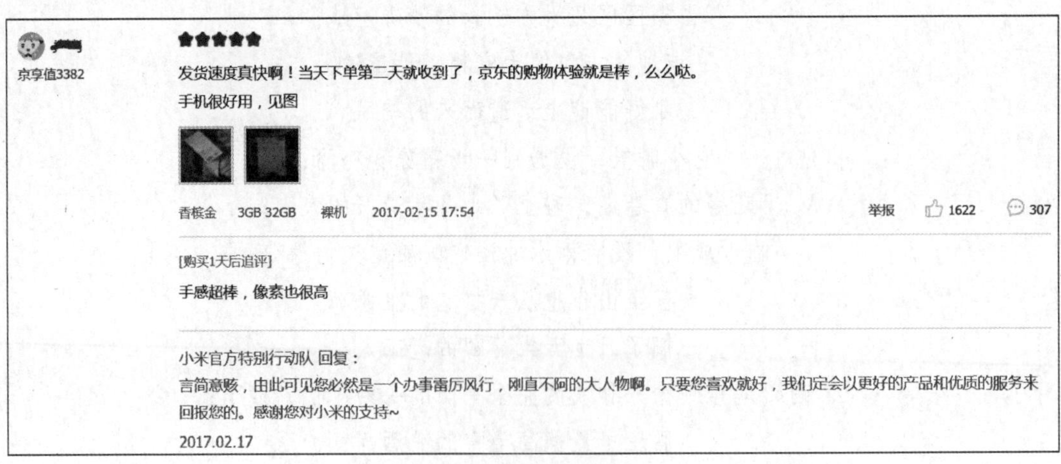

图5-12｜产品评价的回复

官方“两微一端”（微博、微信、客户端）账号对用户关于产品的回复，也是典型的产品评价回复。图5-13所示为某酒店App上商家回复会员点评的截图。

店家依次回复“幸福是花开的模样，温暖是阳光的方向，静收一枚青涩的约会，全季等候您的到来……”“远行，看不同的人，不同的风景，在不同的文化里收获不曾知晓的思绪！感谢您给予的点评，祝您生活快乐！”“远离闹市的纷扰，独享一方安静自由的空间。感谢您的选择和支持，祝您生活愉快哦。”

此外，不少商家会选择随商品一起给消费者邮寄一封信件，试图拉近与消费者的距离。图5-14所示为某网店在消费者购买生鲜水果后，随产品给消费者邮寄的一封感谢信。

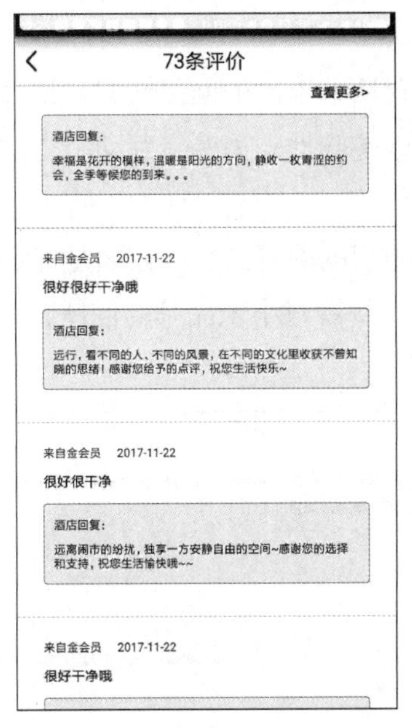

图5-13｜商家App的回复

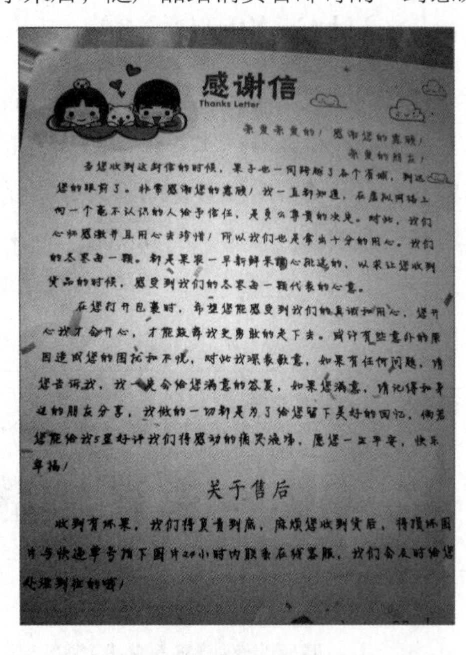

感谢信

Thanks Letter

亲爱亲爱的！感谢您的惠顾！

亲爱的朋友！

当您收到这封信的时候，果子也一同跨越了各个省城，到达您的眼前了。非常感谢您的惠顾！我一直都知道，在虚拟网络上向一个毫不认识的人给予信任，是多么可贵的决定。对此，我们心怀感激并且用心去珍惜！所以我们也是拿出十分的用心。我们的各果每一颗，都是果农一早新鲜采摘心挑选的，以求让您收到货品的时候，感受到我们的各果每一颗代表的心意。

在您打开包裹时，希望您能感受到我们的真诚和用心，您开心我才会开心，才能鼓舞我更勇敢的走下去。或许有些意外的原因造成您的困扰和不悦，对此我深表歉意，如果有任何问题，请您告诉我，我一定会给您满意的答复，如果您满意，请记得和身边的朋友分享，我做的一切都是为了给您留下美好的回忆，倘若您能给我5星好评我们将感动的痛哭流涕，愿您一生平安，快乐幸福！

关于售后

收到有坏果，我们将负责到底，麻烦您收到货后，将损坏图片与快递单号拍下图片24小时内联系在线客服，我们会及时给您处理到位的哦！

图5-14｜网店随产品给消费者邮寄的感谢信

有些感谢信甚至是手写体的，图5-15所示为某淘宝店铺随产品邮寄给顾客的一封手写信。

其实网店的很多地方是进行文案创作的落脚点，就是特别不起眼的地方也可能为转化率做出不小的贡献。很多店主可能会忽视商品评价区，认为那里只不过是买家购物后进行评价的地方，没有必要把心思放在那里，这样想就错了。产品评价区其实有着强大的互动功能，如果在此回复产品评价，写出独到的文案，同样可以达到有力促进网店销售的效果。

因快递爆仓及天气原因，快递速度要比平时慢很多，它从美丽的连云港出发，坐着汽车、火车、轮船、飞机、快递员叔叔的电动二轮及三轮电动车，跨越了五湖四海，历经千辛万苦，经受了快递公司的各种折腾和虐待，最后才慢悠悠的转到亲的手上，小飘也跟您一样的着急，如果亲等的着急了、生气了，小飘真诚的跟亲道歉说声“对不起”

小飘家的每一位客服，都希望给亲最愉快的购物体验，也希望通过交流成为亲永远的朋友，无论发生任何问题，[illegible]什么情况，亲都可以在线联系我们，或拨打电话。

小飘

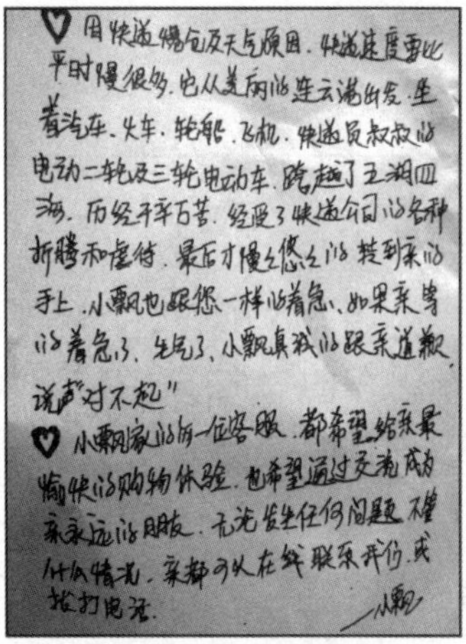

图5-15｜店主给消费者邮寄的手写体信件

假设每个消费者都是外行，对产品什么都不

懂，那么他买东西考虑的问题就会多一些，此时评论就可以起到很关键的作用。电子商务与传统营销模式不同，其最大的特点就是具有互动性，消费者在购买交易后可以将自己的购物体验、使用感受等评价内容直接发布到网上，店家也可以根据消费者的评论进行回复。通常来说，对产品进行评价回复要好于不回复，有些店家甚至通过评价回复引来了更多消费者的围观，进行了品牌的二次传播。

可以将回复文案分为三种类型——产品好评的回复文案、产品差评的回复文案和产品咨询的回复文案。

5.3.1 产品好评的回复文案

产品好评的回复文案是指当消费者给产品以好评时店家给出的回复文案。认真对待消费者的评论，既可以选择一本正经地感谢回复，也可以趣味地与消费者互动。有趣的互动会让消费者会心一笑，增加其对品牌的好感度。

当消费者对产品报以满意的评价时，小米官方旗舰店的回复内容一方面是肯定并夸赞消费者的好评，另一方面又对消费者进行承诺，增加消费者对小米品牌的信任，如图5-16所示。

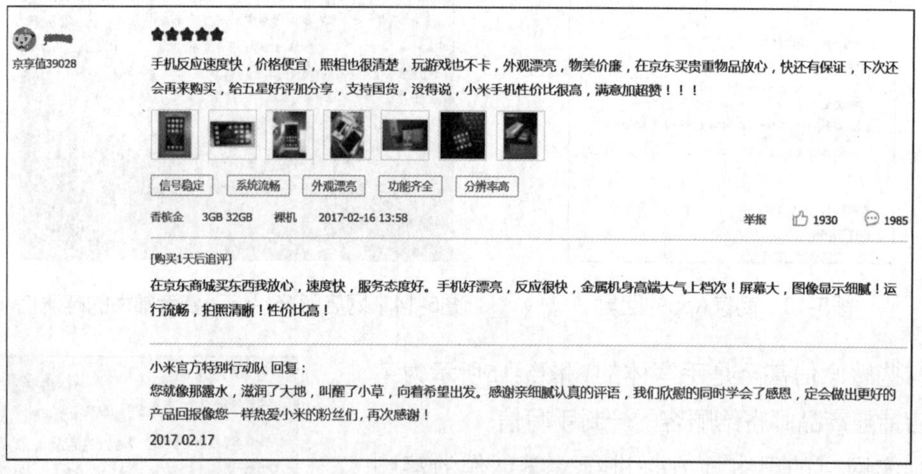

图5-16｜产品好评的回复文案

在对消费者好评进行感谢型回复时，要尽量选择积极、正面、肯定的词汇。文案要凸显电商品牌的个性，并且应该保持谦逊的态度。文案要彰显品牌的形象，如坚持、努力、执着……例如：

“快乐，是多一点点微笑，多一点点美好，多一点点赞美。谢谢您对西遇的微笑，对产品的肯定和赞美，相信这不仅只是一场交易，更是我们对美好的共同认定，期待与您下次的相聚。”

“千言万语尽在不言中。西遇会以百分之百的质量，百分之百的态度，让您感受百分之百的购物体验。如果您对产品有任何疑问或者使用过程中需要什么帮助，可以直接联系我们！因为这才是西遇存在的价值！”

“感谢每位在此流连过的您！感谢见证西遇努力的您！感谢支持西遇走到如今的您！西遇深知成功无捷径！西遇的信念是坚持加努力！西遇旗舰店期待您的再次光临！”

5.3.2 产品差评的回复文案

对于中评、差评或是虽然给了好评但评论中提到一些问题的评论，店家在评价回复中要加以解释，让看到评论的买家释怀，避免对品牌质量产生不好的印象。图5-17所示为店家对买家提出的羽绒服羽毛容易跑出来的问题进行诚恳道歉。

图5-17 | 产品差评的回复文案

对于中评、差评，一方面要联系买家积极回应、诚恳道歉；另一方面要做出合理的解释，积极地化解误会。当买家的评论需要解释引导时，回复的态度要认真，要体现出店家对问题的重视，给予买家可以信任的感受。

一个好的解释可能比一个好评更有价值。例如，有些评论中提到衣服的掉色问题，可以这样解释："亲，我们的衣服是全棉质地的，穿着舒服，因为您选择了颜色较深的黑色，所以可能会有轻微掉色的现象。建议您采用淡盐水浸泡、手洗（不宜机洗），清洗干净后，放在阴凉通风处晾晒即可。"其实，解释引导中评和差评，可以增强消费者对品牌的信任。

图5-18所示为某款电子秤评论区中的中评、差评回复，消费者指出电子秤算不准，质量一般，于是商家对此进行了相应的解释和回应。

图5-18｜产品中评、差评的回复文案

5.3.3 产品咨询的回复文案

产品文案里遗漏的信息内容或需要增加修改的资料，都可以通过产品的评论回复进行补充。当消费者对产品进行咨询时，商家可以在评论回复中补充产品的用法、介绍新产品等，引导消费者进行二次购买。例如，雅漾推出了皮肤专家在线咨询回复的粉丝福利，如图5-19所示，这有利于在消费者心中树立"皮肤护理专家"的专业品牌形象。

雅漾在线咨询
全新
在线咨询
13位皮肤学专家坐镇
48小时内回复
微信优享福利
操作方法：
Avène
免责声明 本在线咨询不提供任何药物处方，咨询结果仅供参考。任何关于治疗或症状 管理的决定应去医院就诊后，根据医嘱施行。

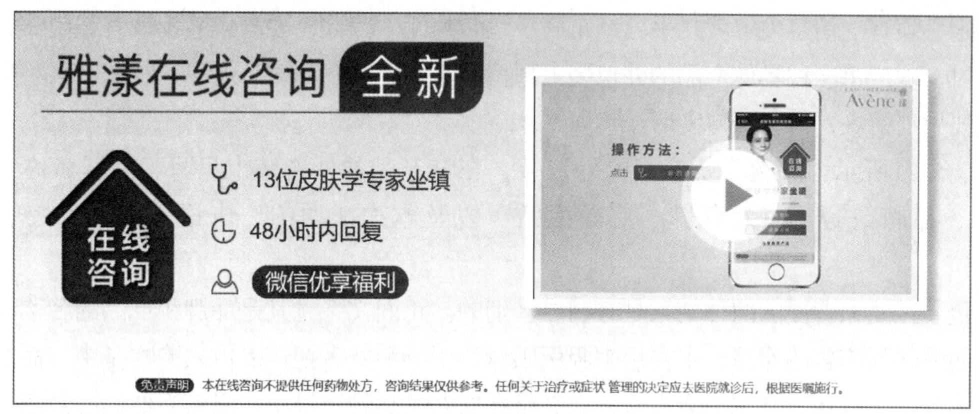

图5-19｜粉丝福利

当买家对产品配料产生怀疑时，商家可以进行合理的解释说明，明确指出产品配料"含量不超过国家标准"，消除了其他消费者看到评价后的忧虑，进而增强消费者对品牌的信任，如图5-20所示。

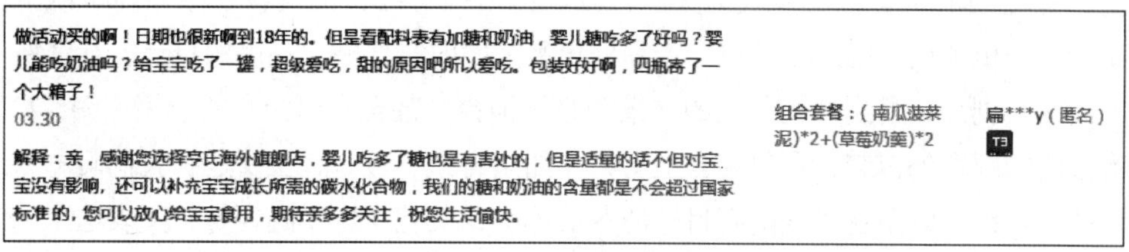

做活动买的啊！日期也很新啊到18年的。但是看配料表有加糖和奶油，婴儿糖吃多了好吗？婴儿能吃奶油吗？给宝宝吃了一罐，超级爱吃，甜的原因吧所以爱吃。包装好好啊，四瓶寄了一个大箱子！
03.30
解释：亲，感谢您选择亨氏海外旗舰店，婴儿吃多了糖也是有害处的，但是适量的话不但对宝宝没有影响，还可以补充宝宝成长所需的碳水化合物，我们的糖和奶油的含量都是不会超过国家标准的，您可以放心给宝宝食用，期待亲多多关注，祝您生活愉快。
组合套餐：(南瓜菠菜泥)*2+(草莓奶羹)*2
扁***y(匿名)
T3

图5-20｜产品咨询的回复文案

5.4 产品包装文案的写作

产品包装就像产品的外衣，是产品的"门面"，是消费者接触产品时的第一印象。如果想要产品畅销，包装是一个非常大的突破口和亮点。许多产品畅销不仅因为本身质量好，也因为文案写得好。好的包装文案就是产品的广告，它对消费者能否对其产生购买欲望起着至关重要的作用。

5.4.1 产品外包装文案的写作要点

产品外包装上的文案必须清楚地标明产品品牌名称并突出显示，以彰显品牌的个性。此外，还要解释清楚产品会为消费者的生活带来什么样的便利。同时，包装文案的写作要遵守法律规定，如列明产品配料清单等。

在很多产品的外包装上，文字的空间是有严格限制的，甚至在你想出文案之前，那些按规定必须有的信息内容就几乎已经布满了包装外侧。因此，要与包装设计者和制作者一起商讨，确定每一种具体产品的外包装上预留的文案空间。同时，还要控制好文案字数，一定要做到精练，没有一句废话。

图5-21所示为某款牛奶产品的外包装，在该产品的外包装上只写了品牌名称（致轻）、品牌口号（有致营养、好享生活）以及本次活动的广告语（撇开伪装、自然点！）。

包装正面和背面的两种文案是有明显区别的。正面文案尤其是品牌和产品的名称与产品说明能起到广告的作用，主要用来吸引眼球，引导消费者把产品放入购物车中。而产品背面的文案，消费者基本不会去看，尤其是在嘈杂的购物环境中；只有当他们回到家里、身处轻松的环境时才有可能阅读一下背面的文字。因此，背面的文字一定要紧扣产品的细节和依据，以此向顾客保证购买本产品绝对是物超所值的。此外，背面的文字还要激发消费者产生再次购买的欲望。

包装文案的本质并非产品说明，也不是产品修饰，而是利用信息不对称达到品牌传播的目的，并促使消费者进行多次购买。在互联网传播时代，消费者在购买前可以上网查询、比价、分析评论，因此，在撰写产品外包装文案时，要贴合品牌的特点，让消费者在收到产品的一刹那，看到外包装上的文案能心领神会，甚至发出会心的一笑。图5-22所示为某淘宝店的邮寄外包装，在包装盒上写着“如果有人不暖心，至少还有我们暖脚”，简简单单的一句话，既贴合了该网店目标消费群体——文艺女青年的喜好，又表达了网店对消费者的关爱，容易让用户对品牌产生好感。

图5-21｜产品外包装文案1

图5-22｜产品外包装文案2

需要指出的是，产品的包装文案要与品牌的策划传播主题相一致。例如，味全公司推出了一款慢发酵优酪乳，如图5-23所示，该产品以9小时发酵作为特点进行宣传，其产品包装的正面除了产品的名称及标识外，只有简单的“慢一点，9小时发酵”文案；而产品包装的背面除了常规的原料表、生产地址等外，还配有一段文案，标明品牌所提倡的生活态度。

慢生活

不急不缓，不浮不躁。

耐心，才能等出美好的。

如同味全优酪乳的美味，

都来自9小时的慢慢发酵。

喜欢慢发酵，

喜欢慢一点。

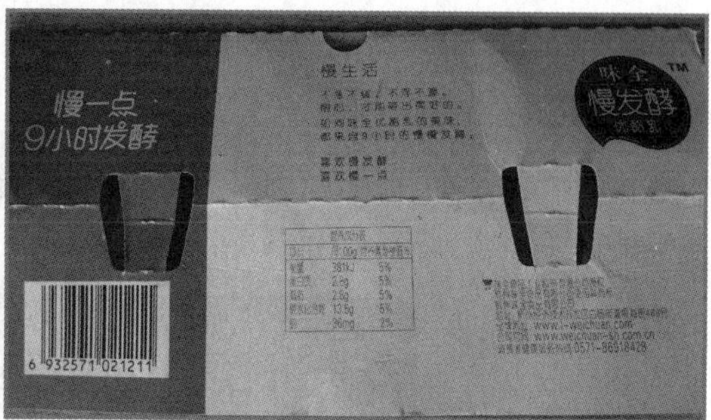

图5-23｜产品外包装文案3

5.4.2 产品内包装文案的写作要点

长白山的夏，繁花似锦，意趣盎然

鹿先生再也耐不住寂寞

随夏的狂欢曲欢畅奔腾

上面这三句话并非来自散文、诗歌，而是农夫山泉的产品包装文案。USP理论的提出者罗瑟·里弗斯创建了一个规则：产品包装文案一定要有产品名称、成分说明、商标等。文案市场发展至今，许多包装文案从个性的角度出发，不用一板一眼的专有名词描述，而是选择充满情感的体贴手法，让读者感受到人情味。

上面提到的9小时发酵系列酸奶，其内包装与外包装相呼应，在每个酸奶杯的包装上都印制了呼应产品主题的一句饱含哲理的文案，有“耐心，才能等出最好的。”“如同每一勺优酪乳的美味，都来自9小时的慢慢发酵。”“喜欢慢一点”等，如图5-24所示。

同样是酸奶产品，另外一个品牌在产品的内包装上引用了古诗词并附上了古筝演奏曲的二维码，源自该产品“纯净如实”的品牌策划活动，如图5-25所示。

图5-24｜产品内包装文案1

图5-25｜产品内包装文案2

此外，产品的内包装文案中还可以多说一些理由来支持最终的传播效果。内包装由于是在消费者购买之后才能打开的一层包装，因此其内容应更有温度，能打动消费者的内心。仍以酸奶产品为例，在其内包装中，文案创作者列出了酸奶小知识，以供消费者阅读并促成其下一次购买，如图5-26所示。

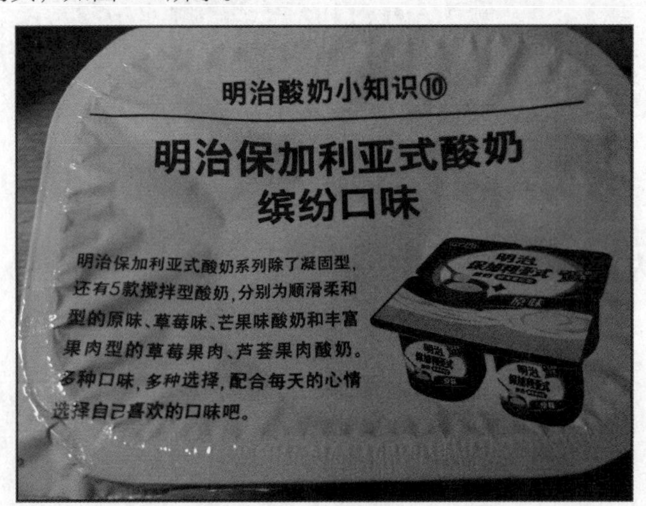

图5-26｜产品内包装文案3

5.4.3 产品线上线下包装文案的完美统一

在互联网上进行产品推广，还需要注意产品线上线下包装文案的统一。图5-27所示为某款零食产品，在其包装上的文案如下。

“过去只不过是我们告别别人的故事”

“长大的人，希望拥有一颗长不大的心”

“情不知所起一往而深”

图5-27｜线上线下包装文案的统一1

一方面，通过实体包装文案内容引发消费者的线上二次传播；另一方面，网络上的网络用语也都可以成为包装上的内容，吸引消费者到线下实体店选购。

同样的案例还有许多，猫哆哩是云南酸角糕品类的开创品牌，某段时间其在包装上使用了网络时代背景下很多年轻人都耳熟能详的“段子”，如网络上流行的冷笑话等，如图5-28所示。

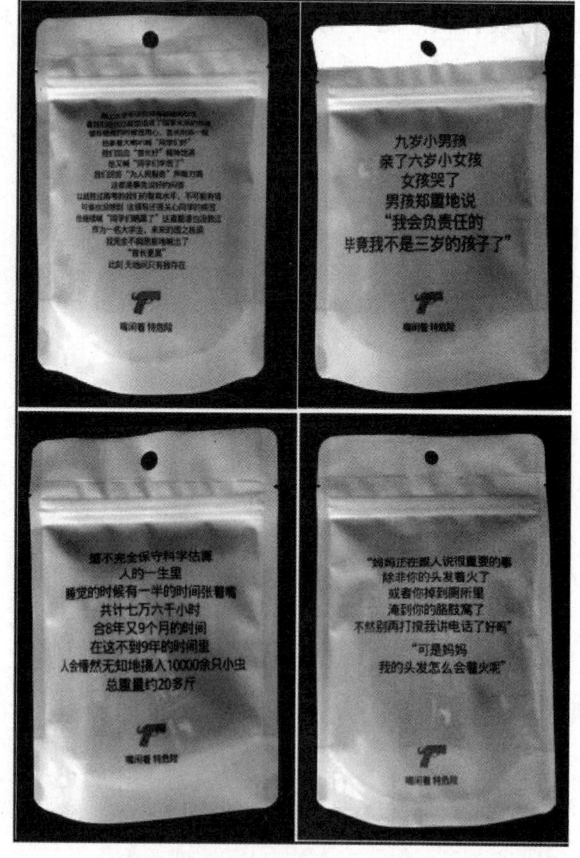

图5-28｜线上线下包装文案的统一2

该文案简单而富有娱乐性，整个包装的设计形式感相当强，从字体设计到颜色的选取以及版式的排列都极富流行色彩，因此，这样的休闲食品自然会吸引都市里最有消费欲望的年轻白领、学生群体。而这种极富娱乐性、冷幽默的包装和传统的单一形式的包装有着很大的区别，而系列化持续性的包装，将会使年轻一代的消费者产生“搜集”的冲动，进而诱发其持续购买行为。

课后练习题

1. 请用自己的语言简述如何提炼产品的核心卖点。

2. 现有一款抗衰老美容产品需要推介，该产品的卖点包括有效减少眼角细纹、易吸收、纯天然、涂抹后不影响继续化妆。请你提炼产品的一个核心卖点，进行文案的创作。

3. 请根据本章内容在网上搜集不同类型的产品详情页文案，并进行案例分析。

4. 请尝试与网店进行产品咨询，看看它们是如何回复用户的。

5. 自由组队，请学生团队自选一款产品，完成以下工作：为这款产品撰写一个详情页文案，并用Photoshop等设计软件制作视觉设计作品；针对产品的特点设计出产品包装方案，并撰写包装文案。

第6章 品牌文案写作

【学习目标】

- 了解互联网品牌命名的原则。
- 理解互联网时代消费者的变化。
- 掌握互联网品牌标语文案的撰写方法。
- 学会撰写互联网品牌故事。

卓越品牌与平庸品牌之间的距离，有时仅仅在于一篇好文案。文案是这个世界上品牌与用户沟通最锋利的工具，也是最便捷的桥梁。优质的内容是增加用户对企业产品的信任感和提升品牌知名度、美誉度、忠诚度的最有效方式。本章围绕品牌的命名、品牌标语的撰写、品牌故事的编撰三个方面介绍品牌文案写作的方法。

我们知道那些全球知名的品牌，也知道自己钟爱的品牌。品牌定位塑造品牌形象，这些品牌成为我们生活中可以信赖的一部分，品牌使用的文案是其首要的表达形式。通过控制和处理品牌的文案创意写作，可以帮助品牌和用户建立起长期互利的关系。

6.1 创意品牌名称的设计

可口可乐与百事可乐都是碳酸类饮料，客观上讲，这两种产品在形态、口味及价格方面差异不是很大，但消费者对它们的感受和消费倾向为何具有如此巨大的差别呢？这就涉及品牌名称设计了。一个品牌往往向消费者提供了一组特定的利益和特点，至少包括产品属性、利益、价值、文化、个性及使用者等。因此，撰写品牌命名文案一定要极具个性。

6.1.1 互联网时代的个性化品牌命名

品牌创建是一个长期的过程，语言如何利用、品牌特色如何展现以及如何展示品牌信息等问题变得越来越重要。

“韩都衣舍”“三只松鼠”“步履不停”都是互联网时代的个性化品牌。品牌仅有一个聪明的定位是不够的，还需要文案人员的解释。文案创作者要理解品牌的精髓，利用支撑信息，使文案风格能够反映品牌特性并吸引目标消费者。

现在已进入品牌时代，消费者在购买产品时更倾向于知名品牌。一个产品从开发到生产，再到宣传推广，要想建立自己的品牌，不是一朝一夕的事情，其中品牌命名作为品牌建设的第一步，起一个符合产品性能特征又能满足消费者心理需求的名字，无疑会增加产品的知名度和竞争力。因此可以说，品牌命名是一种微型文案写作，而好的品牌名称是成功的开始。

商品是实体，品牌名称就是商品的精神、象征和灵魂，它可以激发消费者的联想。品牌名称是消费者感知品牌的第一印象，当品牌名称出现时，一定伴随着消费者对产品的感受，品牌名称本身就是一句最简短、最直接的广告语，能够迅速、有效地表达品牌的中心内涵和关键联想。

产品名称是识别品牌的重要标志，许多营销专业人士认为，最好的名字总是那些简单且令人难忘的。

品牌名称是指品牌中的标志性文字及其读音。这是品牌的核心要素，它给消费者以整体印象和基本评价，一提到某一品牌名称，人们很快就会对该品牌所代表的产品质量、技术、服务等有一个总的概念。品牌名称十分重要，阿尔·里斯和劳拉·里斯在《品牌22律》中指出：“从长远的观点看，对于一个品牌来说，最重要的是名字。”

互联网品牌“三只松鼠”“小狗电器”及拥有“买包包？麦包包！”著名广告语的“麦包包”都是电商领域的好名字，这些品牌的成功与优秀的品牌命名不无关系。

品牌命名要注意以下三点。

1. 检查商标是否可用

起名字没有对错之分，你可以把打算使用的很多名字分门别类，如“正式而庄重的”“颇具想象力的”“幽默风趣的”“一针见血的”等，自己喜欢的可以着重标注出来，并进行总结归纳。之后可以咨询一下客户或者同事，听取他们的意见，然后把名单压缩到只有2～3个备选项。

创建一个品牌名称的方法包括尝试合并行业术语或词汇来创建一个新词，这个词和行业要有一定的关联；翻阅字典，寻找具有美好含义的词汇。此外，还可以与具有创新和商业头脑的人一起集思广益，想出很多名称后，再逐渐筛选出最合适的名称。

2. 品牌表达必须超前

必须仔细考察品牌文案风格等各方面，需要提前预判市场局势及用户思维或需求的发展，缜密思考当今市场随着时间的推移可能发生的变化，以及品牌适应新情况的对策。因此，在进行品牌命名时，要尽量留出足够的自由发挥空间。

品牌命名是一件棘手的事情。品牌创建要有远见卓识，这就像给新生儿取名，几乎完全依赖你的想象力，想象受众将如何反应，这个品牌将如何适应市场竞争。

3. 全方位考虑品牌的适用性

对备选清单中的名称进行压力测试，看看哪些词汇有双重含义？它们是否会引起误解？它们与目前已存在的品牌是否相像？如果做国际品牌，会不会有文化冲突？互联网品牌文案还要考虑易搜索、符合网民习惯等因素。

6.1.2 互联网品牌命名的原则

名称是品牌的终生标记，同时也是一笔巨大的无形资产。电商品牌的命名是一项商业决策，而不是一项创意选择。通常来说，企业非常希望撰写者创作出一个新颖独特、朗朗上口又尚未被注册过的品牌名称。品牌命名是一种微型文案写作，电商品牌的命名应遵循以下原则和技巧。

1. 口语化，接地气

通常在取名规则中，产品或品牌的名字应以2～3个字为宜，要求品牌名称尽量做到“短”“简”“响”。一个电商品牌的好名字要很简单，极易发音。音节简单、发音响亮、声调起伏的名字容易上口，且便于买家的识别、记忆和传播。

选用具象化的事物，能够引起受众联想，如“锤子”手机，就选用了匠人使用的工具作为品牌名称，呼应了品牌所提倡的精神。

此外，电商品牌的好名字要真实，一个好名字要有关联性。品牌的命名通常要与产品种类相关，如化妆品类主要面向的是女性消费者，在命名时会选择柔美的字节和韵调。“兰蔻”“雅诗兰黛”“欧诗漫”“玉兰油”“韩束”“阿芙”“薇诺娜”等都是符合女性买家温柔、细腻、轻盈等特征的。

大多数电商品牌都以与产品相关联的方式进行命名。品牌命名有时以产品开发者命名，有时以产品材质命名，有时以产品产地取名。图6-1所示为新疆特产和田枣品牌命名，分别为楼兰蜜语、西域美农、沃疆、西品壹号。这些品牌名称都具有明显的西域地方特色，让消费者只通过品牌名称就可以清楚该店铺的主营产品。

图6-1｜新疆特产的电商品牌命名

2. 通俗易懂，突出特色

电商品牌命名应尽量使用现有的、通俗的字词。同样以女性护肤品为例，“膜法世家”“美肤宝”“瓷肌”等都是属于通俗易懂型的品牌命名。而突出产品特点命名最典型的案例就是“鲜橙多”。这些品牌的文字虽然很简单，但都突出了产品的独特卖点。以某款电商休闲食品为例，该产品是辣条，所以在命名时直接取名为“约啦”，谐音“约辣”，产品名称直指产品特点，如图6-2所示。

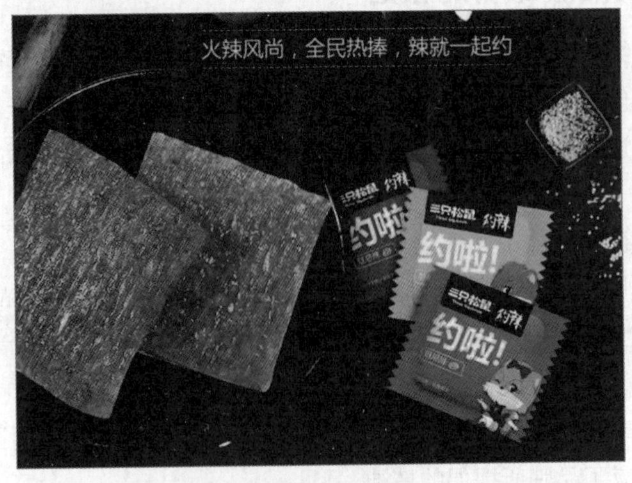

图6-2｜某休闲食品的电商品牌命名

品牌名称能使消费者对品牌产生初步的印象，如果品牌的含义能使消费者对品牌产生心灵共鸣，则更有利于品牌的快速成长。例如，品牌名称应包含企业或产品的相关寓意，让消费者产生正面联想。例如，某款园艺产品取名“我要发芽”，某款儿童服装品牌取名“丽婴房”，某款眼睛雾化护理液取名为“小心眼”。

3．便于搜索，直观易记

品牌的名字可以被赋予任何意义，对消费者而言，品牌名称是引起心理活动的刺激信号，它的基本心理功能是帮助消费者识别和记忆品牌。而在电商领域还要多一项功能——便于搜索。为了创造名字，命名者可以巧妙地组合搭配各种文字，以实现心理功能。例如，麦包包谐音“卖包包”，而“一朵棉花”就是销售纯棉用品的品牌。

在电商品牌命名时，命名者要根据电商平台搜索引擎优化的原理来确定品牌名称。名称要求具有新鲜感，最好能迎合甚至引领新的时代潮流，体现出品牌的个性。例如，在京东特产馆莘县馆中有一款名为“武大郎炊饼”的产品（见图6-3），因为与名著《水浒传》中的人物名字相同，也容易令人过目不忘。

图6-3｜某地方特色食品的电商品牌命名

4．避免生僻，易于传播

给电商品牌取名字的一个重要原则在于降低传播成本，最大限度地让品牌传播出去。所以在命名时，首先要尽量使用中文，避免用外语，尤其不要用中英文夹杂的名字，否则非常不利于品牌的传播；其次，要尽量少用术语，应尽量用口头常用的语言来进行命名；最后，要尽量避免使用生僻字，因为这些字就是一种无效传播。此外，要谨慎使用多音字。虽然你能轻松地读出“美的空调”“阿胶枣”，但在写文案时要尽量避免多音字的使用，否则会给文案传播增添不必要的麻烦。

5. 人格化，故事化

品牌就像一个人一样，具有自己的风格、特点。在给品牌命名时可以选用人格化的形象，文案形象可以传达品牌人格化的一面，也可以通过卡通塑造拟人化的形象。老干妈、口水娃、米老头等都是拟人化的命名方式。

御泥坊旗下的面膜品牌命名为“小迷糊”，并选用了加菲猫作为品牌形象，推崇“小迷糊生活，大智慧女孩”的品牌理念，致力于打造具有文化特色的面膜品牌，如图6-4所示。

图6-4｜某面膜品牌的命名

品牌命名也可以通过讲述有情怀的品牌故事的方式。例如，网络知名鲜花品牌Rose Only，“一生只送一人的玫瑰”所赋予的承诺就恰恰击中了每个人心中渴望的那份对爱情的信念。

6.2 品牌标语文案的写作

广告语又称为广告标语、广告口号，具体到某一品牌长期的文案，我们可以称为品牌口号或品牌标语。一句强有力的品牌标语可以让人们进行传诵，促进品牌的传播。品牌通过品牌标语向公众介绍自己的产品或服务，是文案的精华，凝聚了文案创作者的智慧。从某种意义上说，品牌标语就像品牌的商标一样，是企业整合品牌传播中重要的一环。在新媒体环境下，品牌标语怎样才能被人们所接纳并广为传播呢？

品牌标语的目的是总结广告信息。品牌标语言简意赅，容易诵记，总结了商品或服务的本质，凸显了品牌价值，使得品牌名称得以深入人心。品牌标语要发挥最佳效用，必须容易诵记，而且要在相当长的时间内反复灌输给目标受众。

6.2.1 互联网品牌标语撰写的原则

标语是一个记忆符号，当体育爱好者激动地呐喊"Just Do It"时，驱动感和行为是这个符号背后所代表的品牌精神。品牌的标语是品牌形象的长期口号。写出优秀的品牌标语，要掌握好以下原则。

1. 简短有力

用最简单的短语描绘出品牌形象，要尽可能地短。短语的含义要有力度，要能"穿透人心"。可以使用口语化的方式发挥文案的力量，口语化的文案通俗易懂，朗朗上口，易于传播。

2. 意味深远

广告语要有深层次的含义，要留有想象空间，让人不断回味其中的意义。

3. 历久弥新

广告语不是追赶时尚的产物，必须能经受时间的打磨，要能让人每一次看到或听到时都会产生新的联想，每一次都有新的体会。

4. 号召力强

标语一定要有行动力和号召力，让受众读后愿意行动起来。

6.2.2 品牌标语的撰写方法

品牌标语的撰写方法包括以下几个。

第一，尽量将品牌名称融入标语中，在人们进行传播时相当于对品牌名称进行了又一次的传播。例如，中国建设银行的"善建者行"、全家便利店的"全家就是你家"等。

第二，要从品牌的核心价值入手进行标语的撰写。例如，美的电器的"原来生活可以更美的"、GE的"GE带来美好生活"等，这样的标语能引起受众的共鸣和好感。

第三，结合场景提出广告标语，如"困了累了，喝红牛""经常用脑，多喝六个核桃""怕上火，喝王老吉"等。

品牌标语可以成为一个时期的流行语。雕牌洗衣粉在上市之初，选用"只选对的，不选贵的"作为广告语，这句话也一度成为国人生活中的俗语。当时中国洗衣粉市场大部分被汰渍、碧浪、奥妙等品牌占领，雕牌洗衣粉从价格出发，确定了这款广告语，迅速打开了市场，被消费者所认可。

2014年别克君威经典的广告文案，提出了"不喧哗，自有声。别克君威，新君子之道”这一品牌标语，既符合品牌的定位，又符合时代的环境文化。

不喧哗，自有声。别克君威，新君子之道。

01主题篇

这个时代，

每个人都在大声说话，

每个人都在争分夺秒。

我们用最快的速度站上高度。

但是也在瞬间失去态度。

当喇叭声遮盖了引擎声，

我们早已忘记，

谦谦之道才是君子之道。

你问我这个时代需要什么，

在别人喧嚣的时候安静，

在众人安静的时候发声。

不喧哗，自有声。

别克君威，新君子之道。

02安全篇

一开始，安全是为了防备万一，

渐渐地，当我们开始炫耀我们有多安全，

却成为马路上的威胁。

其实，真正的安全，

除了保护自己，

也要将安全感，给予一路同行的人。

不喧哗，自有声。

别克君威，新君子之道。

03安静篇

人们用喇叭说着，

我在这里。

他们一再放大音量，

可是你不会被干扰。

因为
外在喇叭声，也不能掩盖你内心，
全速前进的引擎声。

不喧哗，自有声。
别克君威，新君子之道。

04灯光篇

灯光，是有情绪的。
冷静时，他不错过任何有效信息，
冷漠时，他谁也不放在眼里。
有时候，这条路也因为他而温暖，
谁说相逢的都是陌生人。
用灯光，say hello。

不喧哗，自有声。
别克君威，新君子之道。

05速度篇

在高速行进的路上，
我们把什么丢在了后面。
加速再加速，
却谁也没有甩开谁。
风度，是最美的速度。

不喧哗，自有声。
别克君威，新君子之道。

6.3 品牌故事文案的写作

白岩松在其著作《白说》一书中曾提到：“一个好故事，从内容层面上看，有了人和人性、悬念和逻辑，还有更重要的一项——细节。好的细节，会在聆听者产生疲倦的时候，将他再次带入故事。被细节牵引着的人，聆听的状态都不一样。”

近年来，著名的微软公司设置了“故事高级总监”职位。此外，越来越多的企业开始注意使用品牌故事来进行营销传播和沟通。

6.3.1　给品牌故事一个主题

故事内容必须有一个主题，这个主题比进行文案撰写更为重要。只要有好的创意和主题，文字的华丽程度及撰写技巧并不需要太多，文案故事也一样可以打动人心。

2016年，京东推出了JD Red Story（红的故事）。在“双11”之前，京东推出了以快递员为主角的品牌故事。京东“红的故事”背后浓浓的人情味为各平台之间的大促硝烟战带来一丝温情。2017年“618”，京东又推出了以《荣耀的守护》为主题的“红的故事”第二季。

与其他电商平台不同，京东的物流体系是平台自建的，快递员都是京东自己的员工。物流体系支撑着京东的服务，同时也是品牌资产的重要组成部分。快递员送出的每单快递背后都蕴藏着与个人、社会乃至国家发展息息相关的故事。他们不只是在守护自己的岗位，他们的工作也是社会协作的一部分、国家荣耀中的一环。京东希望通过“红的故事”展现这些尚不为人所知的力量，通过主题内容将这一品牌资产符号化。

“红的故事”是大促开始前的第一波预热。从品牌传播层面来看，每年大促之际，消费者“买买买”的热情最为高涨，同时也是平台收获消费者注意力最多的时期，最容易把品牌精神传递给消费者。在预热阶段，走心的内容向消费者讲述具有精神层面内涵的品牌故事，能够重新唤起消费者对品牌的感知。对于企业来说，“红的故事”也是一种审慎的思考，同时通过京东人自己的故事引起员工的自豪感，在大促来临之前为员工加油。

京东“红的故事”第一季用一个个鲜活的京东快递员的真实故事，凸显了品牌故事的主题含义，如图6-5所示。

图6-5｜京东“红的故事”第一季

图6-5｜京东“红的故事”第一季（续）

图6-5｜京东"红的故事"第一季（续）

京东“荣耀的守护”作为“红的故事”的升级，2017年京东选择了海南文昌火箭发射基地、上海极地科考码头、贵州黔南平塘超级天眼、北京密云不老屯天文台等八个与祖国科技发展息息相关的配送区域，通过京东快递员与这些科技工作者之间的故事，展现单一个体是如何守护国家荣耀的。

如何讲故事其实并不是最重要的，关键还是要了解消费者真正想听什么。“红的故事”找到了与消费者真正产生连接的切入点，所以才能够引起他们的共鸣。特别是在当前这个信息爆炸的年代里，消费者会挑选自己喜爱的内容，忽略那些他们不关心的信息，因此与消费者的沟通应该放在第一位。图6-6所示为京东“红的故事”第二季。

图6-6｜京东“红的故事”第二季

6.3.2 确定品牌故事文案的类型

品牌故事文案的类型多种多样，常见的类型包括人物型品牌故事文案、理念型品牌故事文案、受众型品牌故事文案、传说型品牌故事文案等。

1. 人物型品牌故事文案

人物型品牌故事通过描述品牌的主要创始人、经营管理人员或企业员工的真实事迹进行品牌故事的包装与塑造。下面是华为创始人任正非的人物型品牌故事。

1944年，任正非出生于贵州安顺地区镇宁县一个贫困山区的小村庄，该地靠近黄果树瀑布。任正非的父母是乡村中学教师，家中还有兄妹6人。任正非中小学就读于贵州边远山区的少数民族县城。因为父母对知识的重视和追求，即使在三年自然灾害时期，任正非的父母仍然坚持让孩子读书。所以任正非的童年虽然在贫穷中度过，却是快乐美好的。

大学毕业后，任正非当上了建筑兵，在辽阳市监守当兵后的第一个工程。从这个工程开始，一直到建完生产，任正非才离开。1983年，任正非从部队以副团级的身份转业，来到成为改革试验田的深圳，在当时深圳最好的企业之一——南油集团下面的一家电子公司任副总经理。在这里，任正非遭遇了人生的第一个“陡坡”：在一笔生意中被人坑了，导致公司200多万元货款收不回来。那时，城市人均月工资不到100元。在这种情况下，任正非在南油集团的“铁饭碗”端不住了，安逸的日子似乎已经到头。这一年，任正非的家庭和事业都出了状况。他的夫人转业后进入南油集团领导层，而他所在的南油下属企业却连续亏损，再加上父母与弟妹和他们同住产生的生活压力，最终导致家庭解体。任正非在这一波又一波的滑坡中，直达人生低谷。此时的任正非下有一儿一女要抚养，上有退休的老父老母要赡养，还要照顾6个弟弟妹妹的生活。正值上有老下有小、青春不再、未来尚长的中年之际的任正非，前行之路陷入无际的迷茫与昏暗。

处于中年危机之中的任正非没有时间去感伤，家庭的责任、事业的急迫，令任正非迫不得已，走向了一条“下海”干实事的道路。就这样，深圳多了一个高科技企业的“教父”。创业初始，任正非的所思所想并没有太多的理想主义，仅仅只是为了糊口、为提高家人的生活品质，而这是一个扛着压力向前、被逼无奈的创业故事。可以说，任正非在创业初期带着些许悲情色彩。一个偶然的机会，一个做程控交换机产品的朋友让任正非帮他卖些设备，经过几次经历，任正非萌生了自己干的想法。

1987年，任正非以2.4万元资本注册了华为技术有限公司，成为我国香港康力公司的HAX模拟交换机的代理公司。在卖设备的过程中，他看到了中国电信行业对程控交换机的渴望，同时他也看到了整个市场的现状——当时国内使用的所有通信设备几乎都依赖进口，民族企业在其中完全没有立足之地。43岁的任正非，在这个时候突然表现出了他的商业天赋，决定自己做研发。军人出身的任正非似乎天生具有比一般人更加强烈的爱国热情和守土有责的敏感和决心，而他在那个时候能够认识到“技术是企业的根本”，便从此和“代理商”这个身份告别，踏上了企业家的道路。

1991年9月，华为租下了深圳宝安县蚝业村工业大厦三楼，开始研制程控交换机，最初公司员工仅50余人。当时的华为公司既是生产车间、库房，又是厨房和卧室。十几张床挨着墙边排开，床不够，在泡沫板上加床垫代替。所有人吃住都在公司，不管是领导还是员工，做累了就睡一会儿，醒来再接着干。这也是创业公司所常见的景象，只不过这后来在华为成为传统，被称为“床垫文化”，直到华为漂洋出海与国外公司直接竞争的时候，华为的员工在欧洲也会打起地铺，外国小伙伴无不惊呆、称赞。1991年12月，首批三台BH—03交换机包装发货。当时公司已经没有现金，再不出货，直接面临破产。幸运的是，这三台交换机很快回款，公司得以正常运营。1992

年，华为的交换机批量进入市场，当年产值即达到1.2亿元，利润则过千万元，而当时华为只有100名员工。

2. 理念型品牌故事文案

我们讲述的故事在一定程度上显示了我们的价值观体系，通过品牌文案彰显品牌所信奉的价值观，起到“示范”的作用，拉近拥有同样价值观的受众与品牌间的距离。

理念型品牌故事文案又被称为价值观式品牌故事文案，是指以追求某种理念为创作故事的方案。品牌故事必须是积极的，且能与产品高度正面关联，与消费者的思想相对接。

New Balance品牌在2015年曾连续推出三部微电影，分别是《少女夏洛克》《伤心料理》和《致匠心》。

三部微电影几乎都没有直接与New Balance品牌相关联的元素。

《少女夏洛克》讲述一名叫华生的男人给女朋友制造惊喜，但总是被女朋友识破，最后他利用投影仪上演了一场换装秀，终于博得了女朋友的欢心，这个感人的逆袭故事最后以“青春永不褪色，正如574三原色”结尾。

《伤心料理》是一部青春爱情治愈系微电影，讲的是男主角曾狠心和女主角提出分手，后来，男主角后悔不已，开了一家“伤心料理店”，专门接待为情所伤的人，用各种食物治愈他们内心因感情挫折所受的伤。最后，电影结尾揭示了“伤心料理”的真正由来，男女主人公也实现了大团圆结局。“青春永不褪色，正如574三原色”。

574是New Balance一个入门款经典产品，潜在用户是大学生或刚走入社会的年轻人，微电影内容十分适合这些消费群体的口味，用户在观看完微电影后，电影所折射的品牌内涵也就在无形之中深入心中。

《致匠心》则选择著名音乐人李宗盛作为主角，将李宗盛热衷手工吉他的制作过程与New Balance 990产品的制作过程相比，这种提倡“工匠精神”的情怀营销，凸显了一种品牌态度。文案中的每一句话说的都是他自己，乐坛30年，写歌不到300首，固执、缓慢、少量、只专注内心的声音，但这恰恰与New Balance的品牌精神不谋而合，百年制鞋修行只为追求极度舒适的穿鞋感受。

《致匠心》

李宗盛

人生很多事急不得，你得等它自己熟。

我二十出头入行，三十年写了不到三百首歌，当然算是量少的。

我想一个人有多少天分，跟出什么样的作品，并无太大关联。天分我还是有的，我有能耐得住性子的天分。

人不能孤独地活着，之所以有作品，是为了沟通。通过作品去告诉人家：心里的想法，眼中看世界的样子，所在意的，所珍惜的。

所以作品就是自己。

所有精心制作的物件，最珍贵，不能代替的，就只有一个字——“人”。人有情怀、有信念、有态度。

所以，没有理所当然。就是要在各种变数可能之中仍然做到最好。

世界再嘈杂，匠人的内心，绝对必须是安静、安定的。

面对大自然赠予的素材，我得先成就它，它才有可能成就我。

我知道手艺人往往意味着固执、缓慢、少量、劳作。

但是这些背后所隐含的是专注、技艺、对完美的追求。

所以我们宁愿这样也必须这样，也一直这样。

为什么？

我们要保留最珍贵的，最引以为傲的。

一辈子总是还得让一些善意执念推着往前。我们因此能愿意去听从内心的安排。

专注做点东西，至少对得住光阴、岁月。

其他的，就留给时间去说吧。

理念型故事创造了一个可感知的、想象中的未来，描绘一个令人激动的未来，为目标勾画一个愿景。例如，互联网在发展早期，尚不为人所熟悉，需要得到大家的关注时，较早进入互联网行业的网易做过一系列理念型品牌故事文案，其早期的品牌形象系列广告如下。

网易·《长城篇》

要是长城只有一个人建造？

任何时候，唯有共同参与，才能创造出万里长城的奇迹。网络时代，每个人都可能创造奇迹。因为互联网把所有人联在一起。网易致力于推动中国互联网的发展，率先开发出全中文搜索引擎、免费电子邮件系统、网上虚拟社区等先进技术，建造中国互联网的平台。然而，若没有数百万人的共同参与，我们又如何创造日均页面浏览量2400万次，登记用户590万人，聊天室34000人同时共用的骄人业绩？感谢大家的参与，期盼更多人参与进来，与我们一起共建中国互联网美好的未来。

网易·《龙舟篇》

要是面对挑战都是孤军奋战？

任何挑战，唯有更多同伴支持，才能临危不惧，赢得胜利。网络时代，你绝不再孤军奋战。因为互联网把所有人联在一起。网易致力于推动中国互联网的发展，率先开发出全中文搜索引擎、免费电子邮件系统、网上虚拟社区等先进技术，建造中国互联网的平台。然而，若没有数百万人的共同参与，我们又如何创造日均页面浏览量2400万次，登记用户590万人，聊天室34000人同时共用的骄人业绩？感谢大家的参与，期盼更多人参与进来，与我们一起共建中国互联网美好的未来。

网易·《舞龙篇》

要是节目只有一人庆祝？

任何庆祝，只有更多人参与，才能拥有更多的快乐。网络时代，每个人的欢乐都能变成大家的快乐。因为互联网把所有的人联在一起。网易致力于推动中国互联网的发展，率先开发出全中文搜索引擎、免费电子邮件系统、网上虚拟社区等先进技术，建造中国互联网的平台。然而，若没有数百万人的共同参与，我们又如何创造日均页面浏览量2400万次，登记用户590万人，聊天室34000人同时共用的骄人业绩？感谢大家的参与，期盼更多人参与进来，与我们一起共建中国互联网美好的未来。

该广告文案创意新颖独特，采用了同一信息的多角度表现方式，形成一个风格独特的广告系列。广告设计者没有向大众宣传网络如何神乎其神，而是将广告创意定位在“以人为本”上，号召更多的人参与到网络中来。广告体现了“科技以人为本”的思想，展现了网络广告的诱人前景，同时也表达了期待人们参与的强烈愿望。三段系列广告集中表达了这样一个主题：只有人们积极参与，网络才会红红火火地发展。

为了达到这一目的，广告将同一信息运用不同的表现形式进行横向拓展，从不同侧面加强了表现的分量，具有一种无形的说服力，对大众产生了强烈的震撼。同时，广告在标题、正文的结构、句式上都比较相似，风格统一，环环相扣，又略有变化。标题是同中有异，正文则是异中有同，在坚持风格、主题统一的同时又有变化。各部分之间在内容上具有关联性，在表现上具有变化性，展示了较广的信息面。

3. 受众型品牌故事文案

故事就是经历，就是体验感受。许多品牌在讲述品牌故事时，会选择这种受众体验式品牌故事文案。例如，大众点评网本身就是一个用户生成内容网站，在2017年11月推出了一个“十全食美”以真实点评翻拍的美食故事。对于听众而言，听完一个故事就相当于自己亲身体验了一回，尽管这种体验是间接获取的。

在这种文案中，要尽可能加入细节和感受，让听众想象，就好像亲身经历一样，从而对品牌产生好感。多芬（Dove）品牌收集了10个国家的用户观点，发现仅有2%的女性觉得自己是美丽的，多芬并没有寻找女性觉得自己不够漂亮的根源，而是通过“你比想象中更美丽”的故事传播自己的品牌理念。

在宣传片中，肖像艺术家Gil Zamora，在完全看不见彼此的隔离状态下，找来七位女性描述自己的外形，肖像艺术家根据她们的描述画出画像A，之后，找来七位陌生女性描述刚才的七位女性，根据她们的描述画出画像B。有趣的是，画像A与B完全不同，就像是两个人。原来，女性对自己的描述和看法与自己在陌生人眼中的完全不同，如图6-7所示。在描述自己时，女性的用词往往很悲观，如“我的脸颊很肥”“我觉得自己鼻梁很塌”“我脸上有许多斑”等，而七位陌生人对她的描述就乐观了许多，如“她的脸型很标致”“她有一双迷人的双眼”“她脸上有一些可爱的小雀斑”等。

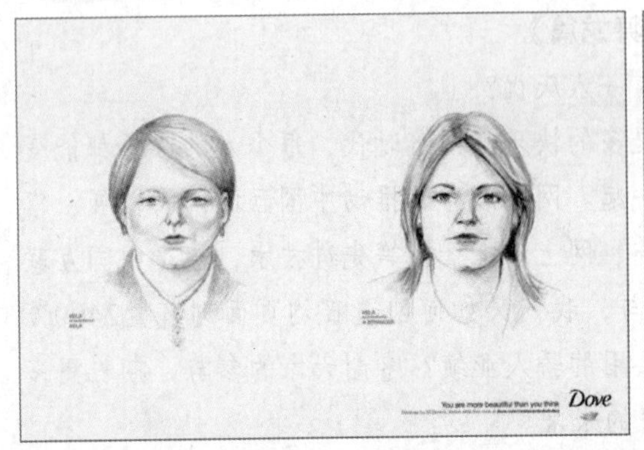

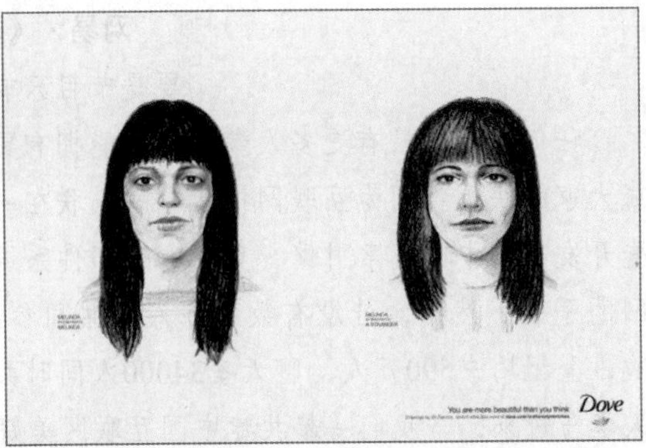

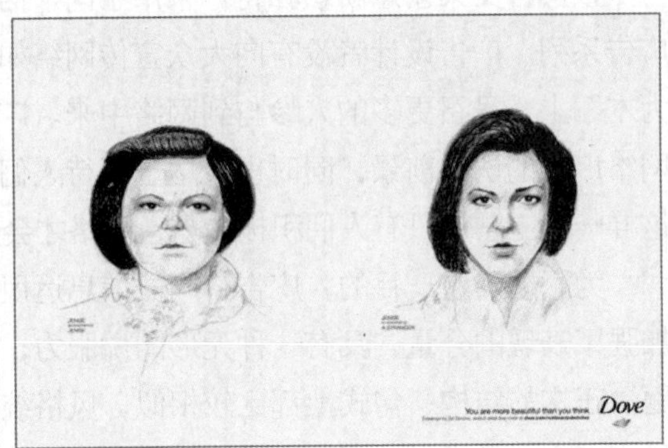

图6-7｜多芬品牌故事案例

多芬正是通过这样的实验过程，让女性真正感觉到自己其实是很美的，“你比想象中更美丽”，这样的文案一经发布就深深震撼了每一位女性观众。多芬不断致力于激发女性深层次美的潜能，提倡女性应该享受呵护，宠爱自己，让自己更美丽。

再如，可口可乐公司设计了一个长期的社区探索活动，创造和收集顾客的故事，这样该公司就能在最佳故事上注入更多精力，让“可乐就是快乐”的故事变得更深入人心。

4. 传说型品牌故事文案

通过传说型故事来表现产品，可以让产品更具有历史气息和传播力度，它可以是自古以来流传下来的故事，也可以是文案人员自己撰写的故事。下面是巴黎世家的传说型品牌故事。

巴黎世家创立于1937年，它的创始人克里斯托巴尔·巴伦西亚加于1895年出生在西班牙的一个渔村。他年幼时父亲过世，和母亲相依为命，生活过得很艰苦。母亲迫于生计以裁缝为生，巴伦西亚加在母亲的影响下开始学习针线和剪裁，并逐渐对服装设计产生了浓厚的兴趣。

巴伦西亚加13岁时，偶然遇到西班牙的侯爵夫人嘉沙托尔。年纪轻轻的巴伦西亚加竟敢对侯爵夫人的高贵打扮评头论足。但他极具见地的批评令侯爵夫人刮目相看。侯爵夫人甚至穿着巴伦西亚加缝制的晚装出席宴会，效果非常好。侯爵夫人不仅赏识巴伦西亚加的设计才华，还资助他开设了自己的裁缝店，店名即为BALENCIAGA（译为巴黎世家）。

1922年，巴伦西亚加在巴塞罗那开设时装屋；1932年，又在马德里开设时装屋。刚开始时，巴伦西亚加经常从巴黎的智明服装店采购服装式样，自己再重新加以设计，并以此在西班牙时装界初露锋芒。1937年，西班牙爆发内战，巴伦西亚加迁居巴黎，并在乔治五世大街5号开设了他的高级女装设计店——巴黎世家。从此，他开始在强手如林的法国时装界争雄。巴伦西亚加设计的女装普遍带有一种强烈的贵族气质和戏剧性，这使巴黎人对这位来自西班牙的天才刮目相看。他像建筑设计师一样擅长研究曲线的力度和结构的变化，并使自己的设计具有雕塑一样的立体效果。巴黎世家时装因而在巴黎获得“毕加索式时装”的美誉。

1950年，巴黎世家女装在欧洲的影响举足轻重，因为巴伦西亚加创造了许多高级时装的奇迹。当今的许多时装大师都以进入巴伦西亚加的设计室为荣，纪梵希、安珈罗等都曾是巴伦西亚加的门徒。

6.3.3 品牌故事的撰写技巧

要找寻和讲述能让自己和受众都产生共鸣的故事，一旦掌握了这种技巧，也就具备了说服、沟通、打动他人的基本技巧。一个善于讲故事的人懂得利用自身的情绪反应来判断他人的情绪反应，从而加以利用。

在撰写品牌故事时，应摒弃冰冷的数字，而需要活生生的人；不要抽象的概括，而要具体的细节；品牌故事要简洁，而非长篇累牍，过多反而会削弱感染力。

讲述亲身经历、细节能让故事变得更加生动，选择适合的讲述顺序，考虑强调哪些故事细节，从而建构新的语境，讲出生动的、充满细节的故事。讲事实，而非逸闻趣事，对于自己不曾经历的故事，文案创作者应该尽量避免去编造。

品牌故事要与产品品牌有直接关系或逻辑关系。通过故事的描述想办法刺激受众的感官记忆，让受众在记忆中闪现出当时的场景，记得每个故事的情节、人物、环境设定、矛盾及解决方案。要想引起受众的情感共鸣，将故事真正讲活，所讲的故事就不仅要有目的性，也要有人情味儿。

可以利用多媒体手段，增强故事的精彩度，也可以邀请受众参与，让他们来决定故事的走向，让受众扮演故事中的人物，甚至邀请受众在故事提供的背景下积极参与。

要用品牌目标受众的语言讲述故事内容，创作者和受众之间的共同语言越多，沟通就越容易，因此在进行品牌故事的讲述时，文案语言既要凸显品牌特色，又要尽可能采用受众易于接受的语言方式，消除文化差异。

品牌故事的撰写步骤包括以下几步。

1. 收集整理资料

要想写出生动有趣的品牌文化故事，就必须对品牌本身进行深入的探究与分析，了解品牌的定位是什么，有什么样的文化内涵，需要表达什么样的诉求，品牌面对的消费者群体有哪些，竞争对手都有谁。因此，文案创作者需要积累深厚的知识，收集整理众多资料，具体包括行业信息、竞争对手的信息、企业自身的信息等。

2. 提炼品牌故事主题

品牌主题是指目标品牌在品牌本体因素和环境因素的双重约束下，在品牌设计中对该品牌价值、内涵和预期形象做出的象征性约定，它来源于品牌历史、品牌资源、品牌个性、品牌价值观和品牌愿景等。

当收集到了足够的信息后，就可以从这些信息中提炼出品牌想要传递的核心思想，以品牌为核心，通过对品牌的创造、巩固、保护和扩展的故事化讲述，将与品牌相关的时代背景、文化内涵、社会变革或经营管理理念进行深度展示。

3. 撰写初稿

完成上述两项工作后，就可以开始着手准备撰写品牌故事了。用讲故事的方式进行品牌的介绍，需要在写作时注意品牌故事情节的表现，用文字描述奠定品牌故事的基调，浪漫的、励志的、感人的、有趣的……在此基础上要设置跌宕起伏的故事情节，塑造鲜活真实的故事人物，这样才能带动读者的情绪，加深其印象。品牌故事撰写也要包括写作的基础六要素——时间、地点、人物、事件、原因和结果。故事要有头有尾，要能突出产品或服务的特点。

4. 修改完善稿件

写作品牌故事的过程中，可能因为语言组织、逻辑不通等情况造成故事阅读不顺畅，因此，在写作过程中要仔细斟酌用词，选择适合品牌主题且能够表达品牌理念的词语或优美的句子来进行阐述。写作完成后，还要对稿子进行通读和校对，修改文案中的错误。另外，品牌故事也要根据企业不同发展时期的变化而变化，与时俱进地融合企业新的理念和特色。

5. 定稿发布

完成品牌故事的写作和修改审查后，就可以定稿了。接下来要做的就是在适当的时机进行品牌故事的发布和传播，以实现目标消费群体的认同，并在消费者心中留下深刻的印象。

课后练习题

1. 某款无硅油洗发水即将上市，请你参考市场上已有的同类商品，为其创造一个新的品牌名称。

2．选择一个你喜欢的并且经常使用的产品。首先，根据该产品设计一个基本的简报，内容包括该产品的目标受众、核心卖点、与其他产品相比的不同点，但不要列出该产品的名称或品牌。其次，为你刚才挑选的这个产品的竞争产品创建新的品牌名称。请尽可能多地列出备选名称，并记录下你的构思想法。最后，选出你认为最好的品牌名称并阐述理由。回到最初你喜欢的那个产品，想想你的新品牌在市场中的竞争力将会如何。

3．网上订购鲜花已经成为许多人选择送花的新方式，各类花店纷纷移步网上，请你选择本地一家花店，为其设计一句适用于网络宣传的品牌口号文案。

4．互联网品牌标语撰写的原则有哪些？

5．请结合实例分析品牌故事的文案类型。

6．请为你喜欢的某一品牌撰写一篇合适的品牌故事文案。

第7章 社会化媒体文案写作

【学习目标】

- 了解社会化媒体的定义及其分类。
- 了解不同社会化媒体文案的写作特点。
- 掌握不同类型社会化媒体文案的写作步骤和方法。
- 初步学会社会化媒体文案的撰写技巧。

社会化媒体是指运用易涉入和传播的沟通技术，并以社会化交流为目的的媒体，是人们彼此之间用来分享意见、见解、经验、观点的工具和平台。文字、图片、音频和视频等素材形式都可以通过社会化媒体平台进行发布和传播。在我国，常见的社会化媒体营销工具包括微博、微信、社区社群及新兴的音频和视频互联网平台等。这些媒体平台有其自身的传播特点，本章将通过案例分析如何针对不同的社会化媒体平台进行文案写作。

任何时候，内容都是媒体赖以生存的基础。文案工作者需要在不同的载体上发布文案，这就要求他们对各种常见的文案发布载体有充分的认知，并能熟练地使用，从而在工作中不断总结出各类载体文案的特点，找到不同的写作思路与形式。

社交媒体是人们彼此之间用来分享意见、见解、经验、观点的工具和平台，现阶段主要包括社交网站、微博、微信、博客、论坛、播客、即时通信工具、音频和视频互联网平台等。

Kantar Media CIC发布了2016年中国社会化媒体格局图，如图7-1所示。自2008年以来，Kantar Media CIC持续发布业界权威的中国社交媒体格局图，致力于为品牌提供深刻而全面的中国社会化媒体格局解析。社会化媒体通常可划分为功能细分平台和移动兴趣社区。

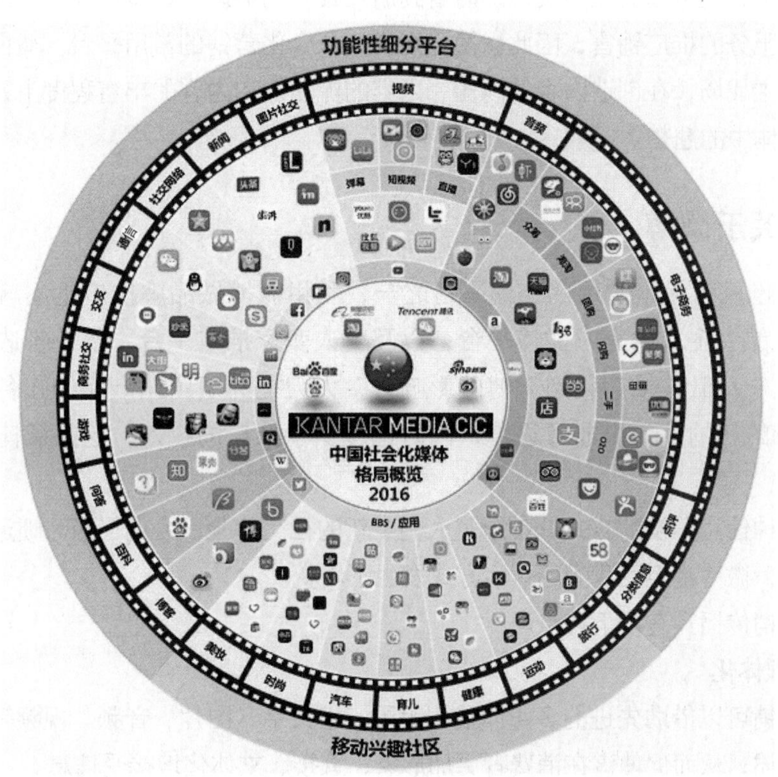

图7-1｜2016年中国社会化媒体格局图

本章将依据这张社会化媒体格局图，对不同类型的社会化媒体平台的文案写作特征及方法进行介绍，其中包括微博、微信、社群、视频、音频等社交化媒体平台。

网络营销时代，传播渠道呈现多中心、多元化的特点，人们的关注点已经分散，加上社会化网络导致分享信息越来越便捷，每个人的信息获取时间已经被不同的社会化媒体平台瓜分得所剩无几。

内容营销和社交媒体已经彼此紧密交织，以至于要将两者区分开已经很难，它们之间的界线也将变得模糊，直至消失。社交媒体给内容增长提供了绝佳的发展机会，并将投入重金发展品牌的忠实粉丝，粉丝们将通过分享、点赞、评论等方式与品牌内容进行互动。

7.1 微博平台文案的写作

微博是基于社交关系的一种分享和传播信息的网络媒介和平台，用户可以将看到的、听到的、想到的事情写成一句话或拍成一张照片，通过计算机或手机随时随地分享给朋友，一起讨论；还可以关注朋友，即时看到朋友发布的信息。许多电商企业纷纷利用微博进行产品或服务的推广销售，因此微博已经成为社会化营销的常用平台。微博平台作为社会化营销的主战场，在创造内容的门槛、内容的流动性和内容的丰富程度上，都可以算是我国社交媒体中的翘楚。

7.1.1 关于微博

微博早已成为大众常用的交流平台之一，利用微博做品牌推广也逐渐被各大行业所采用。当前大企业的官方微博平台，以及个人卖家推广平台，都纷纷选择微博作为营销渠道之一。微博推广利用微博的影响力，大大提高了企业产品的知名度，从而达到增加销量的目的，效果非常显著，同时也减少了推广的投入，这是微博媒体所具有的优势。

微博这种信息分发的方式，带给了人们全新的社交体验，人们已经习惯通过微博来获取即时信息，微博甚至使我们的生活方式发生了转变。

微博营销传播具有以下特点。

1. 多媒体化

微博营销可以借助先进的多媒体技术手段，用文字、图片、音频、视频等展现形式对产品进行描述，从而促使潜在消费者更加形象、直接、立体化地接受信息。

2. 传播迅速

微博显著的特征之一是传播迅速，一条关注度较高的微博发出后，会在互联网形成快速传播，短时间内这条信息就可以传遍世界的每个角落，这也是越来越多的个人、企业等在发布官方消息时会采用微博作为第一发布平台的原因。

3. 发布便捷

任何人都可以随时随地发布微博信息。与传统营销推广方式相比，微博推广审核速度快，也无须特别严格的审批要求，这就大大节约了推广的时间和成本。

4. 分享交互

利用微博平台，企业可以创造条件吸引用户通过网络媒体平台与其进行线上的沟通交流。企业与用户的联系实现了空前的便捷，企业可以直接获取用户对产品服务的反馈信息，这为企业进行战略调整、优化产品结构、提高服务质量创造了机会。

7.1.2 微博文案的特点

企业可以利用微博这一平台以较低的成本进行信息的高效与大范围传播，因此微博成为众多品牌进行互联网社会化营销时选用的主要平台之一。

短微博要求经典犀利、短小精悍、好玩有趣；长微博要求主题明确、条理清晰、逻辑合理。不管采用哪种方式进行文案撰写，都要紧紧抓住网友的心理，结合时事热点，写出具有高关注度的文案。

一篇好的微博文案可以吸引大量读者，为其带来巨大流量，这种流量可以转化为商业价值。图7-2所示为微博的知名原创视频博主@Bigger研究所在2017年11月20日发布的一条视频微博，用搞笑风趣的风格吸引了大批网民的目光，转发量超过10万次，将零食界新“网红”雀巢优脆“麦谷威化饼干”的知名度提升了一个台阶。

图7-2 | 大流量高商业价值的微博

微博文案通常具有以下三个特点。

1. 短小精悍

一方面，在当前的速读时代，人们越来越习惯于快餐式的阅读，没有耐心阅读大篇幅的文字，微博文案正是在这样的环境下产生的。微博阅读方式的特点就是，人们能够在短时间内获取信息，不需要主动分析和总结。

另一方面，微博的文字要求一般不超过140字，因此，在撰写微博文案时，最好做到短小精悍、言简意赅，字数在100～120字为最佳。同时，文案的内容要通俗易懂，尽量使用轻松易读的文字进行表述，让读者可以尽快接受文案的思想，达到品牌方试图引发读者思考、快速传播的目的。

2. 主题明确

撰写文案时主题要明确。不管是什么类型的文案，都要求有明确的主题，这就要求微博撰写者在撰写文案前先做好文案的定位，包括明确读者群体、写作目的及文案的卖点等。

在撰写文案时，使用适当的语言来描述需要表达的思想，以保证文案的真实性和可读性。图7-3所示为欧莱雅品牌在开展“包容美丽计划”活动时发布的“包容之美力”主题微博，而且还设置了#包容之美力#的专属话题。

图7-3 | 主题明确的微博推广文案

3. 快速传播

一篇微博文案在发布后，要快速引发人们的回应，在最短的时间内引起众多用户的共鸣和转发，达到快速传播的目的。这就要求文案创作者能够熟练地把握读者的心理，并通过自己的经验和一定的方法来进行创作。

金典有机奶在微博发布了一条文案（见图7-4）：“人的一生会扮演很多角色：子

女、亲友、爱人、父母……我们希望把每个角色都做到无可挑剔，但步履匆忙也要记得#慢下来，品金典，去生活#喝一杯香浓醇厚的金典有机奶，成就更健康的自己，助力你在不同角色间完美转换。走进#亲爱的客栈#享受品质生活！#天赐有机，金典新升级#。”金典有机奶选择了合适的品牌代言人，借湖南卫视热门综艺节目《亲爱的客栈》的热度，再配以打动目标群体的推广文案，成功引发了微博的快速传播。

图7-4｜引发快速传播的微博文案

7.1.3 微博文案的撰写与发布技巧

1. 微博文案的撰写技巧

总体来说，微博文案的写作基本可以借鉴新闻体裁的写法，因此也基本符合新闻体裁的写作要求。通常来说，文案要包括标题、导语、主体、结语和背景五个部分。在撰写时要保证文案完整，结构合理。好的文案要求逻辑正确、文理清晰、结构合理，杜绝语法错误。

微博文案的撰写技巧包括以下几个方面。

（1）信息传递要简练易懂

微博是一个基于用户关系进行信息分享、实时传播以及快速获取信息的平台。随着互联网的发展，用户的阅读习惯在改变，用户能够接受的字数在不断减少，因此，微博要尽量简短，让用户在几秒内了解主题内容。在微博这一载体上，你必须考虑阅读者的实际感受，将短小精悍、贴近大众实际生活的内容传递出去，同时也要注意图片的运用。

语言风格要通俗易懂，少用或者不用行业内的专业名词。专业的词语用通俗的文字表达，有时会更加幽默风趣，给用户留下深刻印象。

某月嫂中心在微博文案中只是简单提到了月嫂的服务质量和资格保证，再链接上报价，将受众最关心的信息公布出来，使受众能够明确其是否满足自身需求，如图7-5所示。

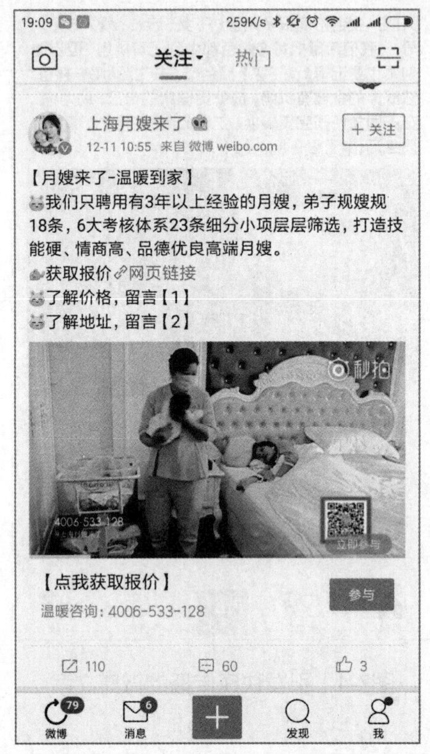

图7-5｜信息简练易懂的微博文案

（2）情感表达要真挚

文案写作时一定要用真挚的感情撰写内容。撰写的文案信息要通过平台转移到用户眼中，也就是人们常说的“见字如面”。无论活动大小、内容多少，文案透露出的真挚情感都能很好地感染用户，形成再次传播。

文案是品牌方与受众的情感纽带。要洞察用户，让受众感觉品牌说出了他们想说而没有说出的话，发布的微博信息恰恰是他们的心里话，这样就会让他们对品牌产生好感。@TimberlandChina官方微博就曾发布过一条“九宫格”图片式的微博，提供了八段“踢不烂才有故事”的心灵鸡汤，如图7-6所示。

图7-6｜情感表达真挚的微博文案

文案从目标消费者的生活态度入手，用充满真挚情感的文字，提出品牌所主张的品牌价值，与目标群体所追求的价值态度相契合。

（3）内容具备娱乐精神

幽默往往可以吸引人们的注意。微博的语言要尽可能诙谐幽默、生动有趣。微博内容要具备娱乐精神，与受众“玩到一起”，这对营销可以起到一定的帮助作用。

图7-7所示为@Discovery探索频道的官方微博账号内容截图，在#麦当劳改名金拱门#这一热门话题下，该账号与粉丝互动，发布了一条“麦当当改名叫‘金拱门’了，那么@Discovery探索频道该起个什么接地气又响亮的名字呢？在线等，捉急！”的微博内容，之后其官方账号专门转发并评论了其中一条有趣的粉丝评论。

（4）情境导入，增强体验

情境导入，可以增强读者的体验感。在微博文案中，要有目的地引入或营造文案行动目标所需要的氛围与情境，以激起读者的情感体验。这样做可以渲染气氛，预热主题，引起读者的阅读兴趣。

在撰写文案时要灵活运用这种方式，最好将需要进行宣传推广的产品或服务放入一定的情境中，通过情境的描述或渲染，让消费者不知不觉地融入其中，毫无违和感地接受所推广的产品。

图7-7｜具备娱乐精神的微博文案

图7-8所示为@雅诗兰黛官方微博在推出某款面霜产品时的文案：“每一天，环境变化，空气污染，通宵熬夜等压力都会让肌肤面临超多挑战！细纹、松弛、干燥……肌肤连锁问题与日俱增……”，将女性面临的影响皮肤状况的问题逐一罗列出来，让消费者对照自己，看看是否也有同样的问题，进而激发其焦虑感，提升其购买意愿。

（5）娓娓道来讲故事

微博文案还可以结合产品和用户群体编撰故事，可以讲述幽默的故事，也可以讲述感人的故事，还可以讲述温馨的故事，从而加深用户对产品品牌的认知度。

图7-9所示的微博文案讲述了大黄靴的品牌公益故事：全球户外休闲品牌Timberland在内蒙古自治区科尔沁沙地坚守17年，完成了总共超过220万棵树木的种植行动。该文案既塑造了品牌提出的“踢不烂精神”，又让用户通过阅读更加了解品牌、喜爱品牌。

图7-8｜情境导入增强体验的微博文案

图7-9｜故事型微博文案

（6）适度结合热点

所谓热点，指的是大多数人感兴趣的内容。将自身产品与社会热点有机结合，能有效地促成用户转发、评论，从而增加用户黏度。在撰写时，要善用热门话题。在更新自己的微博前，先搜索一下当日的热门话题是什么，哪些话题是消费者感兴趣的，然后将其策划进微博的内容中。这样可以增加被用户搜索到的概率，达到营销的目的。一般在发微博时，在热门关键词两端加#，如#圣诞节#。

微博中的热门话题往往是一段时间内大多数人关注的焦点，凭借话题的高关注度来进行产品或服务的宣传，可以快速获得人们的关注。不少品牌就通过独立运营、维护热门话题进行品牌的推广宣传。在选择热门话题时，要注意热门话题的时效性，不能选择时间久远的话题。此外，还要注意文案的措辞，不能使用生硬、低俗的话语进行牵强附会的关联，要保证话题与自身品牌之间的联系。

图7-10所示为@尊尼获加威士忌俱乐部在2012年，就当时所谓的“世界末日”这一热点发布的走心文案。文案的主题为#明天见KeepWalking#，提倡一种敢于面对明天的勇气，而这也恰恰是品牌想要彰显和传递的精神，因而成功地吸引了具有同样价值观的目标用户群体。

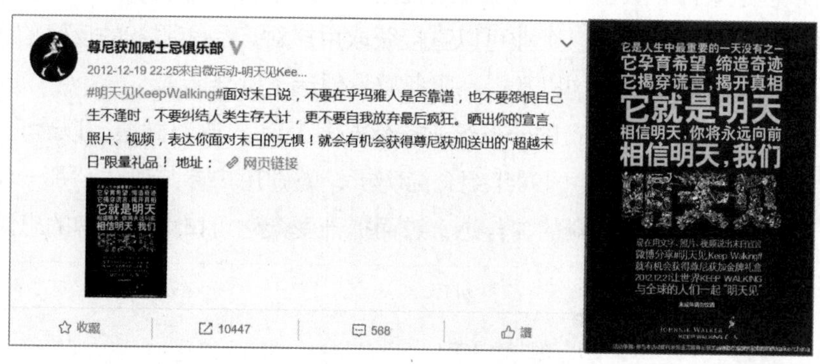

图7-10｜结合热点的微博文案

2. 微博文案的发布技巧

微博文案的发布技巧包括以下几个。

（1）巧妙选择发布时机

微博具备快速传播的特点，可以24小时在线发布，这就要求文案写作者随时待命，选择合适的发布时机。借用热点事件进行营销，就要考虑这个事件有没有后续辐射影响，在什么时候借势比较好。如果选择发布热门事件，那就一定要抢占先机，一定要在最短的时间内将你的文案发布出去，这样才能让阅读者拥有新鲜感。

图7-11所示为某品牌在2012年伦敦残奥会期间发布的一组系列微博文案之一。该文案通过简述参赛选手的励志事迹，表达品牌所提倡的#Keep Walking#的品牌精神。

图7-11｜巧妙选择发布时机的微博文案

此外，在选择发布时间时，还可以利用内容连载。内容连载就是形成固定的发布规律，如每天推荐一个好产品、每周一次粉丝活动等，以增加粉丝的活跃度。

（2）与用户实时互动

微博不只是单向的信息分享和发布的平台，还具有较强的社交属性，是一种立体的双向互动平台。

微博可以创造条件，吸引用户与企业通过网络媒体平台进行线上的沟通交流，企业与用户的联系实现了空前的便捷，企业可以直接获取用户对产品和服务的反馈信息，这为企业进行战略调整、优化产品结构以及提高服务质量创造了机会。

图7-12所示为可口可乐发布的一条鼓励粉丝与其互动的典型微博。以#可口可乐在中国#为话题，借可口可乐进入中国90年纪念为契机，鼓励用户参与讲述"那一年，我和可口可乐________"，以增强受众的参与感，进而提升受众对可口可乐品牌的忠诚度。

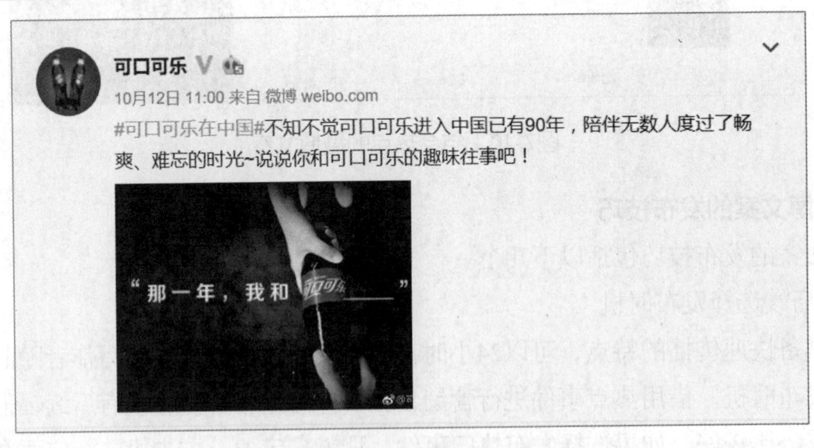

图7-12｜与用户互动的微博文案

微博营销的关键在于与消费者的互动，单一的推送式文案早已不再是企业品牌进行推广的常用方式。文案写作者在撰写文案之前就需要提前想好互动话题，在文案发布后也需要随时根据读者的反馈和回复进行调整，找到合适的互动话题进行实时互动。

在微博文案的发布上，互动和定时推送也很重要。在与用户进行互动时，要尽可能地拟人化、口语化，给目标受众亲和感，这样才能让大家在第一时间产生信任感，并愿意参与活动。

小米公司的微博与其提倡的用户“参与感”也一脉相承。图7-13所示为小米公司发布的两则微博内容，分别鼓励用户转评讲述“你坚持最久的一件事”和“今年的家宴会有什么好吃且有趣的特色菜”，这两条微博都激发了受众的参与热情。

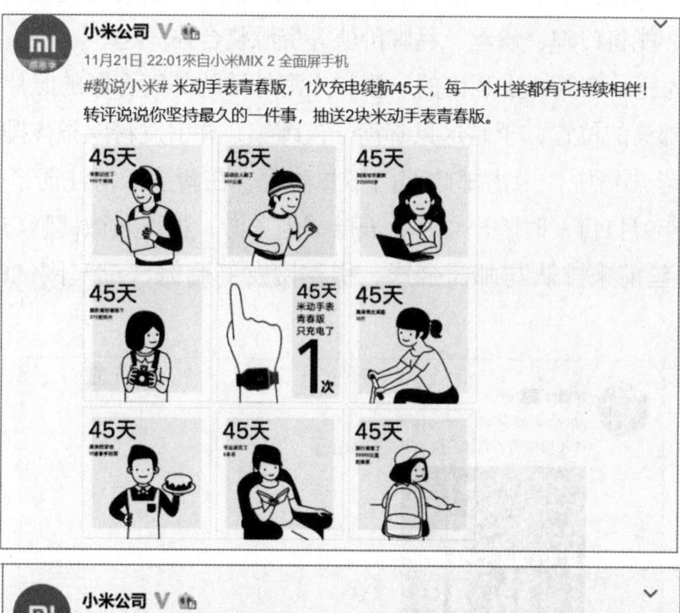

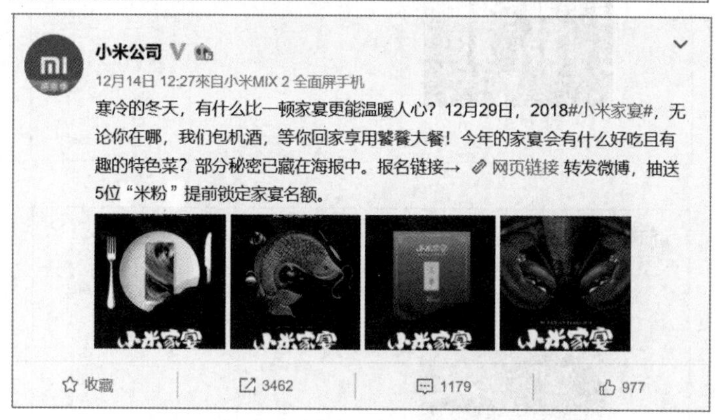

图7-13｜设置互动话题的微博案例

（3）其他发布技巧

在发布微博时，要把握好发布的数量，不要一次发布多条微博来刷屏，这样十分容易引起粉丝的反感，导致其纷纷取消关注。通常来说，一般品牌每天坚持发5～10篇就足够了。微博图文消息的特点是新和快，如果有临时突发的消息，要争取第一时间抓住热点进行发布。

此外，微博消息在宣传中只起到辅助推广、增加信息曝光率的作用。如果企业近期有活动需要微博直播，可以同步进行，但字数不能太长；直播时尽量以第一人称的口吻撰写内容，给读者打开看的理由。

7.1.4 微博文案案例赏析

需要注意的是，对一个品牌的微博账号运营来说，不能有社会化营销一夜爆红的心理，要长期投入，保证持续性。许多知名品牌的微博账号运营往往契合自身的产品属性并长期坚持，这样才能将口碑、粉丝、品牌价值等资源整合在一起。

图7-14所示为鹿晗在微博上晒出的一张和上海外滩的邮筒合影的照片，画面中的路牌向粉丝们透露了邮筒的位置，于是这只邮筒一夜蹿红，并引发粉丝昼夜排队与邮筒合影。在持续发酵的粉丝热情中，上海邮政部门不甘落后，在新浪微博注册了“外滩网红邮筒君”微博。2017年9月1日，时隔一年多，鹿晗故地重游，再次发微博晒与邮筒的合影。照片一发，便有粉丝前来排队与邮筒合影，引得网友们调侃“过气网红邮筒君迎来了第二春”。

图7-14｜微博文案案例赏析1

图7-14｜微博案例赏析1（续）

另一个经典案例来自@天才小熊猫发布的一篇热门长微博——《千万不要用猫设置手机解锁密码》，其实该长微博是华为手机的一篇软文。该文讲述了主人公用自己的宠物猫设置手机解锁密码后遇到的连串囧事，文中依次介绍了华为手机“刷指纹解锁、保密性强、手机续航能力强”等特点。

该文案内容十分幽默搞笑，无厘头感十足，引发了大量的关注及转发，成功地用长微博营销方式完成了产品的推广介绍，如图7-15所示。

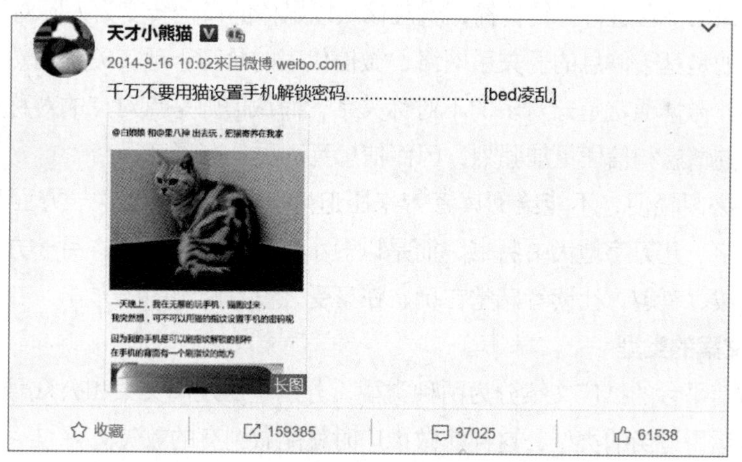

图7-15｜微博案例赏析2

 7.2 微信平台文案的写作

微信是大家所熟悉的、由腾讯公司推出的一种智能终端服务应用程序。2013-2015年是微信平台高速发展的时期，微信的快速发展使其成为热门的网络营销和推广平台之一，也是社会化媒体营销中的主要推广平台。

7.2.1 关于微信

微信具有两大特点：一方面，微信中的朋友圈大部分是自己的好友，具有强社交属性，因此信息内容的可信度较高，文章一旦在朋友圈得到转发，往往能很快引起朋友的关注；另一方面，微信公众号是微信中最具媒体属性的应用，作为一种媒体平台，就像微博一样，它具有展示信息的特点。2015年年初，微信公众平台正式面向微信认证的媒体类型公众号公测原创声明功能，营造了相对优质的内容生态环境。越来越多的人把时间用在刷微信看公众号内容上，阅读并与朋友分享新鲜事和热点，而不是自己主动去搜索。因此，文案创作者必须持续生产出目标受众喜欢的有质量的内容，让人们因为喜欢而主动分享或推荐，这样才能吸引更多的粉丝关注并转发传播。

一些微信大号具有大量粉丝，而这些粉丝又是长期以来认可其观点、态度，自发关注的粉丝群体，因此可以产生流量并带来精准的营销效果。

7.2.2 微信文案的类型与特点

微信及其公众平台的兴起，颠覆了PC时代以搜索为中心的用户行为模式。在移动端，受众的行为更多地表现为去中心化的特征，这意味着用户拥有了更大的自主权。企业品牌要想利用微信平台进行营销传播，就应该从以媒体的口径转变为人际对话的语态。

微博代表的是基于信息的弱关系网络，微信代表的是基于现实关系的熟人网络，也就是强关系网络。微博通常是一对多的不对称关系，而微信则是点对点的对称关系。与微博相比，微信中的情感和信任更加强烈，因而信息互动更具有深度。

微信文案必须轻便，不能给阅读者带来压迫感。所谓的轻便，一方面是指文字的数量，不用几千字、几万字地大书特书，而是以短小精悍的文章为主；另一方面是指文案内容要轻松、活泼、有趣，让读者感觉在玩、在享受，没有阅读的压力。

1. 微信文案的类型

目前，微信平台的推广文案分为两种类型，分别是朋友圈文案和公众号文案。品牌应根据需要合理运用适当的类型，这样在做推广时就能做到有的放矢。

（1）朋友圈文案

微信朋友圈拥有天然的社交熟悉感，在朋友圈发完产品照片，就可以直接通过微信私聊，不用切换工具。朋友圈是微信的主要功能，是个人化的分享平台，可以通过分享趣味性的内容、社会热点、个人心情、咨询求助和专业知识等内容进行推广宣传。朋友圈文案又可以分为两类，一类是品牌主投放的朋友圈信息流广告，另一类是个人利用微信朋友圈发布的朋友圈文案。

2015年年初，微信直接推出了朋友圈信息流广告，在商业化道路上迈出了重要的一步，一大批知名企业品牌纷纷在朋友圈投放广告。图7-16所示为光大银行北京信用卡中心在朋友圈投放的信息流广告。朋友圈中的广告一般注有“推广”或“广告”字样。

图7-16｜微信朋友圈信息流广告

个人在利用朋友圈进行文案推广的时候，往往代表个人风格，人们通常通过看朋友圈发布的信息内容来判断发布者的性格、兴趣与品位等，所以发布的文案不能让人感觉低级，没有档次，否则容易被拉黑或屏蔽朋友圈。

以上两种在朋友圈进行文案推广的方式，都要求文案尽量简短，最好控制在6行以内，不超过100个字。朋友圈每天分享的文案数量以5～8条为宜，过少起不到宣传的效果，过多则容易引起反感，导致被屏蔽。比较有效的发布时间段多为早晚上下班高峰、午休时间，以及晚饭后到睡觉前的休闲时间。

（2）公众号文案

微信公众号是开发者或商家在微信公众平台上申请的应用账号，该账号与QQ账号互通。通过公众号，商家可在微信平台上实现与特定群体的文字、图片、语音、视频的全方位沟通与互动，形成一种主流的线上线下微信互动营销方式。基于微信平台的内容电商增长迅猛，其中“罗辑思维”的图书销售额超过一亿元，“小小包麻麻”母婴育儿用品单月销量超过3000万件。作为公众号盈利的主要方向之一，微信内容电商潜力巨大。

公众号是目前微信内容营销的主战场，主要包括两类，如图7-17所示。

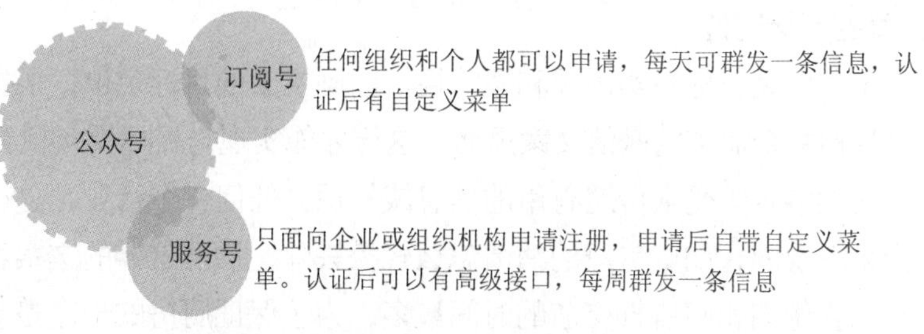

图7-17｜公众号的类型

2. 微信文案的特点

微信文案是指在微信平台上通过对产品的概念和特点进行深度分析，以文字、图片等元素写出能够进一步引导读者进行消费的文章。其特点如下。

（1）定位精准

微信文案只有关注者才可以看到发布者发送的信息，它不同于微博的开放性，只要发送了消息所有的人都可以看到。因此，微信更容易进行后台数据的统计、管理，进行更精准的客户定位和画像，因此微信文案的撰写更具有目标精准性。

（2）实用有趣

消费者关注公众号的目的是关注那些有趣有料的信息内容，而不是企业或品牌的广告。如果订阅者发现预期中的内容版面被连续替换成带有“品牌”标识的软文文案，那些对植入广告容忍度低的用户就会取消订阅这个公众号，这对自媒体平台来说，减少了粉丝数量，本身是一种品牌的伤害。好的微信公众号推广内容要与生活息息相关，要符合公众号的定位，要实用有趣，要满足受众的阅读体验。

（3）转化率高

大多数消费者对商家直接发送的广告很排斥，即使是忠诚的品牌粉丝也会反感直接的广告推广。而微信文案可以通过图文并茂的软文进行巧妙的引导，让读者顺其自然地接受广告信息并主动寻求更多的内容，这就大大提高了客户转化率。

（4）互动传播

微信具有即时通信的强大功能，这就使店家可以直接与消费者进行沟通联系，直接回复每一个消费者提出的问题。互动式的传播效果自然强过传统的单一式传播。

另外，当用户看到感兴趣的内容时，还会主动分享到自己的朋友圈和微信群，这就使单一的受众变成了新的传播主体，形成多次传播的优质传播效果。

7.2.3 微信文案的撰写方法

写出一篇阅读量“10万+”的微信文案，对在微信公众号上运营的品牌来说是一次非常成功的传播。现在很多品牌互联网推广传播的KPI考核指标都已转化为阅读量、转发量、点赞数等。切实做好内容创意依然是最核心的部分。

1. 明确文案的目标定位

撰写微信文案的两大目标是实用性和趣味性。明确文案的目标定位，根据目标受众的特征，选择适合目标受众需求的微信文案风格，这样才能实现与目标受众相契合的目标。

实用性在于文案能否给受众传递有用的信息或知识。任何一个行业，总有些技术问题是需要专业人士来解决的，如厨房里的油渍怎么轻松去除；撰写这样的文案可以吸引家庭主妇点击进去，因为她们和厨房打交道的时间最多，为了保证厨房的干净整洁，她们十分想了解这方面的知识。

趣味性在于文案的内容能否让人感动、愉快，引起人们的关注和转发兴趣。充满趣味性的文案可以让人回味无穷，让受众在获得信息的同时，满足他们的好奇、振奋等情绪，让他们轻松自然地接受文案所传递的信息。

2. 巧妙设计文案的标题和封面

微信标题的撰写十分重要，因为用户在订阅号推送里只能看到标题，如果标题起得不好，用户就不会点击阅读。

微信文案的封面是用户第一眼看到的推送内容，包括封面缩略图和文案标题。图7-18所示的公众号通过用吸引眼球的图片和标题引起用户的注意。一般来说，用户在3～8秒的时间内就可以决定是否点击进入你推送的内容，因此要好好把握封面的设计。如果不能引起受众的注意，内容再好也很容易被忽略。

图7-18｜微信文案的封面设计

通常公众号可以分为单图文文案与多图文文案，如图7-19和图7-20所示。有创意和视觉冲击力强的缩略图可以快速吸引用户的注意力，并让用户产生进一步点开阅读的欲望。其中，图7-20是某品牌在其会员2周年活动期间精心设计的微信文案封面，当用户打开公众号后，首先会有一个整体的活动主题印象，之后若对具体活动有兴趣，就可以再点击，进行详细阅读。

图7-19｜单图文文案封面案例

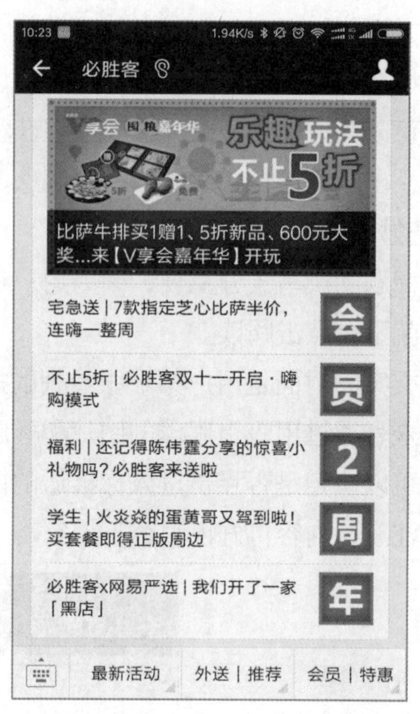

图7-20｜多图文文案封面案例

图7-21所示为朋友圈信息流广告的缩略图，它也是通过引人注意的图片和激发人们好奇心的标题来引起人们关注的。

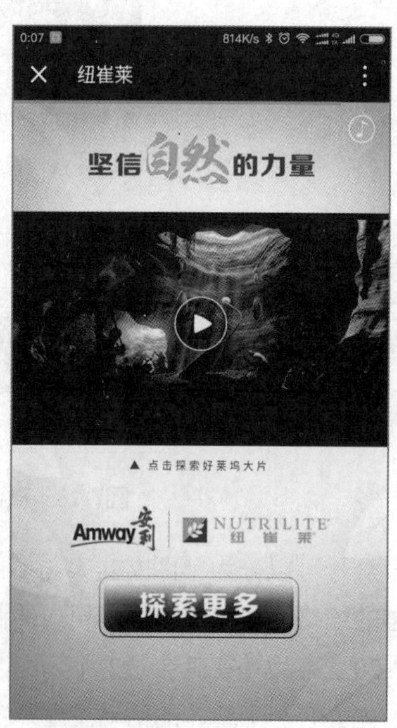

图7-21｜朋友圈微信文案封面设计

好的标题能直接引起用户对文案的阅读兴趣，如用“50岁亿万富豪濒临破产，心疼留学的女儿，亲手用大闸蟹做手工酱，却意外再造创业传奇”为标题，激发了读者的好奇心。微信文案标题与前面讲的其他类型的文案标题的写作方法类似，在此不再赘述。

在撰写微信文案标题时，信息一定要明确，直接触达用户。要学会切入大众的“敏感点”和热点，如生死、金钱、名人等。在标题中合理设置疑问，进行留白，容易引发用户的好奇。此外，还可以制造反差引发关注，如“苹果居然流血”“生孩子会毁了我的人生吗”等。常见的撰写标题的方式还有汇总合计式，如在标题中使用“5种方法”“限时干货：100份优秀广告文案分享”“36张图告诉你如何做一个好妈妈”等都是不错的方法。

3. 创作新颖有趣的文案内容

文案内容要有新意，在表达方式、内容倾向上要进行巧妙的设计，如槽边往事、行动派、新世相等公众号都是十分有个性、有特色的账号；在内容上要有及时性、可读性、娱乐性、互动性等特征。与微博官方账号的运营一样，微信自媒体运营要通过内容吸引更多的潜在客户关注自己，然后通过内容推送增加用户的黏性，进而把用户转化为客户，甚至转化成忠实粉丝。

微信文案依然强调内容为王，有料的干货内容才可以让用户真正记住文案所表达的诉求。在碎片化信息传播时代，人们不肯花费太多的时间和精力阅读文字内容，只有那些让消费者感觉说到他们心坎上的内容、让他们读起来轻松好笑的内容、能够获取相关知识的内容，才能让他们耐心阅读。

无论是销售哪种产品的微信文案，最主要的目的都是促成交易，所以这些文案并不需要华丽的开头或结尾，而需要吸引读者的产品卖点。这些卖点常常充斥在文章的开头、主体和结尾，导致文章各部分的界限并不明显。例如：

只有少数人才能品尝到的有机阳光血橙，吃到它的人，能心想事“橙”！
眉州玫瑰血橙，产于四川省眉山市，
此地俗称眉州古城，种植橙子已有千年历史。
今天要给大家重点推荐，
爷爷的橙！
家里有6000多平方米玫瑰血橙果园，
尽管爸爸不喜欢一辈子当果农，
但爷爷把它当成了最甜蜜的事业，
他老人家常年待在果园里，
悉心照顾每一棵果树。
老人家种了一辈子的果树，
对果园有一种特殊的情感。

真正北纬30°的阳光玫瑰血橙。

郑重承诺：

不打蜡、不催熟、没有膨大素、没有甜蜜素！

3个血橙=1杯鲜榨果汁，水分足。

对比脐橙，血橙的个头就小多了，果径通常在60～75mm。别看它个头小，果肉却十分脆嫩，榨汁率高得惊人，高达75%。3个就能榨出1杯鲜果汁，对于节后想减肥的朋友，简直就是福音啊。

超高日照的阳光血橙，甜度高，

昼夜温差16℃左右，年平均日照在2500小时以上，遵循自然规律，自然成熟，自然的清甜味。

肉质细腻化渣，多吃不上火。

富含天然花青素，美颜清毒。

果肉中的红色因子是：天然花青素。

俗称“人体清道夫”，有效清除人体毒素。

还是天然美容养颜佳品，有效延缓衰老。

作为吃货的你，

怎么能错过这样“暖心”的它？

6000多平方米的果园，产量约在2万千克，数量在5000份，也就是说，只有5000人能品尝到这清甜的果子。真的错过了就没有了。

在这个案例中，卖点介绍得十分清晰。每个卖点通常都包括四个方面的内容——背景铺垫、卖点介绍、卖点质量背书和唤醒用户需求。通过对卖点的描述拉近与阅读者的距离，让阅读者愿意阅读下去，看看文案到底讲了什么，看看这个产品的特点是什么，看看自己到底需不需要这样的产品。

好的微信内容要有新鲜感，就像新闻一样，要有及时性和新鲜感。

4. 借力热点，引爆话题

微信文案要有一定的话题感。通常来说，新闻热点评论、养生、情感、政法类新闻都是人们比较关注的热门话题。找到可以让你借助其被广泛传递的点，也就是许多文案图书中提到的引爆点。借助网络舆论热点、新闻焦点、网络热词，通过撰写相应的文案，借力热点，达到企业推广产品或服务的营销效果。

5. 合理发布，设置互动

一个优质公众号的发布时间通常是有固定规律的，而且发布时间都是精心挑选出来的。由于订阅号所需的内容量相当大，因此我们只有抓住关键的时间节点才能出类拔萃，这个关键的时间节点一般是早晨6-8点，中午11-13点，傍晚17-18点，晚上21点以后。不同的行业也要根据受众的习惯来选择合适的发布时间。例如亲子类，宝宝的爸妈比较有空的时间是早上6-7点和晚上22点以后；这些时间段，宝宝要么还没睡醒，要么刚刚入睡。总之，微信发布的时间要尊重受众的生活作息规律。

通常来说，只有你写的东西有用、有启发、有意思，别人才会看、才会收藏、才会转发。可以参照微博互动的方法，通过设置互动话题、互动活动、转发集赞、抽奖投票等方法进行微信推广文案的引流。

图7-22所示为支付宝2月14日情人节在其公众号发布的一条引发粉丝互动的微信文案。微信标题为“来啊，玩报数啊”，微信的正文只有简单的一个“汪”字，却引发了“10万+”的阅读量，以及网友的参与和热议。

图7-22 | 引起转发的微信文案

7.2.4 微信文案案例赏析

“张先生说”微信公众号曾发表了一篇名为《一个北漂青年的中产进化史》的推广文案（图7-23）。这个文案用讲故事的方式，讲述了作者的一位名叫“张发财”的大学同学，毕业后在北京奋斗的励志故事。

大约是2007年的夏天，张发财在公交车上和人打了一架。起因是车厢太挤，两人发生了点儿身体摩擦，继而演变成语言暴力。最后，对方来了一句：“你咋不坐出租去？”“总有一天，我要买辆车”——张发财语录。2011年张发财买车了，是大众高尔夫；2012年，张发财又买车了，是宝马五系；2013年张发财开了一家广告公司，这一年他又买了车。我把车的标识拍下来发给一位汽车编辑，才知道他的车是啥牌子。张发财还聘了个专职司机。

该文案让大家始终跟着作者的思路，以交通工具的进阶作为张发财同学“发达”的标志，再到借膨胀后又觉醒的张发财之口说出“用神州专车更方便，更经济。所以，多数时候都是用神州专车出行”以及“听说坐神州专车的都是有品位的人”。最后点题：“这才是一个成熟中产应有的生活态度嘛！”创作者通过文案刻画了神州专车的用户形象，向受众传递了有品位的成熟中产选择神州专车的品牌定位。

图7-23｜微信文案赏析案例

 7.3 社区社群类社会化媒体文案的写作

文案的创作者不应仅局限在微博、微信，而应接触更多的社交媒体平台，并充分了解其他媒体平台的属性、用户画像及适合的文案创作方法，如百度贴吧、豆瓣、QQ空间、小米社区、知乎，还有其他各种社交网站。

社交网站所建立的是基于兴趣的、长期的、较深层次的、较稳定的关系。社交网站反映了新型部落社会在互联网上的逐步成型：以共同的兴趣或爱好为纽带，围绕在一位或多位该领域的小众领袖周围，通过用户自我创造与分享内容，形成无数个具有共同话题的小圈子，进而形成一个庞大的好友群。

在此我们要先引入一个概念“湿营销”。“湿营销”是指借由互联网上的社交软件聚合某个群体，并以温和的方式将其转化为品牌的追随者，赋予消费者力量，鼓励他们以创造性的方式贡献和分享内容，从而影响商家的新产品开发、市场调研、品牌管理等营销新战略。这就意味着我们可以用以前无法想象的方式一起从事某个项目，可以发现与我们志同道合的人群，不管我们的兴趣有多小众。

社区社群类社会化媒体也已成为许多品牌进行互联网品牌推广的平台之一。在这些社交媒体上，撰写文案的方法是什么呢？

7.3.1 关于社区社群类社会化媒体

除了现实生活轨迹（共同的城市、社区，同学、同事等），人们还按照兴趣，跨地区、跨年龄社会化、网格化地聚集在一起，形成了新的网络部落。

品牌应该努力建设“认同”品牌内涵的品牌社群，基于转发推荐为节点的人际传播网络和人际推荐引擎。

社会化群体是最强大的推荐系统，尤其是在互联网时代成长起来的新一代消费者，他们的消费目的、消费观念、消费行为更多的是在社交网络中孕育并成熟，因此他们习惯在社区社群里讨论兴趣、爱好、流行趋势等，他们也更在意社会化群体的意见。一旦消费者把品牌看作“自己人”，他们就会主动帮助品牌说话，就像捍卫自己的“朋友”一样，甚至很多品牌创造话题的源泉就完全来自于用户而非品牌本身，这就为用户营造出一种品牌归属感。

从QQ群、微信群等人们日常频繁使用的社群平台到基于对某一品牌的喜爱聚合在一起的品牌社区，从综合类社区天涯论坛、百度贴吧到垂直类社区宝宝树、汽车社区，再到问答型社区知乎和文艺型社区豆瓣，这些都属于社区社群类媒体平台。

社群是基于关系的连接，不受空间的约束。我们可以从马斯洛的需求层次理论中得知，“社交需求”居于人类五种需求的中间，是人类的基本需求之一。每个人的心中都有原始部落的需求，人们愿意去结识一些“气味相投”的同类，以消解人类自身的孤独感。近年来，伴随移动互联网的迅速发展，社区社群类媒体发展迅速。于是，不少广告商选择利用社区社群类媒体进行营销。

1. 社区社群类媒体的特征

从PC互联网到移动互联网，网络文明进入社群时代。魅力人格体、粉丝经济、参与感、协同等都是社群时代的重要标签，互联网社群时代让企业与人、人与人、人与物都形成良好的连接。社群是基于“虚拟社区”发展而来的，将一群志同道合的人聚集在一起，围绕一件事情交流、评论、发表意见，群成员的创意、想法也有可能成为企业生产产品、改善自身服务的一个因素。

社区社群类社会化媒体的特征包括如图7-24所示的四个方面。

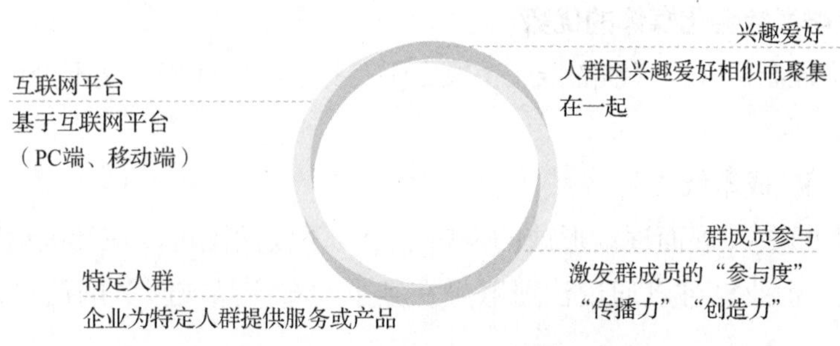

图7-24｜社区社群类社会化媒体的特征

网络论坛（Bulletin Board System，BBS）是一种经典的网络信息传播渠道和网络交流平台，主要以社区、贴吧和论坛等名称存在。在这种平台中，创作者通过文字、图片和视频等方式发布企业的产品或服务信息，可以让目标消费者更加深入地了解企业各方面的情况。随着互联网的快速发展，网络论坛已经非常普及，并逐渐发展为一种以发帖推广为主的网络推广方式，以达到宣传企业品牌、提高企业知名度、提升企业美誉度和消费者忠诚度的目的。

不少企业非常重视搭建自身的网络论坛平台，以魅族网络论坛为例，从其创建以来逐渐聚集了自称“魅友”的群体。这一群体对魅族的产品相当狂热，除了魅族自己的网络论坛外，各大手机相关网络论坛都有他们的身影。同时，他们对品牌的忠诚度极高，虽然魅族产品可能有些小瑕疵，但他们依然自发自愿地向周围的人宣传魅族的产品，并引以为傲。魅族社区的首页如图7-25所示。

图7-25｜魅族社区的首页

2. 社区社群类社会化媒体的优势

社区社群类社会化媒体营销的推广手段由于有其独特的优势，被不少企业认可，具体包括以下方面。

（1）易入门，成本低

伴随着互联网的发展而逐渐形成的网络平台，不仅网民可以在社区论坛上发表自己的观点或态度，企业也可以通过注册账号在其中发布产品或服务的信息，进入门槛比较低。

与其他媒体平台相比，其操作成本比较低，主要要求的是操作者对话题的把握能力与创意能力，而不是资金的投入量。此外，社区社群类社会化媒体的推广与其他网络的推广方式相比成本比较低。

（2）范围广，样式多

利用社区社群类社会化媒体的超高人气，可以有效地为企业提供营销传播服务。而由于话题的开放性大、范围广，几乎所有的营销推广诉求都可以通过这种传播得到有效实现。

社区社群类社会化媒体中的策划、撰写、发放、监测与汇报流程，有助于利用媒体平台空间提供高效传播，具体操作方式包括发布各种置顶帖、普通帖、连环帖、论战帖、多图帖、视频帖等，设置共同话题进行互动传播等。

（3）炒事件，搜索快

社会化营销实际上已经成为事件营销的前沿阵地。事件炒作是指通过举办网民感兴趣的活动，将客户的品牌、产品和活动内容等植入传播内容中，并展开持续的传播，引发新闻事件，创造传播的连锁反应。

运用搜索引擎内容编辑技术，不仅能使内容在论坛上有良好的表现，还能让用户在主流搜索引擎上快速寻找到所发布的信息。

（4）精准度高，互动性强

企业做营销时一般会提出关于社会化营销的需求，其中会有特别的社区社群主题、板块内容的要求和对社群特色的要求，操作者也多从相关性的角度思考问题，所操作的内容就更有针对性，用户在搜索自己所需要的内容时，精准度就更高。

社群社区活动具有强大的聚众能力，可以利用平台举办各类活动，也可以积极调动网友与品牌之间的互动。社区社群类营销推广还可以通过平台与网友进行互动，引发更大的回响。

（5）传播广，见效快

平台话题的开放程度往往很高，参与人数众多。当企业发表一些热门话题时，往往会得到网友的热烈追捧，通过网友后续自发传播，迅速感染周围的人群，形成小范围的传播高潮，并不断引发更大范围的新的传播高潮，传播范围可以得到快速扩大。

社区社群都是按行业或兴趣等特征建立起来的，主题越集中，效果越好。不同的用户自发选择自己感兴趣的主题内容平台，当针对特定目标受众群体进行重点宣传推广活动时，对某个产品或品牌进行炒作可以很快见效。

3. 社区社群类媒体的分类

社群类媒体的分类方式多样化，根据不同的划分标准可以进行不同的分类。有人根据社群类媒体组建的动机不同，将其分为三类社群，如图7-26所示。

图7-26｜根据社群媒体组建动机的分类

现实熟人社群是为了满足现实生活中熟人间联络、工作、学习、生活的需要而组建的；兴趣共识社群是基于某种共同的兴趣爱好，找到同城、同行、同好的社群；品牌宣传社群则是为了宣传某公司的产品或服务的商业式社群。

此外，也有人根据行业将社群细分为餐饮社群、图书社群、手机社群、美妆社群、瘦身社群、医疗社群、购物社群、旅游社群、影视社群、婚庆社群、母婴社群、游戏社群、宠物社群、社交社群、教育社群等。

社区社群类社交媒体的分类如表7-1所示。

表7-1 社区社群类社交媒体的分类

地域类	根据人们所在的地区、城市所形成的同城社区社群。这类社区社群由于地理位置的便捷，线上线下活动组织频繁
兴趣类	基于人们共同的兴趣聚合在一起而形成的社区社群。互联网连接的成本低，因兴趣而聚合在一起形成一个网络群体就十分容易，有基于美食、音乐、电影、摄影、游戏等兴趣的群体
产品类	用某一个产品来维系社群成员，让产品不仅是一种工具，还是承载趣味与情感的桥梁，可以将营销与产品、产品与粉丝、管理与产品合二为一。产品型社群典型的有小米社群、锤子社群等。这类社群成员本身就是产品的爱好者或发烧友，也会一起参与产品相关话题的讨论和传播，社群黏性高，变现能力强
品牌类	其建立在使用某一品牌的消费者之间的一整套社会关系基础上。如最常见的××车友会，是由消费者自发形成的，形成了对品牌的一种拥护以及习惯，算是产品类社区社群的一种延伸
学习类	它是一群热爱学习、乐于进行知识分享的人聚集在一起而形成的特定的社区社群。这类社群以学习为纽带，可以分享成员自己的知识和经验，定期开展读书会等活动，如颠覆式创新研习社、新媒体运营群、广告文案互助群等。社群成员学习意愿强
其他	价值观型社群，如根据身份形成的妈妈群、妈妈社区和以解决特定问题、拓宽知识面为目的的社区社群

7.3.2 社区社群类社会化媒体文案的特点

“内容为王”的规则在社区社群类媒体中依然有效，提供优质的网络资源是保持社群活跃度的重要方式。

社群的运营主要应该做到以下三点：一是通过有价值的内容引起拥护者的共鸣，把用户留住；二是通过共鸣者的集结形成高度活化的社区社群，挖掘核心用户，让他们发布有价值的内容；三是通过社交网络的属性放大社区社群的影响力，进而产生商业价值，把有价值的内容传播出去，吸引更多的用户。

社区社群建设的初始阶段是内容建设，初期的内容建设是一个积累的过程，厚积薄发是对内容运营最恰当的描述。以社群最早的定义者和实践者——罗振宇的微信公众号“罗辑思维”为例，其创办四个月进行了两次付费会员招募，入账会员费近千万元。纵观这些年来“罗辑思维”的发展，在罗振宇社群中，罗振宇与社区成员之间的关系并不是名人与粉丝的关系，而是朋友关系。社群营造了和朋友共同成长、共同进步的氛围。

社区社群类媒体的文案特点主要包括以下方面。

1. 语言文字简洁明快

社群消息往往夹杂在社群沟通之中，人们一般不会在社群中阅读长文案，因此当在社群媒体中进行文案宣传时，就要尽可能地简洁明快，直达目标。

图7-27所示为某QQ社群中的产品文案内容。在该文案中，发布者将产品的特点、功能、服务等内容用仅仅三行文字快速、简洁地传递给受众。

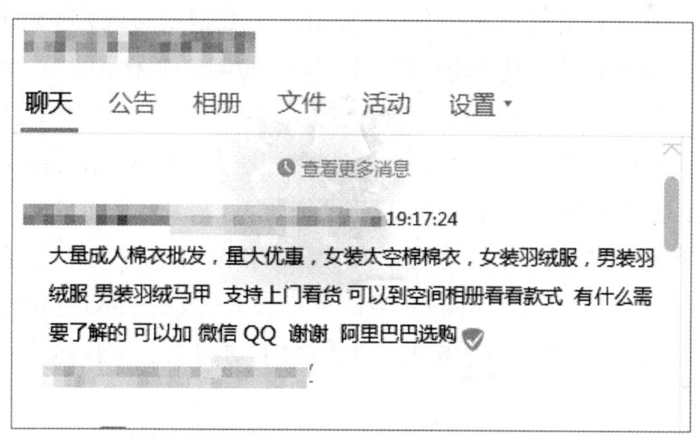

图7-27｜社群文案的特点——简洁明快

再以小米的品牌社区为例。小米公司于2010年4月成立，是一家专注于智能手机自主研发的移动互联网公司。2010年年底，小米公司推出了手机实名社区“米聊”，在推出半年内注册用户突破300万人。小米社区App截图如图7-28所示，通过文案的标题可以看到，在社区社交化媒体平台中，文案的主题明确，往往一个文案就对应一个产品的卖点。文案内容也十分简洁明快，受众可以轻松获取品牌方想要传递的核心信息。

图7-28｜小米社区App截图

2．以用户为中心

企业要懂得以社区社群成员为“中心”，让社区社群成员成为平台的主导者和参与者。小米营销模式的核心基础是小米社群，即小米QQ群、小米空间等，小米一直以“先聚集用户再做产品”“让每个人都能享受科技的乐趣”为己任。“小米之家”会不定期地为当地的小米手机拥护者举办一些活动，并且借鉴了车友会的模式，直接将消费模式升级为聚会娱乐方式，让小米手机的拥护者可以抱团取暖。

最早，小米创始人进入一个技术发烧友社区，然后让这些技术发烧友研究MIUI系统，后来就用这个系统创造了一部手机。当初参与系统开发的社区成员就会觉得小米这个品牌是属于自己的，当小米发布手机时，他们就主动购买、传播这种手机，并捍卫该品牌。

一个社群的存在，应该既能满足成员的需求，又能在满足需求的过程中给运营者带来一定的回报，这样就形成了一个良好的社群运营环境。

在小米社区中，一些积极的用户成为铁杆粉丝，在手机发烧友圈子中非常具有影响力。这些发烧友逐渐形成了小米同城会、小米探索实验室等，这些人因小米产品而结缘，并且围绕小米品牌紧密地联系在一起。

社群往往是基于某种爱好及认同而聚集在一起的群体，因此在文案撰写时要有针对性，投其所好。以某旅游特价微信群（见图7-29）为例，该群是某知名旅行网站为服务区域客户而组建的微信社群。在这一社群中，群主为该知名旅行网站的某地区负责人，经常发布一些旅游的特价消息。社群成员多是喜爱旅游的人士，他们聚集在该社群就是为了能够快捷地了解更多的旅游优惠信息。与此同时，在该社群中，大家也会经常就各种旅游问题进行深入的交流，分享旅游心得。

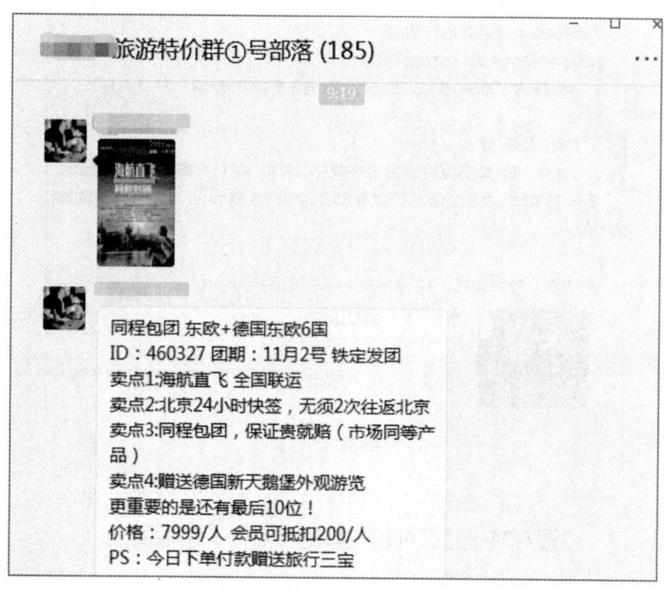

图7-29｜某旅游特价微信群

从vivo手机的“V粉”俱乐部（见图7-30）可以看到，品牌主在该社区中推出了“‘V粉’故事征集，人在旅途的精彩”活动，鼓励用户积极参与品牌的推广活动，以用户为中心进行活动的整体策划。

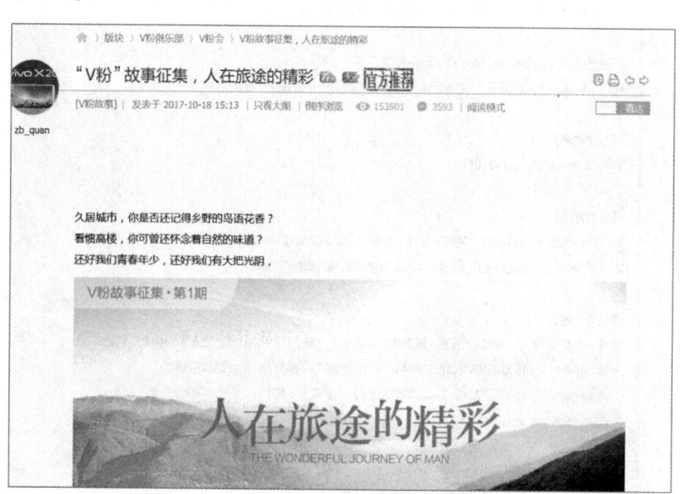

图7-30｜社区社群文案的特点——以用户为中心

3. 逻辑架构条理清晰

在社群媒体进行文案发布，要尽量做到条理清晰。图7-31所示为发布者罗列了三条产品服务的优惠信息，并在最后辅以报名链接，条理十分清晰，能帮助用户尽快了解文案的核心信息，并实现转化。

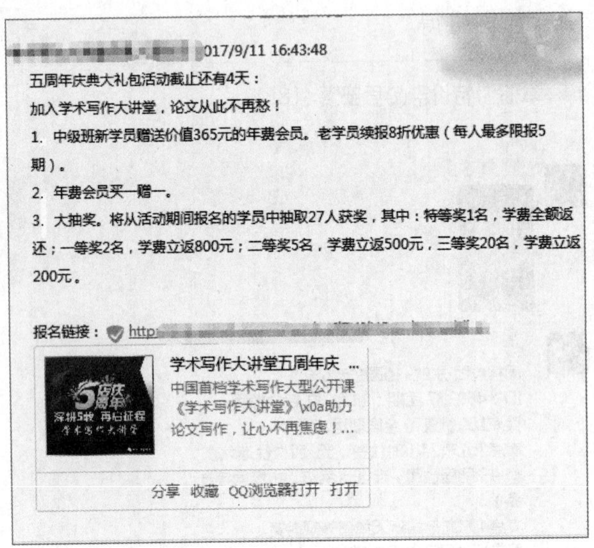
2017/9/11 16:43:48

五周年庆典大礼包活动截止还有4天：

加入学术写作大讲堂，论文从此不再愁！

1. 中级班新学员赠送价值365元的年费会员。老学员续报8折优惠（每人最多限报5期）。

2. 年费会员买一赠一。

3. 大抽奖。将从活动期间报名的学员中抽取27人获奖，其中：特等奖1名，学费全额返还；一等奖2名，学费立返800元；二等奖5名，学费立返500元，三等奖20名，学费立返200元。

报名链接：http

学术写作大讲堂五周年庆 ...

中国首档学术写作大型公开课《学术写作大讲堂》\x0a助力论文写作，让心不再焦虑！...

分享 收藏 QQ浏览器打开 打开

图7-31｜社区社群文案的特点——条理清晰

vivo手机“V粉”俱乐部的“V粉故事征集，人在旅途的精彩”活动，在文案中详细介绍了活动时间、参与方法、活动奖品等，条理十分清晰，有助于用户了解活动详情并鼓励其积极参与，如图7-32所示。

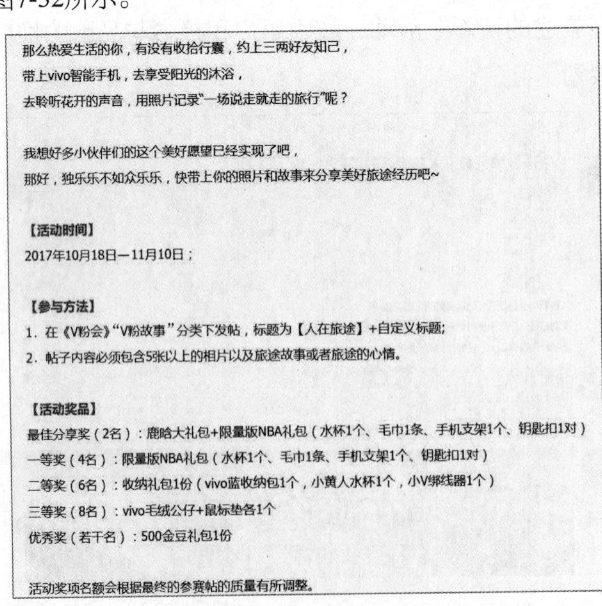
那么热爱生活的你，有没有收拾行囊，约上三两好友知己，

带上vivo智能手机，去享受阳光的沐浴，

去聆听花开的声音，用照片记录“一场说走就走的旅行”呢？

我想好多小伙伴们的这个美好愿望已经实现了吧，

那好，独乐乐不如众乐乐，快带上你的照片和故事来分享美好旅途经历吧~

【活动时间】

2017年10月18日—11月10日；

【参与方法】

1. 在《V粉会》“V粉故事”分类下发帖，标题为【人在旅途】+自定义标题;

2. 帖子内容必须包含5张以上的相片以及旅途故事或者旅途的心情。

【活动奖品】

最佳分享奖（2名）：鹿晗大礼包+限量版NBA礼包（水杯1个、毛巾1条、手机支架1个、钥匙扣1对）

一等奖（4名）：限量版NBA礼包（水杯1个、毛巾1条、手机支架1个、钥匙扣1对）

二等奖（6名）：收纳礼包1份（vivo蓝收纳包1个，小黄人水杯1个，小V绑线器1个）

三等奖（8名）：vivo毛绒公仔+鼠标垫各1个

优秀奖（若干名）：500金豆礼包1份

活动奖项名额会根据最终的参赛帖的质量有所调整。

图7-32｜vivo社区活动文案

7.3.3 社区社群类社会化媒体文案的撰写方法

社区社群类媒体是以“社群成员”为中心，让企业对社区社群成员有全面的了解，想办法找出企业和社群成员之间的共振点，从而使社区社群中的“客户”升级为“用户”。移动互联网的迅速发展使人们寻求网络归属感的意愿成为现实，基于人与人之间“关系”的网络社交渠道就被视为社群传播渠道。

论坛是提供给一群人或某类人探讨交流的地方，如果你在这里不探讨这一群人感兴趣的话题，不讨论与这个版面有关的话题，就是在“灌水”、在说闲话，浪费阅读者的时间，发布的帖子就很容易被版主删除。如果你想利用论坛等社交媒体平台推广产品或品牌，首先必须变成这个社区论坛的意见领袖，每天将专业且严谨的信息发布到论坛上，自己原创一些和论坛相关的文案。不要强硬地宣传自己的产品，而是写一些专业性非常强的文案，让阅读者先认可你的权威性，都愿意关注你。当你在平台上拥有了一定的人气以后，你便拥有了第一批追随者。

例如，在知乎平台上，“FitTime即刻运动”回答及发布的文章全是与运动健身相关的内容，如图7-33所示。作为一个专业健身平台，“FitTime即刻运动”通过打造这样一个推广平台，构建了一个与用户进行有效沟通的平台。用户可以随时就自己关心的健身问题与官方账号进行交流，这就营造了活生生的个性鲜明的专业运动教练的品牌形象。

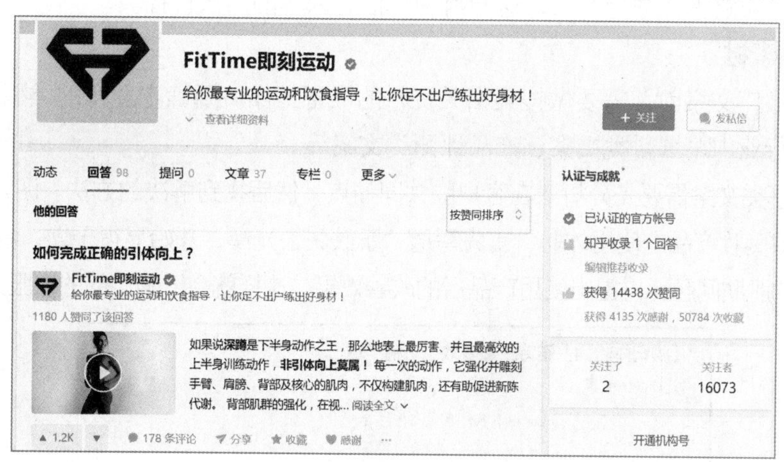

图7-33 | “FitTime即刻运动”知乎官方账号的文案

在各种社区论坛或问答平台中，有许多关于各行各业的专业问题。在社区社群媒体传播中，用户互动和参与的核心是用户之间的对话，对话中隐藏着大量的信息和数据，而这些信息和数据就是企业了解用户需求的重要途径。

在移动互联网时代，社区社群的社交化媒体的参与人数、在线时长都大幅度增加，社区社群的互动也更加频繁，因此，深入建立强关系的意愿也就越来越高。类似微信这样的移动社交软件又提供了这个条件，基于某种认同而在一起协作的社群就是这种产物。

在编写企业品牌社区社群消息时，要着重考虑以下三个方面：一是内容中讨论和评价企业品牌的比例；二是内容所带来的营销效果、传播效果及转化价值；三是内容中与企业品牌或业务情境相关的比例。

社区社群的社会化媒体推广作为当前常见的营销推广手段之一，已经具有比较完善的操作步骤。下面结合具体的文案写作步骤，介绍其写作技巧。

1. 确定适合推广的平台

社区社群往往都是按行业或兴趣建立的，有一些主题高度集中，有一些主题相当松散。在进行营销推广时，主题越集中，效果越好。如果你推广的是搜索引擎优化、虚拟主机和网站建设等，站长聚集的论坛就是个好地方。但在一些主题相对较弱的地方，往往不容易建立专家的地位，所以要花一些时间，搞清楚自己所在的行业在网上有哪些著名的论坛，而不必大海捞针地去很多论坛浪费时间。

如果想利用社区社群的社会化媒体进行网络推广，就要根据自身产品或服务的特色选择适合的媒体平台。通常来说，首先要尽量在对应行业主题的媒体平台中选择高质量的平台。所谓高质量的平台，就是指那些气氛活跃、用户数量多且用户群集中的社交媒体。在主题集中的高质量平台上进行营销推广，往往会起到事半功倍的效果。其次，要尽量选择多种平台进行同步推广，以利于营销的整体造势。最后，要尽量选择那些知名的、易被其他媒体平台转载的平台进行发布，这样有利于信息内容的二次传播。

2. 搜集素材

在撰写推广文案前，需要做搜集相关资料的准备工作。要确定发布的类型，如经验分享类文案、行业内幕爆料类文案、产品评测类文案等。

经验分享类文案需要先分析潜在客户的共同痛点，然后找到解决的方法。图7-34所示为用户通过对某款美妆产品的使用体验，首先写道“肌肤失去光泽，开始显得干燥、疲惫”，让用户暴露自身的肌肤问题，再提出使用产品后的改善效果，这样就会增强产品的说服力。

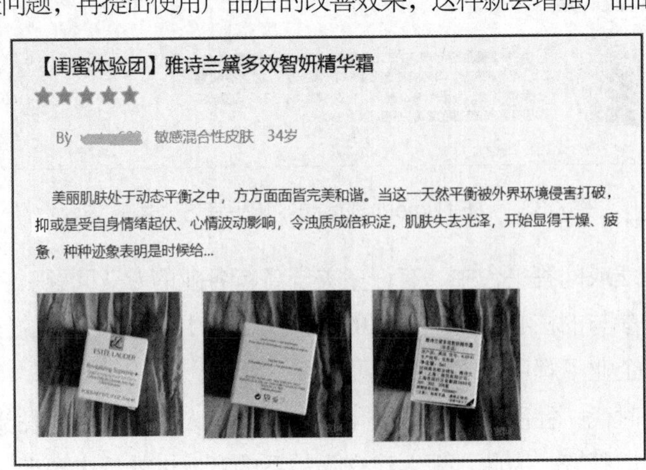

图7-34｜某化妆品体验分享类文案

行业内幕爆料类文案要求对行业的了解程度比较高，这种内容最好是根据自己的观察发现来进行原创。如果自己并不清楚行业内幕，那么最好放弃使用这种主题做产品推广，也可以在网上搜集某个行业的内幕或让行业内经验丰富的人来写。总之，该类型文案的专业性高，操作起来难度会比较大。

产品评测类文案近年来十分热门，许多论坛都有相关产品的“开箱帖”。以智能手机为例，通常把要介绍的产品和同期其他品牌的智能手机产品放在一起做评测，可以从产品参数、产品价格、手机硬件、客户使用体验等方面入手。一加手机论坛中用户发布的体验试用报告如图7-35所示。

图7-35｜一加手机论坛用户发布的体验试用报告

不妨去天猫找知名品牌的产品，然后多看几遍它们对产品的描述以及评价，筛选一些信息，用自己的语言把这些信息组织成一篇比较专业的评测类文章。当然，在找好素材后要认真去组织内容，使其显得真实、可信。

3. 撰写推广文案

（1）选择用户感兴趣的主题

撰写的内容一定要有话题性，这样才能得到更多人的回复。话题性越强越能引发更多的人关注。推广文案的内容要选择能引起网民兴趣的话题，如可以从近期发布的社会新闻热点等角度来贴近话题，也可以用分享互助、引发争议的方式引起网民的好奇。

千万不要凭空想象客户的痛点，而应该客观分析潜在客户的痛点，换位思考，还要学会用百度指数、相关的关键词工具查询数据，让数据说话。

文案创作者要学会洞察群体需求，分析自己的用户群的具体特点，分析目前用户是通过什么方式获得需求的，是否满足或满足的程度，剖析自己的优势、能力、资源、团队，选择合适的主题。

（2）选择合适的时机发布

以时下流行的直播帖为例。直播帖就是把你准备好的帖子内容一段一段地发出去，也就是一楼只有一段。发这样的帖子时需要注意发帖的频率，想显得真实，帖子就不能发得太快，因为直播帖肯定是边写边发的，如果让潜在客户感觉到你早有准备，就会对帖子产生一些不好的印象，后续推广的效果也会大打折扣。

在即时社群发言时要把握好时机，如果群里的话题正好是自己熟悉的，就发表一些专业的见解或分享；如果是自己主动发言，可以发布一些比较新鲜的与群相关的信息；如果有链接，则应在链接前说明主题内容，也可以在群分享、群图片中分享一些群成员感兴趣的行业、职业、业务方面的文章、图片等；如果企业有比较重要的活动要进行发布，除了聊天的方式，群分享、群图片、群邮件也都是很好的传播方式；如果确实对群成员有益，也可以联系群主发布群公告，这样宣传的效果就会更好。

图7-36所示为某英语学习辅导班在QQ群中发布的每日道早安的文案消息。这则文案一方面让用户在每天早晨收获一份祝福；另一方面它与产品内容相关，发布一条英汉对照的名言警句，让消费者形成良好的学习习惯。

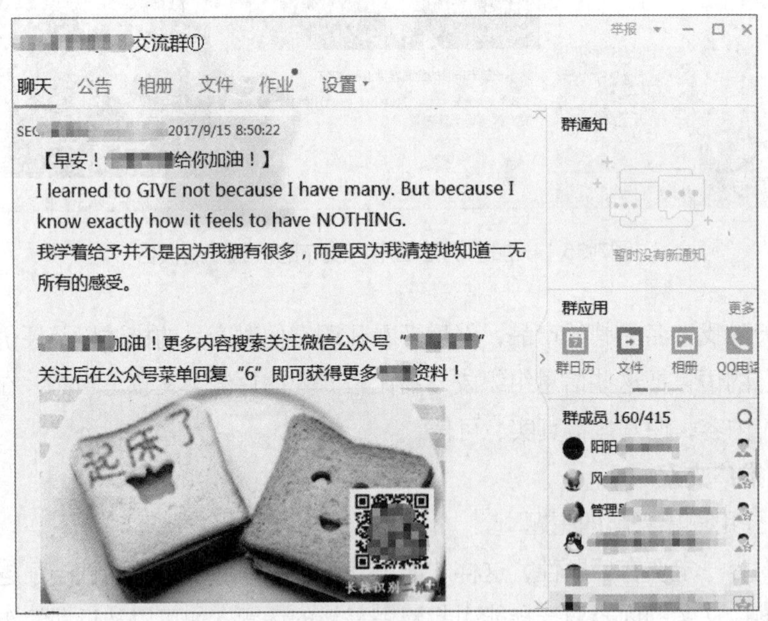

图7-36｜选择合适的时机发布社群消息

（3）设置引人注意的标题

能否引起网友的关注，标题十分重要，直接关系到帖子能否被网友点击打开。文案的标题要尽量做到简洁、清晰，并与产品相关联，让受众一看到这个标题就有要点击进来看一看的冲动，如“说的是不是你？”“别让马桶长在身上”“儿子变了，我哭了”“皱语，女人的咒语”“妈妈，我在学校很不开心”等。

（4）选择适宜的发布内容

文案本身的内容是最核心的部分。我们在写作时往往会从自己熟悉的角度入手，通过严谨的逻辑布局和清晰的表述来进行描述。选择的语言风格应尽量符合网络用语习惯，让受众乐于接受。排版时也要尽可能简洁、清楚，可以采用图文互相配合的方式进行推广。最后，一定要注意文案的原创性，绝不能出现抄袭和雷同现象，要提出自己独到的见解。

4. 引导潜在客户

要学会正确引导并回复。如果你之前采用了某个话题来营销，并因此遇到了争论，其实这未必是坏事，因为通过争论可以增强互动性与曝光率，特别是不知名的企业，可以通过这种途径演变成大范围病毒式营销，但一定要合理控制争论的程度，如果控制不好，反而会带来不利的影响。

要想获得高关注度的传播效果，就要注意使用与网民互动的不同方法。图7-37和图7-38所示为2017年小米6手机在小米论坛上发布的推广文案。小米公司在其论坛上先后发布了一系列论坛推广帖，包括产品介绍帖、评测帖、投票帖、抢楼帖、晒图帖等。利用多种方式进行“零广告费”推广互动，让消费者参与进来。通过此次调查，消费者对小米6手机的性能更加了解。

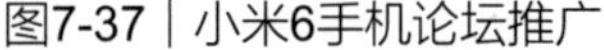

图7-37 | 小米6手机论坛推广

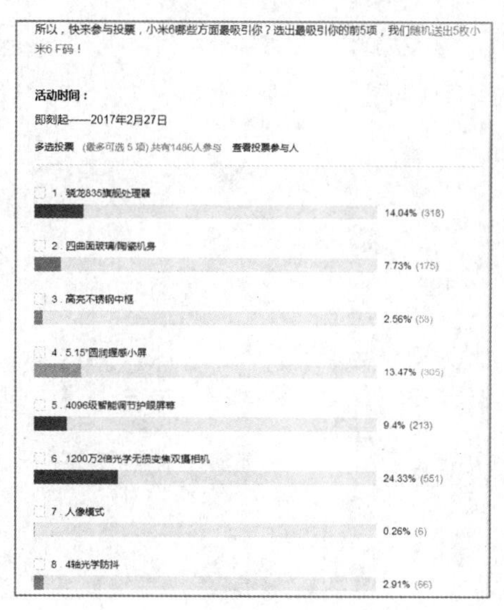

图7-38 | 互动投票赠送F码网页

7.4 视频类社会化媒体文案的写作

近年来，互联网用户对图像、视频和图形的热情不断高涨，视觉图像比静态文本更受欢迎，内容成为讲述故事的载体。视觉内容在讲述品牌故事时比文字更加形象，因此视频和信息图相当重要。

随着4G网络的普及，用手机视频进行社交成为人们新的表达方式。其中“时长短、频率高”的短视频成了流行趋势。

目前，短视频的内容制作越来越“去专业化”，一部智能手机可以完成拍摄、剪辑、分享、传播的全部流程，于是大量视频内容开始涌现，终端、平台、应用、社交网络，以及用户内容、消费习惯等新的内容分发模式也为碎片化的视频创造出前所未有的消费场景。用户自身所生成创作的视频内容依托各大内容平台进行分发并迅速流行，这其中最典型的就是Papi酱。

Papi酱本人具备丰富的影视专业知识，因此选题设计通常十分独特，从娱乐新闻到社会热点，加上“接地气”的表达方式、夸张搞笑的表情，直接地满足了年轻群体对娱乐视频的需求。2016年4月21日下午，Papi酱的视频广告贴片招标会如期举行，这次拍卖会的起拍价为217000元，竞拍者丽人丽妆以2200万元的价格成为此次拍卖的标王（见图7-39）。Papi酱合伙人杨铭宣布，2200万元全数捐给Papi酱的母校——中央戏剧学院。

图7-39｜短视频网红代表——Papi酱

7.4.1 关于视频类社会化媒体

1. 视频类社会化媒体的类型

视频网站是指在完善的技术平台支持下，让互联网用户在线流畅地发布、浏览和分享视频作品的网络媒体。视频类社会化媒体可分为在线视频、聚合视频、短视频、网络直播、电视直播和视频播放器等类型。

品牌在进行视频推广投放时，要根据推广产品的特性、平台的用户属性、平台内容的板块设计等选择合适的视频类社会化媒体平台。

2. 视频类社会化媒体的趋势

随着移动生态的整体向好，越来越多的平台看好视频风口。视频类社会化媒体的整体趋势包括以下方面。

（1）移动媒体迎来整合

以今日头条为例，以算法起家的今日头条在具备了流量基础后，对视频内容进行细分，分别推出了头条视频的延伸西瓜视频、以直播为核心的火山小视频、以年轻人高质量原创视频为主的抖音等。由此看来，未来移动媒体将迎来整合发展阶段。

（2）“社交+原生+视频”成为最佳变现方式

根据Cisco Systems预测，到2018年年底，视频将在全球互联网流量中占到80%～90%。消费者不仅可以在YouTube等视频平台收看视频，还可以在Facebook、Instagram、Twitter等社交平台收看视频。

大多数企业在和乙方共同制定广告传播策略时，很少会去为单独的平台定制内容。如果一支广告影片可以出现在新浪微博，那么它也一定可以投放到百度贴吧，只要选取的受众有统一的标准，平台之间就不会存在特殊的界限。

互联网为消费者赋予了比企业更加快速的响应能力，所以，数字广告的目的不应该是去延续传统媒体时代设置议程的做法，而是平等地扮演一个讨人喜欢的参与者的角色，原生广告的兴起正是如此。

（3）短视频成为移动广告新浪潮

2014年12月，微信推出小视频功能，用户能录制短视频并发布；一年之后，微信推出朋友圈短视频广告。移动互联背景下的时间碎片化，时长在3～5分钟、简洁明快、轻松搞笑的短视频迅速上位成为“新宠”。前面所说的Papi酱就是典型的短视频流量女王。

一方面，品牌主可以基于短视频平台开展营销活动，如有奖视频创作大赛、头条的金秒奖。

另一方面，企业可以通过拍摄短片作为产品教程、客户答疑和进行企业文化宣传的新形式。用户对平台的信任来自深度了解，企业可以制作短片，以介绍企业的产品信息、生产过程、使用教程、客户异议等，体现企业的正规、专业，以及用户至上的理念。

（4）“直播+社交”涌现出新的内容媒介

4G的普及让随时随地直播成为可能，尤其是移动互联网的碎片化时间更适合“草根”主播的碎片化展示。资本的大力推动让直播的供应链上游快速催熟，公众舆论的大量曝光带来了上游资源（如主播、内容）的丰富。因此，“直播+社交”将是颠覆广告领域的下一个蓝海。很多品牌商把直播看作在线客服，用直播集中解答用户问题、做产品测评。

7.4.2 视频类社会化媒体文案的撰写

视频类社会化媒体平台中的视频内容的核心仍然是文案的输出，只不过使用了不同的表达方式。互联网视频不是照搬电视台的做法，它们已经开始包办一些卫视的节目，主流制作机构也开始从电视台向互联网转移，不少互联网视频网站也在投入大量资金进行自制节目的制作播出。

内容营销其实并没有固定的位置，有时候会放到节目内容、互动里，有时可能放在社交里。关于视频类社会化媒体的文案撰写方法与技巧，下面将通过直播视频文案、视频弹幕、视频植入文案、短视频文案加以介绍。

1. 直播视频文案

直播降低了内容的生产门槛，改变了内容的生产方式，同时直播视频中实时交互的增加让内容生产更契合用户需求，更接地气。视频直播是如今人们非常重要的娱乐方式之一，因此热门视频直播的点击量和收视率很高。在这些观众群体中，商家可以通过精准定位与视频网站或直播平台开展合作，推出有趣、有料的商品文案，在观众玩乐的过程中进入观众的心智，影响其购买欲望。

目前直播似乎已经成为电商、社交、视频等各类线上平台的吸睛利器。正因如此，直播与不同行业结合而形成的“直播+”经济也在逐渐升温。在信息时代的生活中，每个人都成了信息传播交流的中心，许多年轻人乐于并且享受这种被置于聚光灯下的生存方式。2016年甚至被许多人认为是中国“直播元年”。

“网红”张大奕用直播的方式向粉丝介绍每一件衣服的详情和穿搭方法。图7-40所示为该直播的界面，直播结束后总计有600多万次的播放量。可以看到，直播间画面右侧有用户实时互动，左侧有主播小店入口，对店主的产品感兴趣的用户可以直接进入购买。凭借巨大的流量支持和有趣、有料的直播内容，张大奕每次直播都可以为店铺带来巨量的订单。

随着各企业和品牌商相继试水直播营销，如今谈起直播，人们的第一印象已不只是和“网红”有关，它的实时互动性及对用户注意力的凝聚和品牌营销价值开始更多地成为大家关注的焦点。

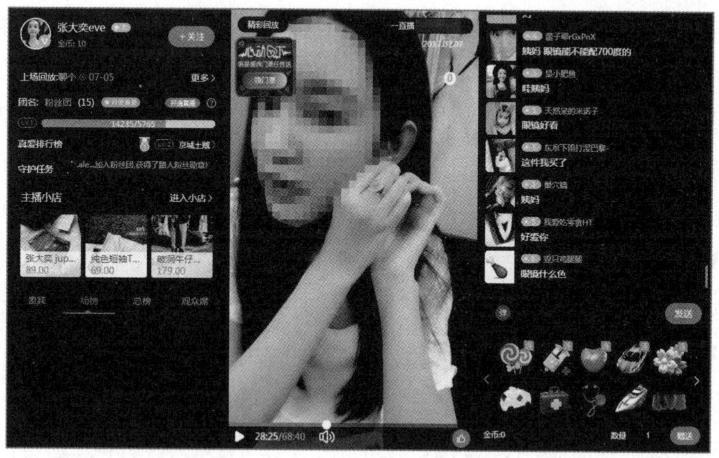

图7-40｜“网红”淘宝店主直播画面

例如，薇姿品牌在创办85周年之际，选择张艺兴为代言人，完成了一次品牌直播活动，如图7-41所示。本次活动的第一支视频由@薇姿官方微博账号在85周年天猫品牌日7天前放出，预告进入直播倒计时。直播8小时前，代言人张艺兴亲自发布倒计时最后一条情话，所有话题直指7月28日的直播活动。2016年7月28日直播当天，#张艺兴薇姿火山温泉大挑战#准时在天猫、聚划算平台开播，预热积攒的人气井喷式爆发，先后在斗鱼、熊猫、战旗等各大平台同步直播，优酷等主流视频平台也进行了播放。

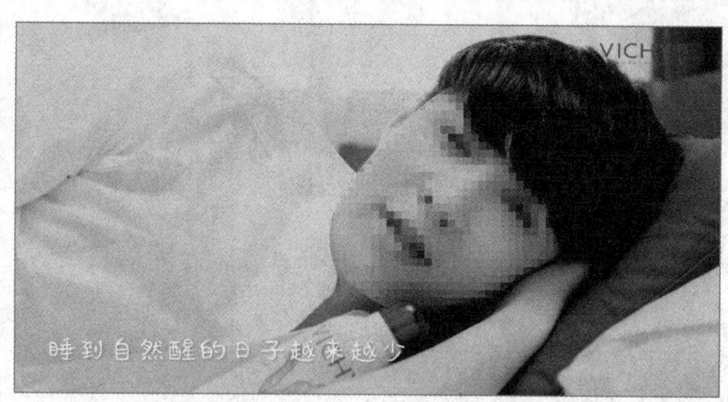

薇姿 V
7月21日 11:13 来自 专业版微博
【#张艺兴火山温泉大挑战#7天倒计时】7月28日，小绵羊将为你独自面对薇姿火山温泉大挑战，届时会有2小时的近距离互动，一定要来为他加油！但你以为惊喜只在7天后吗？哈哈，小薇一放起福利来连自己都害怕，其实今天5点就会有小绵羊情话视频悄悄为你放出哦~时刻关注我，不会让你失望！
收起 查看大图 向左旋转 向右旋转
阅读 41.9万 推广 2677 552 2362

薇姿 V
7月21日 17:06 来自 专业版微博
【#张艺兴火山温泉大挑战#倒计时7天】听说，你对张艺兴一见钟情？也许，张艺兴对你也是呢！猛戳下面独家视频看小绵羊对你花式说情话，小薇已忍不住回放100遍啦。偷偷告诉你，明天还会有哦，这几天就是要把大家迷得晕头转向。7月28日来围观，上天猫就可以#带张艺兴回家#哦~ 秒拍视频
收藏 13317 3846 7270

图7-41｜某品牌直播活动

在直播过程中，主播的脚本写作及直播过程中的文字输入交流都可以作为直播平台的电商推广文案写作内容。用户可以在直播画面中看到其他用户针对商品向主播提出的各种问题，同时自己也可以通过文字输入的方式向主播提问，以便更全面地了解商品。

在视频直播间里，用户前一秒打出来的字下一秒主播就直接读出来了，甚至可以在主持人直播的时候自由与其对话，十分注重互动性和信息的即时性。用户可以选择自己感兴趣的主播，进入主播频道，与主播进行聊天、互动，从而满足人们的社交欲望。

直播应提供有趣的话题，让用户积极参与，大大调动用户的参与热情；提供活动，用奖品来吸引用户，让用户积极自发地上传发布视频。用户可以分享好的视频，在视频中讲述自己的故事，好玩的事情，进行才艺表演等。

图7-42所示为天猫直播画面，直播的实时性、互动性、直接性、真实性让用户在接受品牌的营销信息时，也能感受到一种平等和尊重。这再次说明直播在未来将是品牌和企业连接用户的重要渠道，是一种新的营销平台。

图7-42 | 天猫直播画面

目前的电商直播推广，“网红+内容”输出的方式已经成为一种经济现象，低成本获取流量的同时还能获得消费者的高忠诚度。“网红”经济模式对于未来娱乐、营销、电商甚至整个社会经济的发展，都将产生重要的影响。

2. 视频弹幕

视频弹幕是指在视频播放过程中，用户可以随意发布评论，并且评论会显示在视频上。目前，弹幕已经成为人们看视频时的必备品。用户通过弹幕发表自己的看法，与其他用户交流并与主播互动。一般来说，弹幕可以给用户一种“适时互动”的感觉，当用户看视频重播时，也能看到不在同一时间段其他用户所发布的评论。

因此，虽然不同弹幕的发送时间有区别，但在相同时刻发送的弹幕基本上具有相同的主题，在参与评论时就会有与其他观众同时评论的错觉。图7-43所示的就是典型的用户在观看视频过程中看到的弹幕。

图7-43｜视频弹幕

网络直播的异军突起，弹幕绝对是重要功臣，它让单一传播变成了双向互动，同时又提高了直播内容的含金量。例如，“茶颜”正是盯准了弹幕与直播的巨大市场空间，“一茶一面膜”的新品上市推广没有选择传统的线下展会或促销活动，而是另辟蹊径，以弹幕直播脱口秀的形式发布新品。

3. 视频植入文案

视频植入广告是常见的品牌推广手段之一。例如，海马汽车赞助植入电视剧《何以笙箫默》，利用剧中人物的特性，为角色配备不同风格的车型，扩大了产品认知，提升了品牌形象。同样是汽车品牌，《奔跑吧兄弟》的开场白为：“奔跑吧凌度，奔跑吧兄弟。本节目由上海大众汽车奢饰宽体轿跑凌度冠名。”而农夫山泉逆势而为，在视频开始前打出字幕“农夫山泉提示您：非会员也可以免费关闭广告，请注意右下角的关闭按钮”，也收获了用户的赞誉。

视频网站的电商推广文案是指利用常见的视频网站平台进行的电商品牌推广文案。近年来，我国兴起了一批以爱奇艺、优酷、腾讯视频等为代表的视频网站。在这些网站进行电商推广有一定的优势，主要包括网站受众数量多，内容来源多元化，视频可植入其他网页，方便用户进行互动等。

此外，不少视频网站还投资制作了大量自制剧，新的技术手段使边看边买成为可能，这就让视频内容营销与电商推广相结合成为未来的发展趋势，因此许多电商品牌十分看好利用视频网站进行推广。

2014年，爱奇艺与京东宣布联手打造“视频+电商”跨平台购买，京东冠名爱奇艺出品的时尚真人秀《爱上超模》，除品牌冠名、广告贴片外，超模选手在节目中的穿着装扮均在京东有售，视链技术播出全程时时贯穿，连接爱奇艺和京东在线销售平台。爱奇艺也推出了一搜百映、云贴片、视链等精准营销技术，以实现跨平台购买。

基于视频网站的电商推广文案最大的写作特点就是要与视频网站的内容融合在一起，尽量做到文字精简，主题突出。因为消费者在视频网站停留的目的主要是观看视频，所以广告在植入时，需要与视频平台相配合，不能引起用户的反感。

例如，由米未传媒打造的网络综艺节目，其有趣的广告植入已经成为节目的辨识度之一。《奇葩说》和《饭局的诱惑》常常能够在节目中激发出笑点并且炒热观众的热情。在视频网站的弹幕区，往往在广告口播出现时，弹幕量开始铺满整个屏幕，“这个植入我给满分”“广告666666”等弹幕如刷墙般穿屏而过。

在《奇葩说》中，米未开创性地采用了“花式口播”广告植入方式，创造了许多人们耳熟能详的广告语。在与腾讯视频、斗鱼合作的网综《饭局的诱惑》中，除了依然使用花式口播（如“OPPO拍照手机，年不年轻看手机”，见图7-44）外，还尝试了新的广告植入方法，广告即应用场景，赋予每一个商品以场景意义，无缝地将消费者纳入该场景中。

图7-44 | 米未综艺节目视频植入文案

可以看到，赞助商在《饭局的诱惑》这档节目中大放异彩，每一个赞助商的商品都能获得一个有趣的应用场景，广告的文案被完美融入节目内容中。

植入式广告最开始是出现在电影中，如今电视剧、网络综艺节目、网络游戏等纷纷植入广告。这些视频把广告融入剧中人物的生活场景，这就是我们通常所说的“软广”。这些植入文案要求尽可能符合视频内容本身的风格，同时也能彰显品牌的特色。此外，还要与视频的场景相匹配。图7-45所示为某视频中植入的某房地产App产品的广告文案，这就与剧情发展相符合，不会让观众产生突兀感，广告文案也简明扼要，能让观众在短时间留意并记住推广品牌。

图7-45｜某视频植入的文案

视频网站不断发展，原有的广告盈利模式渐趋饱和，为了获得更高的收益，广告的闪现频率越来越高，广告位出现的方式也被视频平台以前所未有的热情不断发掘。内容营销人员可以制作大量视频，重视移动端消费，增加内容推广开支，利用科技获得营销优势。在文案撰写时，要根据剧情内容进行巧妙设计，增强受众对品牌的好感度。

图7-46所示分别为电视剧《春风十里不如你》中云南白药春风十里旅行套装的压屏条广告文案“带上小蓝套，清爽嗨整夜”和雀巢咖啡在《老九门》网剧中“咖啡选雀巢，这是老规矩”的压屏条广告文案，都与剧情相呼应。

图7-46｜压屏条广告文案

此外，不少视频网站还设置了压屏条广告的点击链接，当用户点击压屏条广告时，就会自动进入相关产品的购买页面。图7-47所示为电视剧《我的前半生》中推出的某款面膜产品的产品链接。

图7-47｜视频网站的链接推广

4. 短视频文案

短视频爆发期的到来，似乎把我们带入了内容创作的又一个风口。目前，无论是制作量、播放量还是用户量，短视频几乎已经可以媲美电视台和视频网站制作的节目。

短视频能够更加完整地帮助用户把想表达和呈现的场景分享到自己的社交圈；短视频的信息承载量更大，包括从语言、图像到人物表情等各种不同的形态，相比单纯静态的图片、语言、文字来说，短视频的信息量更大；短视频能更精准地传递用户想要表达的信息，短视频时长很短，要明确视频的主题，围绕需要推广的文案的核心，确定视频的内容，选定故事风格或文案风格，然后优化出有主题、有思想的文案。

此外，短视频标题的内容越贴近用户生活，视频越有可能被点开，所以标题结合用户生活中的高频场景至关重要。

短视频也可以嵌入微博和微信公众号等软文中，图7-48所示为某化妆课程针对妈妈群体的营销推广。该短视频由化妆课程教师真人出镜，文案从妈妈们的切身需求出发，“将手把手教会妈妈们在五分钟之内化妆”“怎样通过化妆改善生娃后皮肤各种问题”，用真挚朴实的话语向妈妈们介绍了课程的内容，视频的场景感也很强，能让用户方便快速地了解美妆课程的主要内容，调动用户的参与积极性。

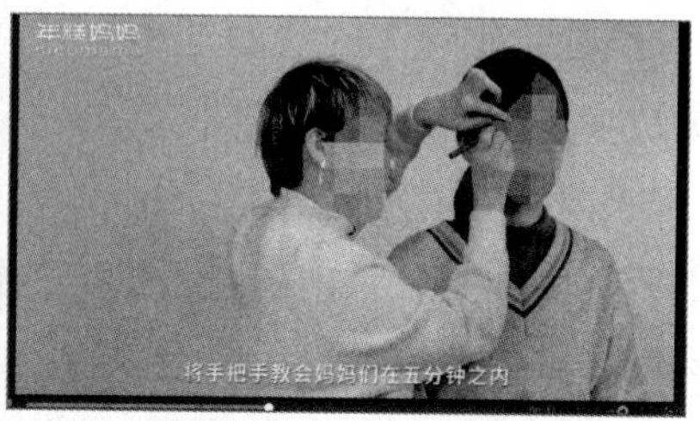

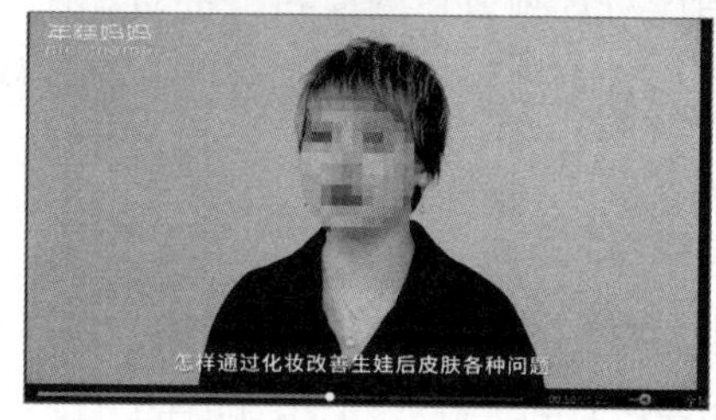

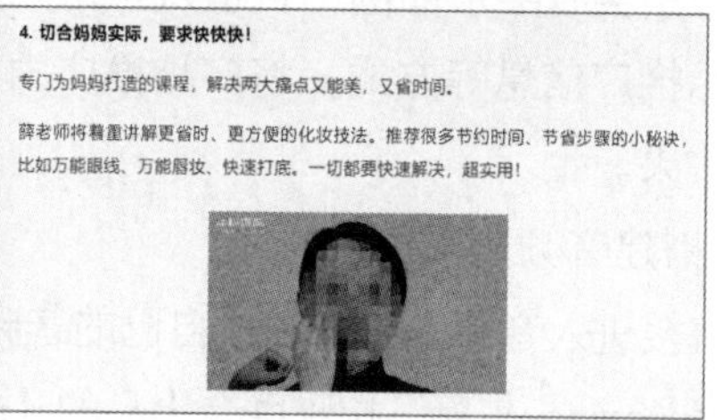

图7-48 | 短视频文案

7.5 音频类社会化媒体文案的写作

目前，我国音频类社会化媒体有以音乐产品和音频分享平台为主的两大类。其中，音乐类产品又以网易云音乐、QQ音乐、虾米音乐等发现与分享音乐的互联网产品为主，音频分享平台则以喜马拉雅FM、蜻蜓FM、荔枝FM等互联网产品为代表。

随着移动互联网技术的不断提高、消费者社会生活情境的变化，越来越多的用户依赖于手机中的移动音频App。移动音频具有闭屏收听和伴随收听两大特点，能帮助用户充分利用碎片化时间。用户可以在工作之余，在做饭、健身、驾车、睡前等场景中随心收听，因此移动音频的用户黏性很大。

以喜马拉雅FM为例，该产品于2013年上线，是一个在线音频分享平台，电台内容类型包括情感、故事、音乐、影评等。2016年6月，喜马拉雅FM首次推出了付费音频，截至2017年12月已经拥有4.5亿用户，占据了音频市场70%的市场份额。

7.5.1 关于音频类社会化媒体

音频营销即通过音频节目来推广产品，是网络营销模式的一种。音频营销不同于广播，其更具有互动性和场景化等特点。音频类社会化媒体营销并不是直接叫卖产品，而是通过与音频节目内容高度相关的形式进行植入，让听众在节目主播的带入下建立对产品的好感。同时，移动音频营销则以移动设备为终端，在移动网络的支持下，用户可以随时随地通过音频及音乐平台App收听音频节目。

下面详细介绍音频类社会化媒体的常见营销方式与特点。

1. 音频类社会化媒体的营销方式

音频类社会化媒体的营销方式可以分为以下四类。

（1）音频内容中植入广告

这是最简单的利用音频内容进行推广的营销方式之一。与视频植入广告方式相似，它是选取目标受众集中的音频节目进行广告植入。例如，以年轻女性群体为主的音频节目内容往往会吸引美妆类产品的广告植入。可以通过对音频节目的冠名、赞助音频节目、主持人口播产品推广信息等方式，将产品推广内容与音频内容巧妙地结合在一起，从而取得精准的传播效果。

（2）搭建音频自媒体

品牌直接进入音频平台，建立自己的音频自媒体。例如，米未传媒的“小学问”、互联网金融品牌ppmoney与喜马拉雅联合出品的《pp理财时间》等。如今，品牌主看到移动音频平台的影响力，积极入驻各类移动音频平台自开频道，做自己的专属阵地，入驻平台的知名品牌“大咖”越来越多。有了品牌的专属频道，一方面，品牌将原有平台如微博、微信、官网等粉丝引流；另一方面，还可以吸引更广泛的用户，在传播精、深、广的道路上走向成熟。

（3）策划定制专题节目

应根据品牌和产品特点，与特定主播合作定制节目、通过设定粉丝特权加速营销转化。例如，小黑伞植入了知名主播采采的节目，整期节目都围绕着外出游玩展开，由没涂防晒霜引导到去买防晒伞。根据小黑伞特点，主播专门创作了一个关于外出旅游、防晒的主题节目。节目风格依旧，植入也很顺畅，主播在节目中介绍了小黑伞的特性、优惠活动等信息，介绍了淘宝购买的搜索方式。

此外，活动中的营销转化需要设定粉丝特权。在小黑伞的植入中，粉丝们找到客服说自己是采采的粉丝还有额外赠品，极具粉丝专属感。这期节目播放量超百万次，秒杀开始1分钟就卖出2000把，一天卖出近两万把，大量粉丝联系客户表示自己是采采粉丝来支持活动的，传播效果非常不错。

（4）与受众进行互动传播

主播互动式是粉丝参与感最强的一种音频营销形式，在这种形式中，主播与粉丝们一起参与线上线下的各种活动，如旅行、美食、游戏观影、展览等。通过主播与粉丝间的零距离互动，品牌价值得到有效的输出。

除了上述罗列出来的常见的营销方式以外，还有许多新的营销推广方式。例如，微博中“企业‘蓝V’集体想搞事儿”已经成了一个颇为流行的调侃，而在后续的微博企业“蓝V”中，也已经显现出新趋势。这一抱团营销方式也出现在音频类社会化媒体平台中，图7-49所示为企业“蓝V”在网易云音乐评论中的一次“集体狂欢”，各大品牌纷纷注册账号并积极留言，相互调侃搞笑，实际上这也是一种企业品牌推广宣传的方式。

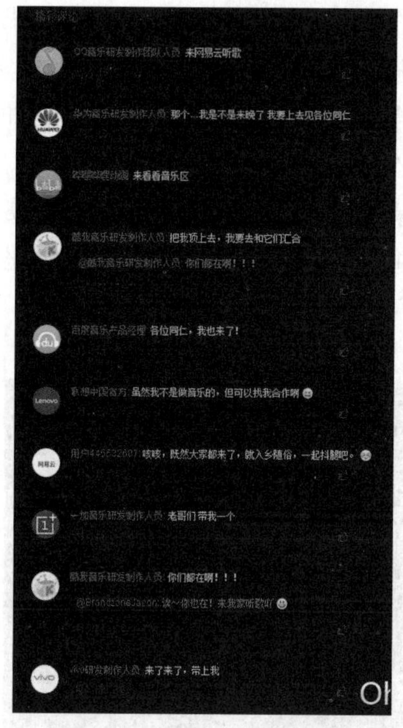

图7-49｜企业“蓝V”抱团营销新方式

2. 音频类社会化媒体的营销特点

如前所述，移动音频的用户黏性很大。由于音频与视频、文字等其他媒体相比，具有独特的伴随属性，不需要占用用户的视觉器官，因此能在各类生活场景中发挥最大的效用。

移动音频营销往往采用主播带入性地植入品牌，利用主播的意见领袖特征和声音的亲和力度让音频营销更能吸引平台用户转化为品牌粉丝。基于用户数据进行精准推送，以及智能终端的整合，使得音频场景化更加丰满。在此趋势下，网络音频或将成为互联网营销不可忽视的“蓝海”。

如果只是卖一期或几期的定制节目或者软植内容，其实出售的还是量，是播放量。这就与音频本身的风格与质量没有太大关系了，这样会使音频制作者感受不到自身的价值，而平台方能从广告主一方得到的利润也不够。毕竟目前音频的用户量也远没有视频那么大。同时“听”与“看”相比，又是一个偏独立的体验，很难形成口碑营销。所以，目前最好的方式是将优质的音频IP进行深耕，将其粉丝聚集，在“质”上下功夫，以此提高各种到达率和转化率。深耕就意味着不能只是单一依赖音频App本身，还要整合其他粉丝渠道。

图7-50所示为拉勾、喜马拉雅与咪蒙公众号在2017年123知识狂欢节中推出的一款知识付费产品。由于喜马拉雅用户的年龄分布集中在20～32岁，这一年龄段的人成为主要用

户群体，他们能够接受新潮的知识获取方式，对于知识的渴求度也比较高，对于业余时间和做杂事的空闲时间都有较强的学习倾向。三者的合作定位卖点在于“月薪5W的高薪秘籍课程”，这一定位需求恰恰满足了喜马拉雅与咪蒙粉丝的知识需求点，通过文案“无高薪，不自由。同样是努力工作，为什么咪蒙实习生月薪5W？同样是付费学习，为什么你的知识无法变现？拉勾×咪蒙×喜马拉雅FM，用5W高薪犒赏你的努力……”走心的文字犀利地指出了受众的需求，并给出相应的解决方案，因此转化率很高。

图7-50｜拉勾、咪蒙与喜马拉雅合作案例

7.5.2 音频类社会化媒体文案的写作

根据音频类社会化媒体的营销方式及特点，可以将音频类社会化媒体中的文案分为以下几种类型，不同的文案类型都有不同的撰写技巧。

1. 音频节目口播文案

音频节目口播文案的撰写要求与传统广告中广播广告文案撰写要求基本一致。广告文案的撰写要充分发挥汉语的丰富表现力，要让听众字字听得清，并能听得懂，使听众正确理解创意。这就要求文案创作者必须掌握有声语言与书面语言的差异。广告文案的语言要认真精选，反复推敲，避免使用谐音词、同义词或多义词，以及容易产生歧义和误导的词语。例如，“切忌”和“切记”听起来一样，但含义却完全相反。

因此，对广告文案中关键性的词汇，可加以解释，免生歧义和误解。此外，语言风格要口语化。音频内容稍纵即逝，为便于听众的理解，手机端音频节目可以匹配上对应的字幕等解释型文案。

2. 音频节目活动文案

2015年年底，喜马拉雅FM“2015你最喜爱的主播评选”活动落下帷幕。年底也是主播举办感恩活动的密集时刻，必胜客以此为切入点，从平台上主播有意感谢粉丝支持的角度，发起了《感谢有你，必胜客请粉丝吃大餐》活动（见图7-51），赞助喜马拉雅FM平台排名前50名主播的大餐宴请活动。最终喜马拉雅FM平台上排名前50位的主播中有42位主播参与，并在节目中口播植入，引发主播“大咖”和粉丝们主动转发分享。

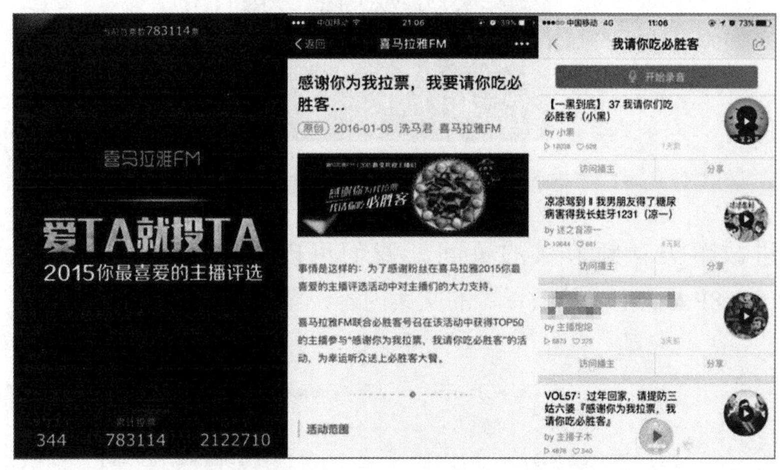

图7-51｜音频节目活动文案

品牌推广活动中的活动策划页面等文案内容既要符合品牌的惯有调性，也要突出本次活动的主题。例如，某互动主题为“爱TA就投TA”，让用户可以积极参与到品牌举办的推广活动中，有较好的活动参与感。活动文案在撰写时要尽可能选择一些鼓动性词语，在撰写的逻辑结构上则要求架构清晰明白，从而让受众清楚活动的具体参与方法。

3. 音频App页面文案

音频App具有闭屏收听和伴随收听的特点，同时也具有所有App文案的特征，不同的App页面又可以拆解为不同的互联网网页广告。其中，文案的标题内容越贴近用户生活，音频节目越可能被点开，所以标题结合用户生活中的高频场景至关重要。产品在音频节目中投放的产品网页文案同时要符合第5章中所提及的产品文案撰写要求。图7-52所示的音频节目标题是仿照韩国热播电视剧“请回答1988”系列进行撰写的，比较容易吸引受众的注意力。当用户点击进去收听该节目时，某款汽车的页面广告文案“懂车的你，随‘驭’而安”，如果产品的目标消费群体与音频节目的听众群体相匹配，就能成功地进行品牌的推广。

图7-52｜音频App页面文案案例1

在某款讲故事类音频节目的页面，我们可以看到“有房就能贷，利率低至0.45%”“iPhone8P太惊艳竟然缺货”的文案内容，意在吸引给孩子陪读的家长的注意，如图7-53所示。

图7-53｜音频App页面文案案例2

需要注意的是，在撰写音频App文案作品时，不要喧宾夺主，否则会影响用户的产品体验效果。

4. 音频App评论文案

音频App如其他互联网产品一样，十分重视用户生成内容的部分，其中音频直播节目中的在线评论和音频音乐节目的用户评论都具有互动特性的功能。图7-54所示为某音频节目直播间，用户通过评论可以与主播和其他听众进行在线沟通。这种临时社群的搭建有助于相关产品的社群营销，并可准确匹配相关的目标消费群体。在撰写这类文案时，要注意保持文案语言的亲和度，让受众愿意进入直播间进行互动。

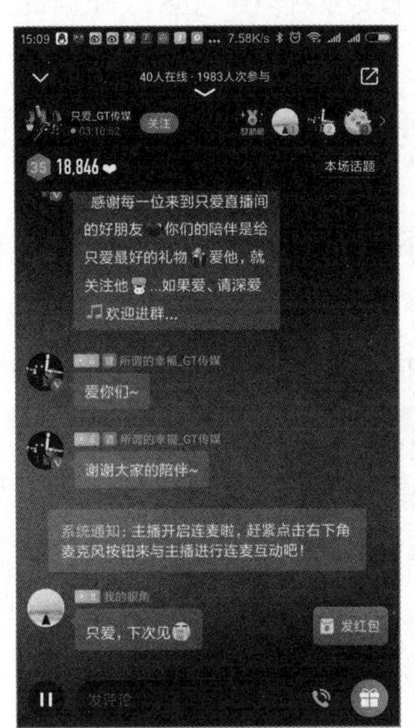

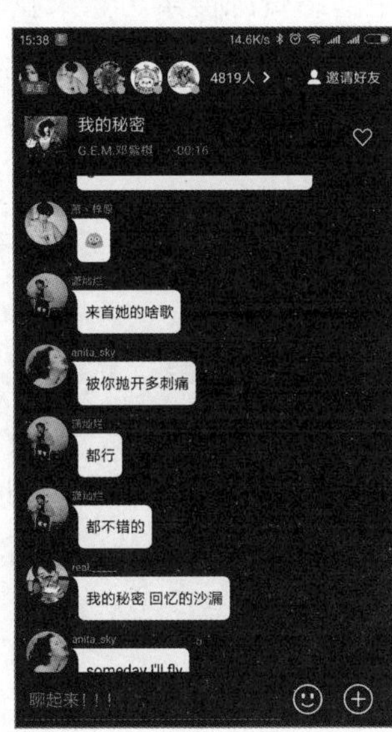

图7-54｜音频直播节目评论文案

2017年3月，网易云音乐把点赞数最高的5000条歌曲评论，印满了杭州市地铁1号线和整个江陵路地铁站，一篇篇走心且真挚的用户文案打动了许多人。其实，作为音乐分享类平台，音频节目App的用户评论有其独特的用户生成内容特点（见图7-55）。App自身及一些品牌也纷纷利用这些特点进行相关产品的推介，取得了不错的传播效果。

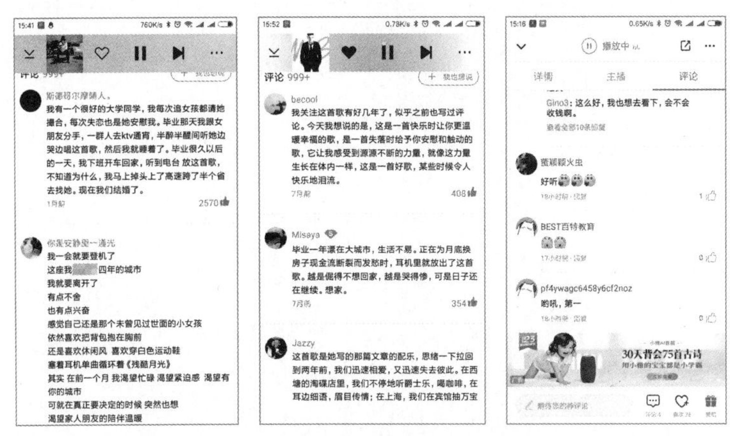

图7-55｜音乐类App用户评论文案

课后练习题

1. 请用自己的语言解读什么是社会化媒体。

2. 自2008年以来，Kantar Media CIC持续发布业界权威的“中国社交媒体格局图”，致力于为品牌提供深刻而全面的中国社会化媒体格局解析，从而帮助其更好地实施商业智能解决方案。请利用网络资源搜索历年来我国社交媒体格局图，并据此分析我国社交媒体行业的发展。

3. 请根据本章内容区分微博和微信的社会化媒体特点，并分析在微博和微信平台进行文案撰写的特点分别是什么。

4. 请加入一个自己感兴趣的社群不少于两个月，观察并留意其运营文案的特点，撰写不少于600字的观察报告。

5. 请上网查找并分析妈妈帮、宝宝树、摇篮网、辣妈帮等母婴社区，选择一家进行文案案例的搜集分析。

6. 请根据在线视频网站、直播、短视频中的文案撰写特点，分别为某款祛痘面膜进行文案撰写。

第8章

H5及App文案写作

【学习目标】

- 了解H5及App的基础知识。
- 理解并掌握H5、App文案的写作特点。
- 初步学会H5及App文案的撰写方法。

H5（HTML5）和App是品牌主近年常用的互联网产品，同样的视觉效果，表达方式却不一样。H5是指一系列制作网页互动效果的技术集合，是移动端的Web页面，而App是指安装在手机中的程序。H5重复打开的概率较小，可以说是单次的广告展示，而App则可以天天打开并持续关注，更多的是一种社交、情感的倾诉。本章将通过大量精彩案例详细介绍H5和App文案的写作方法。

8.1 H5页面文案的写作

H5技术的出现为移动互联网带来了技术性的革命。通过与H5技术的完美结合，移动广告平台可以轻松地把影音文件嵌入网页进行播放，并实现复杂的交互动画，这就为广告主设计和打造多元化的沟通方法与内容，使用户与广告主充分互动，达成广告主的营销活动目标提供了支持。

H5最早于2004年被万维网超文本应用技术工作组（WHATWG）提出。2007年，H5草案被万维网联盟所接纳，成立了新的HTML工作团队。2008年1月，第一份H5正式草案公布。相对于以往公布的版本，H5增加了一些有趣的新特性，既有用于绘画的元素，也有用于媒介回放的视频和音频元素，并且对本地离线存储也有更好的支持，还有新的表单控件等。由于具有良好的用户体验，丰富的多媒体功能，优异的跨平台和跨终端等特性，基于H5的应用正在成为下一代移动互联网应用的主流趋势。

目前常见的易企秀、互动大师、木疙瘩、兔展等提供的模板和工具平台等已经帮助营销人员把H5的成本降到最低，很多非定制需求的H5可以实现零代码开发。近年来，大学生广告艺术大赛、中国大学生广告艺术节学院奖等针对高等院校相关专业开展的学生创意比赛也纷纷增设了线上互动类（移动端、场景互动）奖项。

从《薛之谦史上最疯狂广告》（腾讯动漫App广告H5）、《张一山：我可能遇到了中国最好的新锐导演》（CF手游广告H5）到《吴亦凡即将入伍》（腾讯首款FPS枪战手游全民突击广告H5）、《穿越故宫来看你》（故宫博物院宣传推广H5），更不用说越来越多的会议报名H5、邀请函H5等，越来越丰富的移动生活场景及短视频的兴起，给H5应用传播带来了创新和改变的机遇。

H5可以划分为展示型、产品型和游戏型。

展示型H5就是常见的普通翻页展示，用于展示一些新产品的功能或活动介绍、会议通知等。现在市面上已经有H5在线生成器，基本上提供图片和文字就可以进行处理。除了翻页以外，还有点击、输入文字、擦除屏幕、滑动屏幕、重力感应等，玩法非常丰富，它们让用户有了自己参与的乐趣。

产品型H5意在通过H5的交互技术优势尽情展示产品特性。有一些H5是作为一个长期运营的产品存在的，用户的访问可能会更固定，如微信里的购物页面等。

游戏型H5就是利用交互式动画，实现一些通过动作触发、参数变量设置、逻辑判断和记忆存储实现复杂的交互，在游戏中不断重复加强用户对品牌的记忆。

那么，到底什么是H5页面文案呢？从广义上来说，它是指所有围绕H5作品形成的文字内容；从狭义上来说，H5页面文案特指在H5作品本身所出现的各类文字内容。通常，一个H5作品不会有太多页面，基本在5～12页，这些页面中出现的文字应该如何撰写？有没有特殊的写作技巧呢？下面将进行详细介绍。

8.1.1 H5页面的主要构成元素

场景H5就是借助人们通过手机浏览新闻、玩游戏、看视频、购物、发短信、打电话等日常生活场景，将H5的交互场景与之融合：打开一个个H5应用，就仿佛进入了一个个生活场景。H5的组成元素有文案、图片、音乐、视频和动画。

1. 文案

文案是H5的核心灵魂，外表华丽却内涵空洞的作品是无法打动人心的。尽管刚开始时，色彩缤纷的画面、酷炫的动画能抓人眼球，但用户看得快忘得也快，真正能走进用户内心并最终被用户所记住的，往往是那些平淡朴实却越嚼越有味道的句子。

2. 图片

H5是系列网页互动效果的技术集合，可以直接在移动端打开，交互性强，适用于多种场景，制作成本较低，受移动端接口限制较大，内含大量文档、图片及插件等。在进行H5制作时，要根据H5的主题选择适合的图片风格，以辅助文案内容的表达和呈现。图8-1所示为Kindle的广告，H5图片与文案十分匹配。

图8-1 | H5中的图片元素

3. 音乐

适当的音乐能够渲染情绪。H5作品通常可以附加的音乐元素，具体来说包括音乐和音响。比如，介绍类和宣传类的H5往往会选择循序渐进、柔和型的背景音乐，而下面案例“全新BMW M2锋芒上市”中宝马引擎的声音就是音响效果。

以滴滴出行春节期间推出的“老司机费玉清送你回家”H5为例，“千里之外”的经典旋律能让人瞬间心生亲切，快速调动观众情绪，表达了春运“滴滴顺风车，哪怕千里之外也能送你回家”的主题。如图8-2所示，这则H5风趣搞笑，费玉清唱的歌也幽默有趣，简直能让人笑喷。歌选得好，使用的形式也好，这种传播效果值得学习。

图8-2 | H5中的音乐元素

在“全新BMW M2锋芒上市”这则H5页面中，新闻通稿瞬间扭曲，新闻图片从静变动，直接转变到下一组动感视频中。快，动感，从画面到声效，始终贯穿，如图8-3所示。

关于H5中的音乐元素还需要注意的是：考虑到用户使用场景的多样性，介绍类和宣传类的H5如果要加背景音乐，注意不要选择过于激烈的音乐，尽量选择循序渐进、柔和型的音乐，要给用户留时间，尽量在骚扰别人之前关闭音乐。考虑每一页音乐按钮放置的明显性，如果能用其他页面元素去替代音乐符号作为按钮也是不错的方法。游戏类H5页面音乐可以没有“关闭/开启”按钮，因为用户对接下来发生的事是有预知的。

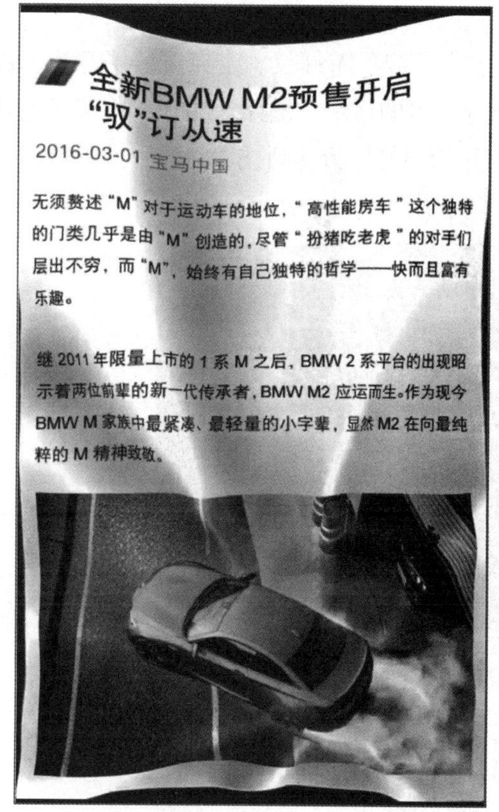

图8-3｜H5中的音响元素

4. 视频

H5页面应用的是HTML5技术，它强化了手机端网页的表现性能，增加了很多应用功能。随着4G的普及和Wi-Fi的广泛使用，手机的网速已经足够稳定和高速，以视频为主的H5也越来越普遍了，相比帧动画，视频的表现更加丰富。

场景视频H5创新了网络信息表达形式，给予用户全新的观感体验。图8-4所示为大众点评·丽人频道投放的H5作品，用视频展现了利用大众点评丽人频道美发美甲的过程，展现了一种新的生活方式，重新发现了美，“美是，换个新发型”“美是，一起精致到指尖”。

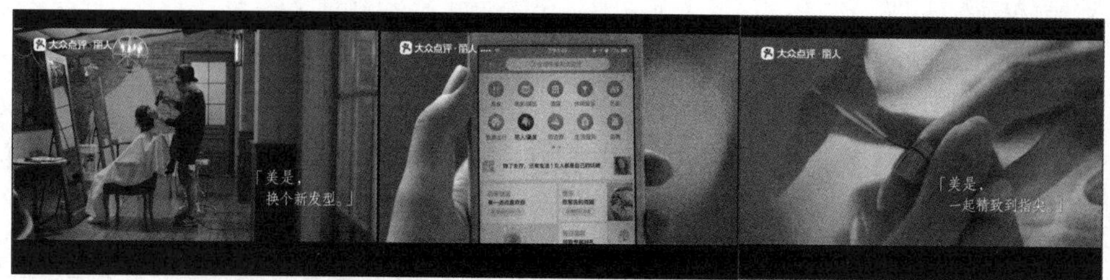

图8-4｜H5中的视频元素

5. 动画

H5动画效果包括动作触发、位移、逐帧、重力感应、陀螺仪、麦克风、摄像头、粒子效果等。甚至，H5的最新技术融合了模拟AR等技术的运用。例如，2016年收获各类好评的淘宝造物节H5作品，如图8-5所示，充分展现了H5的最新动画技术，而且被受众广为传播，取得了不错的传播效果。

图8-5 | H5作品中的动画元素

8.1.2 H5页面文案的写作步骤

H5应用近年来深受企业和品牌的青睐，它的多媒体技术和互动技术能够带来华丽的视觉效果及良好的用户体验。由于H5能同时使用音频、动态图片、文案和互动设置等技术，很容易给用户带来声、色、光影的享受效果。H5页面文案的撰写步骤可以分为以下五个阶段。

1. 前期沟通准备阶段

做设计的话，与品牌主沟通肯定是必不可少的，一定要明确此次H5制作的核心目的所在。文案创作者还要与美工、技术开发人员沟通很多细节，如动画如何实现、美工素材收集等。进行前期沟通的目的在于准确了解运营活动的意图，进而明确H5定位。要通过运营活动传达一种什么目的或态度？营造一种什么气氛，好玩的、有趣的、暖心的、促销的，还是高端大气的？

2. 确定主题阶段

主题是文案的灵魂，确定主题十分重要。当主题得以确定时，我们围绕主题写的文案内容就有了依据。图8-6所示为墨迹天气推出的一则H5作品，其主题设定为“天气改变命运”，并围绕该主题与里约奥运会相结合进行了分述。

在确定主题阶段，还要考虑活动受众人群的年龄和活动主题的气质色彩。由于运营活动主要由运营组提出，磨合多了，风格自然彼此了然。但这个阶段只是设计一个大概的模型，设计初期先不要将内容定死，以便后续发现问题可以及时进行调整。

图8-6｜主题明确的H5文案

3. 设计标题阶段

确定主题后，下一步是确定一个明确的标题。好的标题能成功引起人们的兴趣，让用户愿意点击该H5页面。在这一阶段，要思考目标用户是哪些人，这些人关注什么，标题风格要怎样选择等问题。例如，下面两则Kindle的H5页面设计（见图8-7和图8-8），“两情相阅”和“阅读未来千书世界”两则标题就很容易吸引Kindle的目标消费群体——18～35岁的文艺青年人群，让阅读爱好者有兴趣点击查看H5的详细内容。

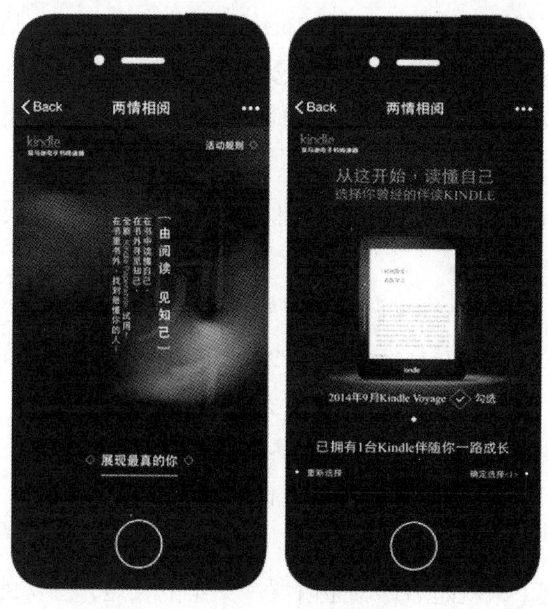

图8-7｜Kindle H5案例1

图8-8｜Kindle H5案例2

4. 构思内容阶段

文案中的每一个词语、句子的运用，所传递的信息、表达的感情、蕴含的文化，都对文案创作者的写作水平有很高的要求。好的文案，其内容是核心，内容要活泼有趣且具备社交价值，用文字叙述来创造意境，留下悬念。在一页一页的滑动过程中，内容要能紧紧围绕主题，一定要用文字来创造这个主题的意境。另外，在叙述的过程中一定要留有悬念，否则用户就没有往下翻看的欲望了。

图8-9所示为一个内容构思巧妙的H5案例，易到用车与沃尔沃开展“7.17回家吃饭日”活动，文案内容十分暖心。

你曾说，要陪她白头到老，
而现在：你给她们的时间却越来越少。
你说你忙着为这个家，
却忘了最真实的爱，
也只不过需要一顿饭的时间来兑现。

5. 排版调整阶段

内容完成以后，接下来就是后期调整阶段。文案的长短，图文的搭配，文字的字体、大小、颜色都会影响H5整体的传达效果。

图8-9｜易到用车和沃尔沃合作案例

首先，避免满屏全是文字的排版方式，一般来说，文字量占页面的一半就已经是极限了；其次，H5页面内容并不是越丰富越好，简洁但风格统一的H5页面排版才会显得有档次。

H5发布的时效性非常重要，应该以最快的速度推出，若有必要，可以在推出后根据需要再进行调整和完善。

8.1.3 H5页面文案的撰写方法

H5页面文案的撰写有多种方法，下面介绍几种常见的方法。

1. 讲故事

H5是一个信息承载和传达的工具，是一个非常适合讲故事的场景类产品。可以将品牌故事融入H5，让信息讲故事，有人性在里面，借助H5的技术优势将品牌价值、文化信念传达给用户，让用户产生兴趣并记住。

例如，阿里巴巴“双11‘鬼故事’”（见图8-10）讲述了一个秋裤厂“双11”期间找设计师做图的故事。通过一个3分20秒的对话视频，展示了阿里巴巴人工智能设计师——鲁班，无论你的设计要求多么苛刻，鲁班都可以满足你，服务态度也超级好。这个H5在设计上，用黑色的大背景配合彩色的对话文字，简单却又极具个性；在交互上，用视频video的形式展示了整个对话过程。视频虽然长达3分20秒，但有趣的对话让视频显得一点儿都不长，受众能很轻松地看完整个H5内容，并自愿转发传播这个搞笑的故事。

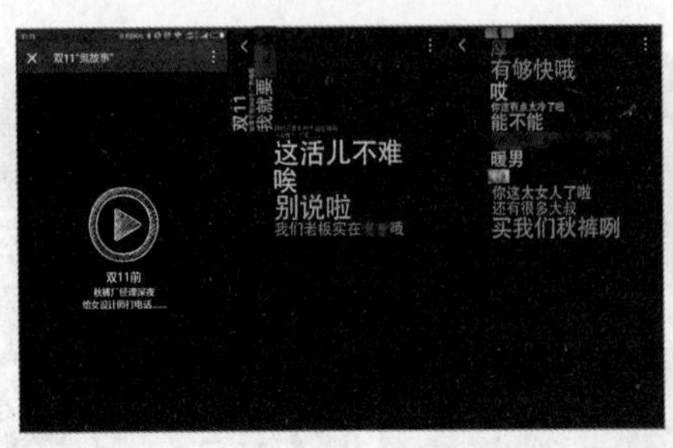

图8-10｜阿里巴巴“双11‘鬼故事’”H5文案

2. 搭场景

与生活场景关联，这是品牌的诉求点。场景是在一定的时间、空间内发生的一定的人物行动或因人物关系所构成的具体生活画面。往往那些我们熟悉的场景画面和生活习惯或兴趣最容易引起人们的共鸣，从而增进用户对品牌的好感。

图8-11所示为某款护手霜推广的H5作品，其营造了目标消费群体的日常生活场景，如“出游晒黑双手”“做家务伤手”“办公打字键盘手”“手机刷屏手酸”等，文案依次为“阳光牵我手，出游的好心情，别让‘手黑’煞风景……嫩肤美白，放手去玩”“不怕做家务，每次和盘子相聚，都像享受泡泡浴……强效滋润，密集修护”“触屏不留痕，机智的‘键盘手’，操作绝不留痕迹！锁水补水不黏腻”和“睡个美手觉，刷屏到酸的手，犒赏它一个美梦。夜间修护，强效紧致”。因为这些都是人们熟悉的日常生活场景，因此很容易吸引目标消费群体，让其产生共鸣，犹如置身其中一样产生切身体会。

图8-11｜场景化H5文案

3. 抒发真情实感

文案一定要有真情实感，也就是许多文案培训中提到的“走心”。用文案创作者的真挚情感去撰写文案，人生的酸甜苦辣、生活的油盐酱醋……在文字中增加人文情怀，才能更好地引发读者的共鸣，真正打动人心，创作出与众不同的文案。

苏宁易购春节期间的H5广告（见图8-12）采用人走路画线的方式将亲人的轮廓勾勒出来。随着人物一步步地下移，将一些人们一直想说却从没有说出口的话呈现于屏幕。这则H5用充满情感的文案直接碰触了用户的内心，产生了不错的传播效果。

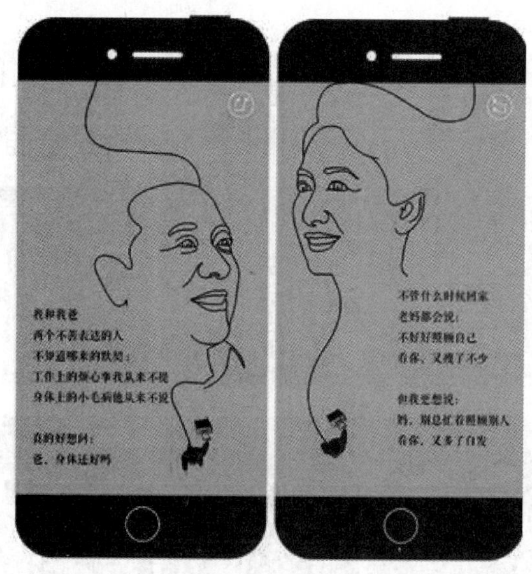

图8-12｜抒发真情实感的H5文案

4. 互动参与

引发用户的共鸣，让受众觉得和他本人有关系，愿意参与互动，如通过测试的方式、参与抽奖的方式等，这些直接加入用户信息的方式，可以加入用户自我的属性，容易引起受众参与的兴趣，进而促成线上互动、线下引流。

例如，图8-13所示为可口可乐和优衣库发布的与消费者互动的H5页面，鼓励消费者积极参与品牌推广活动，并赢取相应的奖品。

图8-13｜互动参与式的H5文案1

再如，张一山为穿越火线游戏代言的H5（见图8-14），主题为“给张一山导部戏”，用户可以任意选择“高能”或“萌帅”张一山、选配角、选场景等不同的组合，去导出共计19个不同场景的创意小片。该文案在吸引受众目光的同时，也将穿越火线的品牌进行了全方位曝光。

图8-14｜互动参与式的H5文案2

在这则互动型H5中，品牌方把细节策划得细心周到，19个场景均配置了特殊的音效，每一次都是新的体验。整个19场MINI剧全部看完需要近20分钟，当然这同时也扩大了品牌的传播范围。

这种“交互电影+H5”的设计形式很有新意，甚至用户会成为电影的角色，参与电影的情节，让大家不只是在“看电影”，而是在“做电影”“玩电影”，提高了用户的互动积极性。

8.1.4　H5页面文案案例赏析

1. “韩寒对谈一加：1步1步来”

韩寒与一加手机达成合作关系，出演“1步1步来”一加年度品牌电视广告影片，这款H5（见图8-15）也使用了该电视广告影片。在视频中配以出自韩寒本人的通篇旁白，讲述他从问题少年到电影导演，慢慢成长的自己与一加手机共享的“理性美”价值观与品牌哲学，不抛砸数据，不卖弄说辞，只因他与一加共同相信“要改变现实，只能一步一步来”。

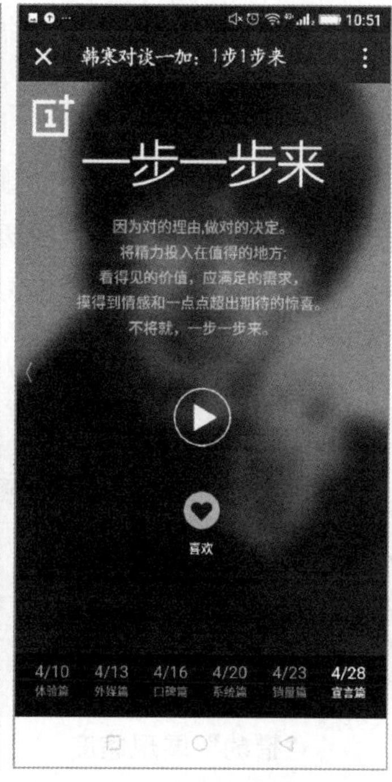

图8-15｜H5页面文案赏析案例1

2. “告诉你如何命名不凡！”

“告诉你如何命名不凡！”是吉利汽车H5文案中的语句。广告语很霸气，纯杂志风格，排版很考究，文案内容十分丰富，撰写者下了很大的功夫，值得细细品味。

“姓氏用来告诉人们他曾从哪里走过”

罗歇·尼米埃《热恋中的达达尼昂》

所有的不凡都有一个如雷贯耳的名字

MAN

“海明威”刻画勇气

与其说是刻画，不如说是标定，他用平凡、简单、坚强的措辞代言着一代人的精神诉求，他在《永别了，武器》中反对战争，《老人与海》中表现出人类的勇气，他用生命和作品展示着男人的“不凡”。二合为一，标定出一个真实的文坛“硬汉”。

PEAK

“珠穆朗玛”代表巅峰

海拔8844.43米，世界第一屋脊，地球的巅峰。从1953年至今，60多年间无数勇敢的人不畏艰险甚至付出生命——只为登顶。何为人生巅峰，也许只有当你脚踩世界、俯瞰地球的时候才会感受到平凡生命中的“不凡”力量。

BEAUTIFUL

“维纳斯”定义美丽

不同时代圈定出对“美”不同的定义，然而人们对“维纳斯”的美只存在于崇拜与畅想，不仅是因为她倾城的容颜、丰腴的姿态，抑或是完美无瑕的曲线，维纳斯的美是人们对神秘感的渴望，是每个平凡个体对自我“不凡”艺术审美的寄托。

ETERNAL

“钻石”幻化为永恒

钻石之所以价值高昂永世流传，是因为它的简单与坚硬，单一的元素组成，使之成为地球上最坚硬、最剔透、最简单的宝石。生命亦是如此，简单中绽放永恒，一切源于本源，最真实最平凡展示的才是最“不凡”，可传世的。

SPEED

“猎豹”展现速度

猎豹，地球上奔跑速度最快的动物，但它并不是天生无敌，自然界中的生存规则，教会了它如何活着，如何把自己“不凡”的速度展现给众生，我们膜拜于猎豹的速度之下，也在无时无刻感知它无畏的生命之力。

INCLUSIVE

“大海”诠释包容

从哪里来到哪里去；海洋，生命的起源与终结，它深邃愈发着清澈，平静绽放着力量。面对大海人类如此渺小，无数次人类飞向太空去探索宇宙，归航之时却被海水覆盖的地球所感动。去征服，去探索，还是去融入，大海包容着我们一次次“不凡”的冒险，同时给予我们对未来的无限希望。

12月15日 北京水立方

命名我的不凡

吉利GC9中文名揭晓

3. “先找自己再找爱”

网易新闻哒哒与富可视联合推出的这则H5文案（见图8-16），以“先找自己再找爱”为出发点，围绕自由、留恋、坚强、放下、蜕变五个关键词，讲述先找自己再找爱情的心灵历程。画面人物剪影构图，人物形象虚实结合。

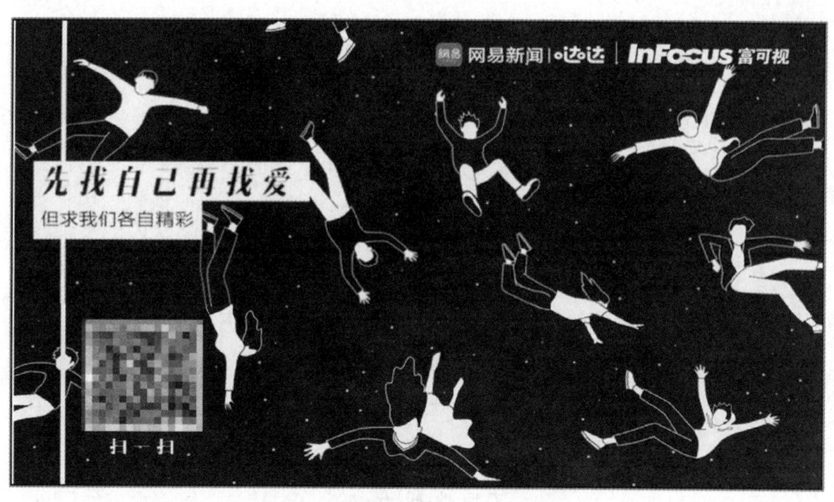

图8-16｜H5页面文案赏析案例2

文案内容十分贴心，很容易让目标受众看后产生心灵共鸣。

我们站在原地，迷失在过去
直到有个声音，给我们指导

终于明白，错失或相遇叫作宿命
爱或不爱都是修行

自由

把自由卖给爱情之前
多留点时间
走走弯路
看看人间

留恋

我说忘了你的一切
但只有梦和泪珠知道
那是一句谎言

坚强

第73次暗恋
宣告失败
还好我早已习惯了

救自己上岸

放下

若感情变得千疮百孔

在围城中将就

不如在烈焰中放手

蜕变

人生没有标准答案

非典型的我

不要典型的生活

先找自己再找爱

但求我们各自精彩

8.2 App文案的写作

App是英语Application的简称，意为智能手机的应用程序。随着App技术的发展，目前App已涉及手机阅读、电子商务、拍照修图、社交、游戏等领域，满足人们的多种需求。因为具有丰富的创意、卓越的多媒体表现形式且可以与消费者直接沟通，App已成为企业品牌进行营销传播活动的新形式。

可以简单地认为App就是安装在手机上的软件，用于完善原始系统的不足与个性化。随着科技的发展，手机的功能越来越强大。生活中，人们使用智能手机，也越来越离不开App。随着智能手机的流行和普及，App改变了人们衣食住行的方方面面。

每一天早晨人们会用“墨迹天气”查询天气，会用“新浪微博”“网易新闻”“一点资讯”看当日新闻，出门使用“滴滴打车”“公交在线”，在路上会刷“微信”，到了公司，会使用“邮箱大师”查看邮件，会打开“日程管理”查看当日工作任务，会利用“Linkedin领英”寻找同行及客户，休息时会使用“网易云音乐”“虾米音乐”在线收听最新专辑，女孩子们会刷一刷“天猫”“唯品会”和“蘑菇街”看看最流行的服饰，与朋友一起聚餐时，打开“大众点评”和“YHOUSE”查询餐厅，上街购物时打开“支付宝”支付，出去旅行时打开“携程旅行”“飞猪”和“途牛旅游”，找不到路了打开“高德地图”，学习英语选择“扇贝单词”，晚上回家打开“爱奇艺”“优酷”轻松追剧……

越是信息过剩，同质化严重，优质独特的内容就越显稀缺。没有内容，再绚丽的平台设计和体贴的服务体验也无法长期吸引用户。要延长App的生命周期，最终还是要回归到内容本身。如何让内容在App上展现得更好是需要考虑的问题。内容的个性化也越来越成为趋势，用户可以挑选喜欢的内容模块，这样用户就可以阅读自己挑选的独家内容。算法更迅速的未来，经过大数据分析的App能够“揣摩”用户内心，分析个人的兴趣所在，从而为用户量身定制App内容。总之，App时代依旧是内容为王。

8.2.1 App文案的作用

人们的日常生活早已离不开App，它改变了人们的生活，那么怎样的App会让用户舍不得卸载？什么样的App会让人们积极主动地更新版本？成功的关键是产品本身足够优秀，除此以外，App文案也发挥着关键的作用。

App文案主要包括App启动页文案和App广告语。

当应用程序被用户打开时，在程序启动过程中被用户所看到的过渡页面（或动画）统称为启动页。由于启动页在每次打开应用时都会出现，并且往往停留很短的时间，就像闪现的效果一样，所以也有人把启动页称为闪屏。App的启动页文案，每一版本更新文案都是一次向用户传递品牌理念的好机会。图文是被印证有效的形式，当前大量的App文案都采用图文形式，如图8-17所示。

图8-17 | App图文形式案例

App广告语文案的写作可以参考本书第6章品牌标语文案写作的相关内容。

企业的App互动营销传播包括直接促进销售的初级形式及满足用户高级需求、维护用户与品牌长久关系的终极形式。App可以提供信息、体验产品、定制服务、收集用户信息、休闲游戏、延伸服务等。App要吸引用户参与互动，满足用户的其他从属需要，增加用户的黏性。

通常来说，App文案的作用包括两方面：一方面发挥介绍应用软件功能的作用，另一方面彰显App自身的风格，以吸引“气味相投”的目标用户。例如，辣妈帮App是妈妈们分享与交流妈妈与宝宝的生活与成长的移动互联网社交平台。用户可以通过辣妈帮以文字、图片、语音等多种形式即时获得分享与帮助。该产品某版本更新App文案（见图8-18）中写道，“辣妈帮/育儿神器/宝宝每一次小小的进步/让我们惊喜”“辣妈帮/美丽顾问/才发现/原来自己可以如此美丽”“辣妈帮/闺蜜小窝/在这里/享受和新闺蜜的闲暇时光”等。

这些文案体现了该应用软件的具体功能，让初次下载该产品的用户可以迅速了解该App。

图8-18｜辣妈帮App文案案例

此外，当App推出特定版本时，也可以起到介绍临时活动的作用。图8-19和图8-20所示分别为“什么值得买”App日常版的文案和“双11”期间的App更新版本的文案。不难看出，日常版的App文案发挥了介绍应用软件功能的作用，以吸引目标用户群体，文案为“好价/寻全网优惠，搜索电商大宝库”“好物/囊天下好物，好看好玩好体验”“好文/聚万千网友，消费生活大家聊”“关注/享私人定制，降价提醒不错过”。

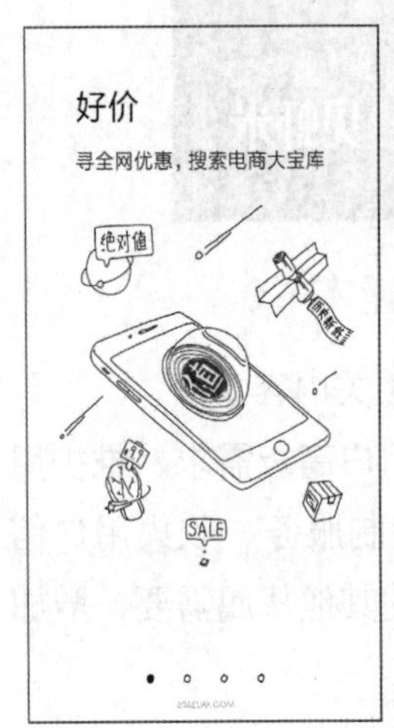

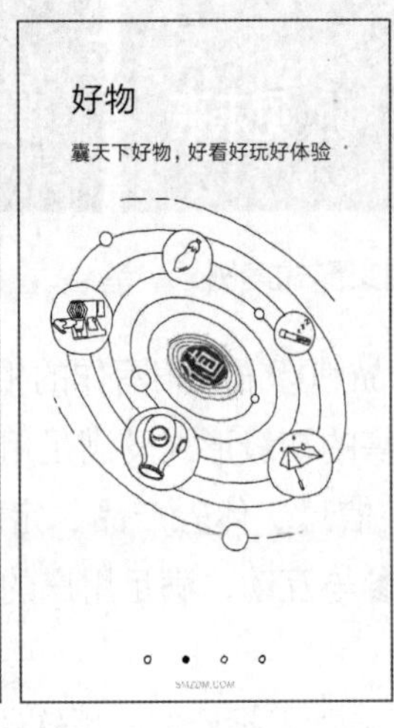

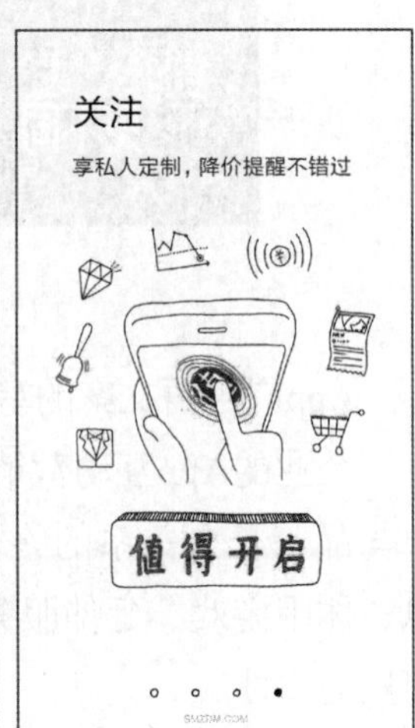

图8-19｜App日常版本文案

“双11”版的产品文案则更突出了“什么值得买”App“双11”期间的专属功能，如“全攻略”“预售购”“抢神券”“追爆品”和“值通车”，文案为“达人传授扫货秘籍”“尖货抢先收入囊中”“红包神券火力全开”“绝对值全天候供应”“品质好价一站直达”，以吸引更多的新老用户下载应用并更新版本。

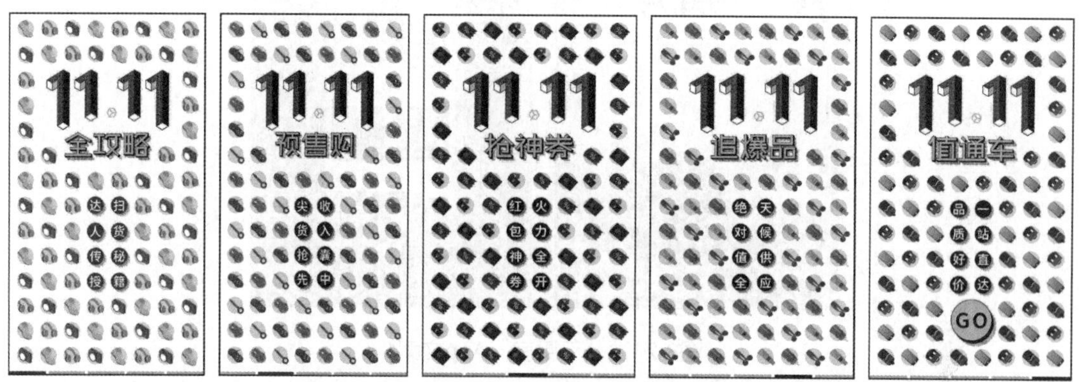

图8-20｜App“双11”更新版本文案

8.2.2 App文案的撰写方法

一个优秀的App应具有以下特点：外观设计新颖，注重功能简洁，高质量的内容，与用户积极互动，鼓励用户参与。App文案的撰写方法如下。

1. 确定产品文案风格

结合产品本身属性，如社交类、游戏类、电商类等，不同类型的App有不同的文字风格，可以参考同类App的风格，随大众的主流风格比较安全但相对平庸；也可以开创自己独特的风格，虽然在开始的塑造阶段比较困难，但一旦风格形成，效果就比较明显。

文案风格体现了产品风格和个性，一旦确定就不要轻易改变，否则会出现风格不统一、个性不清晰的现象，很难在用户心中产生深刻的印象。例如，一直广受好评的“下厨房”App是一款美食制作分享平台，其广告语文案为“唯有美食与爱不可辜负”，如图8-21所示。

该App文案的风格始终很文艺，也很温暖，让大家充分体会到下厨房是一件很快乐的事情，制作美食、分享经验、感受食物等，是一种十分惬意的生活方式。例如，其文案“我坚信食物的力量”“做饭是件快乐的事”“让每一种名不见经传的食材找到懂它的料理人”，优美的文字配以精美的美食图片，风格始终统一，吸引了无数美食爱好者聚集在这一平台进行美食制作经验的分享与交流，如图8-22所示。

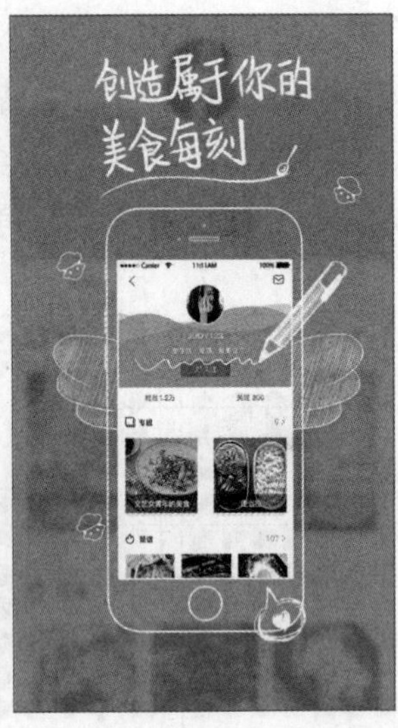

图8-21 | “下厨房”App文案1

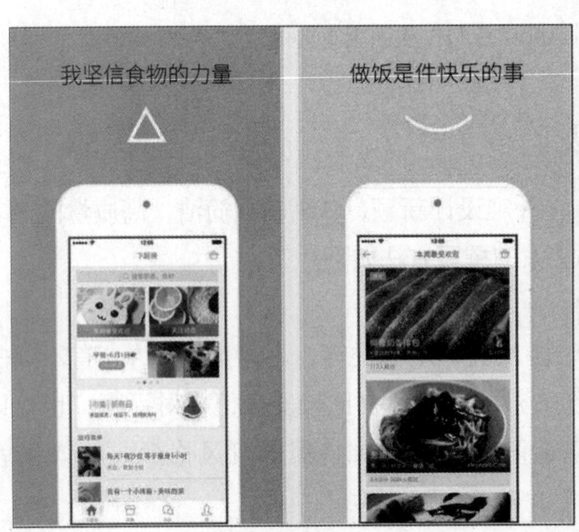

图8-22 | “下厨房”App文案2

2. 进行巧妙构思

App文案的撰写如其他互联网文案一样，也需要进行巧妙的构思，有创意的文案会吸引用户并产生共鸣。启动页的作用在于展示及过渡。在人们第一次接触某个App的短短一两秒内，启动页就承载了给人们留下何种第一印象的重要作用。当创作者的App能够在最短的时间内向用户展现独有的风格或内容时，才能引起新用户的兴趣，并给他们留下深刻的印象。

例如，图8-23所示为“回家吃饭”App在新年期间推出的文案，将家乡经典美食与小时候的记忆相关联，“看到它，就想到小时候”，这与“回家吃饭”App邻里美食共享平台的定位很符合。与大餐厅相比，“回家吃饭”以家庭美食制作为独特卖点，因此文案中“回家，就是回去做个贪吃的孩子”与“家庭美食”进行了巧妙的连接。

再如，许多App通过小插件的应用直接嵌入用户的名称，于是启动页就会出现“××，欢迎来到……”。豆瓣App的文案在个性化方面做得很好，启动页“遇见你，真美好！”就像一位熟悉的老友与你打招呼。在用户注册周年纪念日，App会弹出“Hi，××。×年×月×日你注册了豆瓣，感谢有你，相瓣×年”的页面文案。

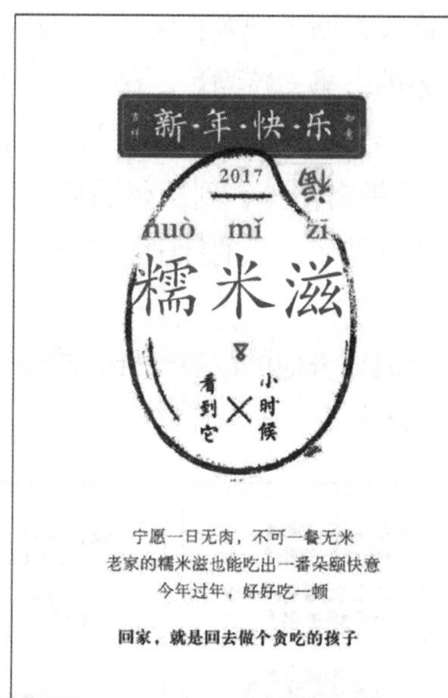

图8-23｜构思巧妙的App文案

3. 场景化和故事化

场景化是互联网文案写作的一大利器，在App文案写作中也依然适用。华住App是华住集团旗下的官方App，用于预订华住旗下的各类酒店住宿。该App将预订酒店时的各种场景再现，让用户体会到华住App的优越性，如图8-24所示。

图8-24｜App场景化文案

故事化就是用讲故事的手法将产品的信息通过新颖、独特的情节设计展现给受众。故事化情节意味着要打破常规的叙事逻辑，不平铺直叙，避免平淡无奇；要善于设置悬念，创造跌宕起伏、引人入胜的效果；要善于捕捉富有特征性的典型细节，深化受众对信息主体的感受体会，从而留下深刻的印象。

同样以“回家吃饭”App为例，在其App中曾出现过这样的文案，“第一次在上海尝到老乡的手艺，还是觉得山西人做的山西面最好吃。我相信很多地方的人都是，他乡的，还真瞧不上。每一餐，都是回家吃饭”“他回湖南又带回了好多腊肉，每次堂食看到他的食材塞满冰箱，都能回想起，读书时被我塞满糖果的书桌，特满足。每一餐，都是回家吃饭”“发现了这份土豆泥拌饭，和老妈做的好像，尝一口就安慰了委屈很久的胃和离开家的275天。每一餐，都是回家吃饭”“从内蒙古的带肉羊骨，到广州的猪肚包鸡，人未动，舌尖却翻山越岭。虽还是买不起房子，所以先款待了自己的肚子。每一餐，都是回家吃饭”。

一篇篇文案就像主人公坐在屏幕对面向我们娓娓道来他的故事一样，故事化的文案往往会吸引人们的注意力，并产生情感共鸣，如图8-25所示。

图8-25｜App故事化文案

4. 建立统一性词汇库

统一性词汇是指App中常用的固定词汇，如产品使用“升级”这个词汇表示系统更新，那么就不要再用另一个词汇“更新”来表示了。该产品页面每次升级新版本就都统一用“升级”这个词。这些词汇属于专属词，无须进行人格化包装，常用词可以降低用户的记忆和学习成本，修改不好很可能影响用户的体验。因此，为了保持客户端的一贯性，文案创作者可以建立一个专属词汇库，以便日后查询。

8.2.3 App文案案例赏析

1. App广告语赏析

App广告语作为App文案的精华，其实质就是用一句话提炼出App的主要特征，如豆瓣

“我们的精神角落”、知乎“与世界分享你的知识、经验和见解”、腾讯视频“不负好时光”、斗鱼“每个人的直播平台”、网易云音乐“音乐的力量”、美颜相机“看见更美的自己”。优秀的App广告语总是既言简意赅，又准确精练地表达产品的主要特点，同时还能彰显品牌本身的定位与个性。

例如，有盐App是一款服务文艺青年文艺生活的平台，“当1001种生活装进你的口袋”这句广告语就十分契合它的定位，如图8-26所示。

图8-26｜App广告语文案赏析

App广告语的风格多种多样，但要找到适合App产品定位风格的广告语。例如，微在（Wezeit）App口号是简单的一句“下载微在，干掉无趣”，而Airbnb则选用了文艺的“睡在山海间，住在人情里”的语句。甚至同一类旅行产品App，途牛是言简意赅、朗朗上口“要旅游，找途牛”，蚂蜂窝使用了“在世界与你相遇”，飞猪则为“比梦想走更远”。

2. 飞猪App文案赏析

飞猪App的品牌文案，古今中外都有所涉及，从张骞出使西域、马可·波罗东方之行、麦哲伦全球航海到阿姆斯特朗探访月球，用人人皆知的著名“旅行”来印证产品所推崇的“比梦想走更远”的品牌理念，如图8-27所示。这一理念也获得了新老用户的认可，激发了旅行爱好者的旅行热情。

图8-27｜飞猪App文案

课后练习题

1. 简述H5页面的主要构成元素。
2. H5页面文案的写作步骤包括哪几个阶段？
3. 根据本章介绍的内容，结合实例分析H5页面文案的撰写方法。
4. App文案的作用有哪些？
5. 请从应用市场中选择五款你从未下载使用的App，分析这些App的广告文案。

第9章 互联网活动文案写作

【学习目标】

- 了解互联网活动策划书的编制内容。
- 了解互联网活动海报文案的构成要素。
- 掌握互联网活动策划书文案的撰写方法。
- 学会撰写互联网活动海报文案。

结合公司对品牌的宣传目标，针对互联网市场特点，撰写互联网活动策划书和活动海报文案，也是文案工作者主要的工作职责。互联网活动策划方案和活动海报文案都有固定的内容和构成要素，本章在此基础上介绍互联网活动文案的写作。

9.1 互联网活动策划文案的写作

作为互联网文案工作者，不仅需要具备优秀的文案创作能力，也要具备一定的策划能力。策划是指企业为了达成一定的目的，在充分的市场调研分析背景下，遵循一定的策划方法，对未来即将发生的事情进行系统、周密的步骤安排，制定可行性方案。因此，互联网活动策划书的撰写也是一项重要的文案写作工作，文案工作者要努力使线上文案与线下活动相配合。

9.1.1 互联网活动策划书的编制内容

新媒体活动的策划主要包含节假日互动活动策划、特定背景的互动活动（如周年庆、公关活动）策划、新品上市活动策划、促销活动策划等几种类型。广告策划书是由广告策划者根据广告策划的结果撰写，经客户审核、认可，为广告活动提供策略指导和具体实施计划的一种应用性文件。

在广告公司内部，撰写广告策划书是为了将广告策划运作的内容和结果整理成正规的提案提供给广告客户。

广告客户可以通过广告活动策划书了解广告公司策划运作的结果，检查广告公司的策划活动工作，并根据广告活动策划书判定广告公司对广告策略和广告计划的决策是否符合自己的要求。

对于整个广告活动，经过客户认可的广告活动策划书是广告活动的策略和计划的唯一依据。

在写广告活动策划方案时，无论活动的目的、形式如何，均需遵循广告活动策划的要点来撰写，具体的编制内容包括以下几个方面。

1. 活动目的

要明确活动目的，并根据活动目的来策划不同的活动形式。如果以促销为主要活动目的，可以举办一些能提升销量的营销活动，如发放优惠券等。如果以新品发布为主要活动目的，就要重点推介新产品的卖点。如果以提升品牌知名度为目的，就可以通过有奖转发等活动推广的方式来迅速扩展品牌的传播范围。

2. 活动对象

要分析活动针对的是哪些目标消费群，是整个目标市场还是特定的消费群体。要根据受众来决定推广活动的方式及互联网媒体的投放选择。例如，大学生英语辅导班产品的推广活动就可以选择在大学生经常使用的论坛、大学生关注较多的公众号等平台进行广告投放，并采用他们易于接受的活动方式展开营销推广活动。

3. 活动背景

活动背景主要用来阐述为什么要做这个活动，如市场环境的因素或销售下滑、品牌知名度降低而需要扩大品牌知名度等原因。

4. 活动主题

活动主题主要是给目标人群一个参与活动的理由。主题要简短、有号召力，如公益活动的主题是“为爱同行”，京东坚果促销活动的主题是“全民坚果狂欢”等。

5. 活动方式

活动方式即通过怎样的方式去达到活动目标。活动目的、人群、背景的不同都决定了活动方式的不同。新媒体常见的活动方式包括有奖转发、有奖征集、晒图有奖、留言点赞、玩游戏得优惠券等。

6. 活动时间

活动时间主要包括具体的活动开展时间以及活动持续的时长等。

7. 活动地点

活动地点不仅限于现实生活的地理空间和位置，微信、微博等应用平台也算是活动地点。

8. 广告配合

做一次活动，有时需要相关的广告配合支持，此时需要确认广告投放平台。例如，一个主要在微信上做的活动，可通过在品牌自身现有的其他资源（如官方微博、客服的个人微信账号等途径）进行宣传，也可借助其他平台或其他人的力量，如通过微信自有朋友圈发广告，其他大号转发广告等。

9. 过程监测

过程检测主要分为前期准备、中期操作和后期延续。

（1）前期准备

需要确认相关人员的安排、物料设计、活动测试或预演。人员的安排需要确保每件事都有主要负责人，如谁负责物料设计、谁负责发放奖品、谁负责处理顾客投诉等。另外，要注意预演一次活动，以确保活动整体流程和体验没有问题。

（2）中期操作

中期操作主要是活动开展期间的跟进，实时跟进活动参与人数，快速解决顾客反馈的问题。

（3）后期延续

后期延续即活动做完了，是否还需要考虑后期的延续，进行再一次宣传，或回顾整场活动的盛况，让用户感受活动的余温。

10. 预算开支

一项成功的广告策划，必须以可靠的广告预算为前提，它支撑着整个广告活动策划内容。广告预算决定广告费投入的数量、方向与时机，有效地保证对广告活动进行管理和控制，可以大大提高广告效率，并为评价广告效果提供具体的经济指标。要在活动策划方案中列出各项事务需要花费的开支明细及总金额。此项主要用于给领导查看，以评估具体花费是否合理。

11. 风险预警

每次活动都有可能出现一些意外，应通过风险预测防范意外。

12. 效果预估

预测本次互联网活动可能达到的效果，活动结束后与实际情况进行比较，以利于后续的总结和完善。

13. 相关附件

附件可以包括"活动统筹执行表""活动推广表"等与活动执行相关的各种附件表格，是相关工作人员完成工作职责的参考依据。

下面以某S品牌在新年期间开展的互联网策划活动方案作为案例进行展示，如表9-1所示。

表9-1 互联网活动策划方案

活动目的	新年年货采购期间，提升S品牌天猫旗舰店的销量及知名度。具体活动目标：中老年保暖内衣销量提升30%，10万人了解该品牌
活动对象	针对新老顾客，女性消费者居多，年龄为28～50岁
活动背景	鼓励年轻人购买保暖内衣给自己的父母以表关爱和孝心，在年货采购季创造保暖内衣的销售高峰
活动主题	送给爸妈的新年礼物，身暖心暖过大年
活动方式	活动一：通过发放优惠券的方式，S牌天猫旗舰店某款保暖内衣买1送1，限量5000份。 活动二：用户关注S品牌的新浪微博官方账号，晒出与爸妈的合影@S品牌官微，参与有奖促销，奖品依次为全家三亚春节游、全家保暖内衣一套、2018年S品牌优惠券年历一本。 活动三：通过H5互动游戏，赢取产品优惠券
活动时间	2017年12月20日至2018年2月15日
活动地点	天猫旗舰店、新浪微博、微信公众号H5游戏互动
广告配合	淘宝直通车、微博"大V"及微信公众号女性类意见领袖、已有老顾客群发短信通知、淘宝销售客服等
过程监测	通过电商数据监测平台进行全程监测
预算开支	共计××万元，其中，活动促销费用××元，广告投放预算××元

续表

风险预警	1. 顾客量太大，客服回应偏慢，售后处理问题速度慢 2. 消费者使用软件大量囤积优惠券，影响活动效果 3. 库存不够
效果预估	保暖内衣销量提升30%，并带动S品牌其他产品的销售，大约有10万人了解S品牌的相关信息
相关附件	附件1：《活动期间具体执行表》 附件2：《库存清单》

9.1.2 互联网活动策划方案的执行表

互联网活动策划方案的根本目的是执行活动。为确保活动得以顺利实施落地，在整个活动策划方案执行阶段要制定好互联网活动策划方案的执行表。

文案人员要根据活动策划方案与活动负责人协商活动进程及各项任务，撰写好相关的执行表。策划工作人员则需要在各项事务完成的时间节点上确认各负责人是否按照要求完成了相关的工作任务，以保证计划的顺利执行。

下面仍以上述S品牌在新年期间开展的互联网策划活动方案为例。在该项目实施时可以制作表9-2所示的执行表。

表9-2 互联网活动策划方案执行表

活动进程	工作项目	具体内容	负责人	完成时间	备注
活动前	H5互动页面开发设计	H5整体页面流程设置	小A	12月15日	
		H5页面文案	小A	12月15日	
		H5页面美工设计	小C	12月15日	
		H5嵌入游戏技术开发	小D	12月16日	
	活动促销设置	天猫旗舰店优惠券领取页面设置	小C、小D	12月18日	
	广告投放平台沟通确认	确定广告形式及内容，与双微平台意见领袖进行最终文案确认	小A	12月18日	
	库存确认	确保产品库存数量	小B	12月18日	
	进行客服培训	介绍活动策划详情	小A	12月16日	
	最终检查确认所有工作	检查并确认所有活动准备工作已完毕	小A	12月19日	

续表

活动进程	工作项目	具体内容	负责人	完成时间	备注
活动中	广告投放	对所有投放的广告进行检查核对	小A	12月20日至1月15日	
	活动数据	保持对电商后台数据的及时跟进	小A、小B	12月20日至2月14日	
	活动客服	对每天的客服情况进行及时反馈，优化解决	小A	12月20日至2月14日	
活动后	商品的配送	对活动期间销售的商品进行快递配送	小B	12月20日至2月14日	
	奖品的发送	对活动中产生的奖品进行联系发放	小B	2月15日	
	活动的总结	总结本次活动	小A	2月底	

互联网活动策划方案的具体执行就是为达到广告目标而采取的具体措施和手段。一项周密的广告策划，对广告实施的每一步骤、每一层次、每一项宣传，都规定了具体的实施办法。这些策略主要有广告应在什么时间、什么地点发布出去，广告发布的次数应该是多少，广告应采取什么样的方式推出，广告活动如何与企业整体促销策略相配合等。不同人员要负责相应的工作任务并跟进督促，以确保策划方案的顺利完成。

9.1.3 互联网活动策划方案的检验表

对于文案创作者而言，写完策划方案后不要直接完工，要用互联网活动策划方案的检验表（见表9-3）先进行自查，避免出现常见的问题。通过检验表自检并不断修改完善的互联网活动策划方案，才是一份可以经过锤炼的好策划书。

表9-3 互联网活动策划方案检验表

检验	完成后打钩	完成质量
活动方式是否能够达到活动的预期目的？		
活动方式及主题是否符合品牌风格？		
活动是否可执行？（相关功能是否可以实现？）		
活动能否吸引目标人群的参与？（活动方式是什么，活动奖品有哪些？）		
活动是否方便目标人群参与进来（是否考虑到新媒体中受众的时间比较碎片化？为方便目标人群参与采取了哪些方式？）		

注：可根据内部质量控制要求对活动方案的完成质量进行打分评级，如90分以上为优秀，80分及以上为良好，60分以下的活动方案就应重写

9.2 互联网活动海报文案的写作

海报在传统广告时期就是一项重要的推广方式，海报设计是视觉传达的表现方式之一，应通过版面的构成在第一时间吸引人们的目光，并瞬间刺激人的视觉。这就要求设计者能够将图片、文字、色彩、空间等要素进行完美结合，以恰当的形式向人们展示要宣传的信息。

9.2.1 互联网活动海报的主要构成要素

当今时代是“读图时代”，优秀的海报设计必然要求优秀的版式。海报版式设计由图形、色彩、文字三大编排元素组成，其中图文编辑在海报设计中尤为重要，它是海报设计语言、设计风格的重要体现。

海报的表现形式多种多样，题材广泛，限制较少，强调创意及视觉语言，点线面、图片和文字可以灵活地结合应用，而且也注重平面构成及颜色构成。

图9-1所示为华为在天猫展开的促销活动海报，活动主题为“玩无界，乐无边”，该产品面向的主要是“90后”年轻群体，可以看到活动海报中手机、人物的特点及后景图的选择设计都突出了产品的调性，文字十分精简，除了活动主题外，只通过文字标明了产品的价格以及活动的内容。文案虽然简洁，但也最为关键，人们通过文案就能获取活动的详细信息。

图9-1 | 互联网活动海报1

由此可见，在互联网活动的海报中，文案要素十分重要。那么，如何撰写互联网活动海报文案呢?

9.2.2 互联网活动海报文案的撰写方法

消费者每天在互联网中浏览大量信息，很容易陷入审美疲劳。活动海报就起着吸引消费者视线、激发消费者购物欲、引导消费者下单的重要作用。

一张好的互联网活动海报包含品牌名称、活动主题、主标题、副标题、活动正文、活动说明和精美的图片。图9-2所示为某互联网活动海报，图片选用了目标消费群体喜爱的卡通漫画风格，文案正文使用了年轻人习惯使用的互联网语言，文案主题也一目了然，简明扼要。具体分析如下。

品牌名称：蒙牛早餐奶+滴滴打车。

活动主题：特“困”生拯救计划。

主标题：活力专车拯救特“困”生。

副标题：不做特“困”生，唤醒早活力。

图9-2 | 互联网活动海报2

海报作为一种极具冲击力的宣传工具，将商家和消费者直接联系在一起，通过文字和图片元素给消费者传递最重要的产品信息，以提高消费者对活动的认知，从而激发他们的参与热情和购买欲望。如果消费者浏览完活动海报却没有产生任何行动，或者直接关闭页面，就说明活动海报文案很失败。

一张令人舒心的活动海报一般包括和谐的色彩搭配、合适的配图和对应的活动文案。一般来说，消费者在获得某活动的相关推送信息后愿意点击阅读，就表明对该活动有兴趣。此时，文案就变得特别重要了。文案作为传递信息的载体，直接决定消费者最终是否参与活动。图9-3所示为GoPro运动相机推出的GOPRO创作大奖赛活动海报，海报文案详细介绍了比赛内容、活动流程、奖励等，吸引了感兴趣的目标受众参与活动，进而推动了品牌宣传推广。

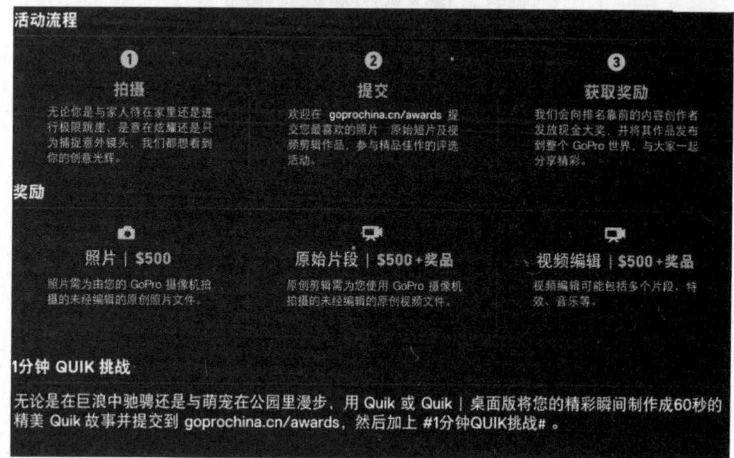

图9-3 | 互联网活动海报

那么，怎样才能写好活动海报的文案呢？具体说来必须遵循以下法则。

1. 明确主题

目标会因被展示的情况、性质、内容以及意图而异。海报设计就是为了传达目标信息，刺激受众。如果连目标都不是很明确的话，就很难设计出符合目标受众心理的海报，又何谈诱导其做出预期的反应？

在准备海报之前，首先要确定目标受众群体及对其看到广告后的行为预期，这都取决于海报设计的格调；其次要明确海报文案的主题内容。

图9-4所示为“拯救特困生”活动的海报，五幅图的主标题为“大大有赏”，副标题为“五大早班‘特困生’通缉令”，之后分别描述了“五大困状”。赖被窝、夜猫子、运动减少、来不及吃早餐等是很多都市上班族的通病，可以概括为“早活力缺乏症”，这也是一个普遍的社会现象和话题。蒙牛早餐奶和滴滴打车联合推出的活动，就明确了主题“拯救特困生”，意在帮助年轻人培养良好的生活习惯，提升品牌的知名度和美誉度。

图9-4 | 明确主题的互联网活动海报文案

2. 做出好创意

颇具创意的文案总能在常规中脱颖而出，让人耳目一新，而司空见惯的“新品大促”“超值优惠”“疯狂打折”等文案现在已经过时。好的活动文案不是仅仅写两句看似优惠力度大的话语，也不是像王婆卖瓜那样讲述自己的产品如何好，而是让消费者被好创意打动，从而自发地参与活动、购买产品。下面简要介绍几种做出好创意的方法。

（1）设悬念

布下疑阵，使消费者乍一看广告画面不解题意，产生猜疑和紧张的心理状态，在心里掀起层层波澜，产生夸张的效果，驱动人们产生强烈的好奇心，开启积极的思维联想，引起人们进一步探明广告题意之所在的强烈愿望，然后通过广告标题或正文把广告的主题点明，使悬念得以解除，给人留下难忘的心理感受。

（2）使用诱惑字眼

将某个产品或主题直接如实地展示，充分运用摄影或绘画等技巧的写实表现力，细致刻画并着力渲染产品的质感、形态、功能、用途，将产品精美的质地通过具有诱惑力的字眼引人入胜地呈现出来，给人以逼真的现实感，使人们对所宣传的产品产生强烈的亲切感和信任感。

（3）突出活动特点

在运用创意写作手法时，要抓住和强调本次活动与众不同的特点，并把它鲜明地表现出来。将这些特征置于广告画面的主要视觉部位或加以烘托处理，使消费者在接触画面的瞬间立即感受到其独特性，引起视觉兴趣，达到令消费者积极参与的目的。

3. 内容很重要，但必须简明

海报上每一部分的内容都要围绕中心思想展开。内容表达必须清晰准确，话语简洁。

将一流的绘画素材引入海报中，有时能够使本来令人困惑、杂乱无章的数据转变成协调一致且令人信服的故事；一张仔细制作的表格或插图往往比长篇文字更有说服力。

图9-5所示为网易严选在“双11”期间推出的促销活动海报，画面十分简单，但活动信息传递得十分清楚，不同品类促销的时间、优惠折扣、红包的获取等内容都通过简单的海报设计传达给了用户。

图9-5｜简明的互联网活动海报文案

4. 具备优秀的布局和排版

好的文案内容要与形式相匹配，这样才能创作出最佳的传播效果。因此，互联网活动海报文案还要具备优秀的布局和排版。

网店海报往往占据网店的核心位置。为了吸引消费者的注意，在视觉最佳位置上，创作者往往会设置明星代言或撰写吸引眼球的标题。图9-6所示为某男装品牌在“双11”期间推出的前1000名送iPhone X的促销活动海报。该海报以传统报纸头版的设计成功吸引了用户的注意，再配以“讲真！我们玩大了！”的文案，更是让用户摩拳擦掌、跃跃欲试。

在进行文字配图时，应以商品的直接受众为重点进行受众分析，最终形成一个由点到面，再到立体的文案策划思路。若文案写得很长很用心，就必须找一个优秀的设计师处理好配图。每一个产品特征配上一张细致的图，效果就会比纯粹的文字强几倍。如果有必要，还可以制作GIF动态图、拍摄短视频。用文案说明细节，用图片帮助消费者缩短理解的时间。

此外，在撰写互联网活动海报文案时要有逻辑、有条理，并能清晰阐明活动的参与方式、活动规则、奖项设置等内容。图9-7所示为某款饮料在“麻小季”开展的活动海报，既有点燃斗志的配图，又有鼓励参与的文案标题，传递了“招募中华辣虾王”的活动主题；既点明了活动的核心内容“吃辣就喝维他奶，排名前28位即可线下免费吃虾”，又详细介绍了具体的活动规则。消费者如果被活动标题吸引后点击该活动海报H5，就会看到清晰的活动海报内容，如果消费者有兴趣，就会积极参与这个推广活动。

图9-6｜吸引注意力的活动海报

图9-7｜版式清晰的互联网活动海报

课后练习题

1. 请简述互联网活动策划书的编制内容。

2. 根据本章相关知识，学会制作互联网活动策划方案的执行表和检验表。

3. 互联网活动海报文案的主要构成要素有哪些？

4. 请任选一个自己喜欢的品牌，为其制作一个春节海报，重点练习海报中文案的撰写。